社科类学术论文写作指南

吴 杨 著

人 民 出 版 社

责任编辑:孙兴民　邓文华
封面设计:刘宇航　徐　晖
责任校对:闫翠茹　毕宇靓

图书在版编目(CIP)数据

社科类学术论文写作指南/吴杨 著. —北京:人民出版社,2020.3
(2022.8 重印)
ISBN 978－7－01－022093－2

Ⅰ.①社… Ⅱ.①吴… Ⅲ.①社会科学-论文-写作-指南 Ⅳ.①C3-62

中国版本图书馆 CIP 数据核字(2020)第 073649 号

社科类学术论文写作指南

SHEKELEI XUESHU LUNWEN XIEZUO ZHINAN

吴　杨　著

人民出版社 出版发行
(100706　北京市东城区隆福寺街 99 号)

保定市北方胶印有限公司印刷　新华书店经销

2020 年 3 月第 1 版　2022 年 8 月北京第 2 次印刷
开本:710 毫米×1000 毫米 1/16　印张:17.75
字数:239 千字

ISBN 978－7－01－022093－2　定价:58.00 元

邮购地址 100706　北京市东城区隆福寺街 99 号
人民东方图书销售中心　电话 (010)65250042　65289539

前　言

从开始酝酿到下笔撰写这本《社科类学术论文写作指南》，我的内心就一直处于纠结状态。一方面，作为仍在奋力前行的学术新人，深知学术写作是不断突破茫然，渐渐领悟心得，持续追求超越的过程。而如今，经历无数煎熬的我们，似乎能够说出写作过程的大致程序、关键环节及其注意事项，这些属于可编码的显性知识，我以此为基础给研究生们开设了相关课程，从他们渴望的目光，多样的反应以及有所感悟的讨论中，我体会到这些基础知识对于入门者的意义；另一方面，随着学术经历的积累和深化，我渐渐领悟觉醒，学术写作的真正功力其实并不局限于把握这些程序性的知识，所谓“写作的功夫在于写作之外”，是强调思想凝练的积累，认知视野的拓展，通宏洞微的联想，融汇素材的架构。如果套用王国维先生学术路径的三个境界：“独上高楼，望尽天涯路”，“衣带渐宽终不悔，为伊消得人憔悴”，“众里寻他千百度，蓦然回首，那人却在灯火阑珊处”，这本“写作指南”只是独上高楼可以看见的一条小路。

当然，我的内心纠结并没有影响到这本“指南”写作进程，是因为我深知学术进步的过程是在一个个探索问题和表达思想的实践中积累的，它不是一个坐而论道或闭门打坐的过程。入道学术，同样需要得其门而入，需要程序性、操作性、战术性的经验引导，模仿经验和遵循规则对于任何处于职业起点的新人来说都是必要的步骤。对此，我的心得是，学术写作不仅仅是一个将思想和观点描述并记录的过程,也是一个新旧想法相互碰撞的创作过程,其间充满了思维的火花与专业知识的交响。

社会科学研究领域学者的写作能力及论文撰写的质量尤为重要,论文写作过程将体现出研究者对学科发展的动态学术敏锐度,体现出研究者对相关领域问题的理性思考、判断、评价和预测的综合能力,以及针对各种具体问题的处理技能。这需要研究者多年的知识积累和写作经验的积淀。

这本"学术论文写作指南"的主要内容是讨论写作框架和写作技巧,期待初学者能够由此获得启发,并学以致用。本书的架构是以科学研究的基本逻辑与方法作为出发点,以撰写和发表一篇论文的过程为主线,结合笔者多年科研工作的心路历程,着眼于为读者提供一类可直接参考写作技巧与书面表达的心得手册。本书借用了笔者和其他作者已发表的文章实例,据此总结了实际写作的程序和研究方法,推演了各种影响要素和关键环节,其中主要包括五大部分:第一部分是思路的酝酿,即写作前的准备。从选题来源到草稿设计,与读者探讨论文撰写前的思考与准备。第二部分是学术论文的撰写程序。从逻辑思维到写作技巧的规划,引导读者理解构建"提出问题—分析问题—解决问题"这一基本学术思维,同时与读者分享文章中的故事思维和行文的完整与流畅。第三部分是学术论文的框架设计,这个部分借用大量的文章案例,以说明定量文章中各个部分的内容要求和特色展示,以及两类定性文章的特点。第四部分是投稿也是一种艺术。基于笔者多年投稿过程中的失败教训和成功经验,从投稿前准备、投稿技巧、退修过程到心理训练等过程,为读者们提供了实用性建议与解决方案,以期提高读者投稿的命中率。第五部分是常用实证研究方法,这个部分结合大量的实例展示问卷、访谈、案例、实验等方法中易出现的错误及注意事项,为读者在进行学术写作前提供方法选择层面的借鉴和参考。

学术写作实在是一个甘苦自知的过程,就个人修行而言,苦读勤思,"术"的磨砺和"道"的禅悟往返互激;就互联网时代的开放式学习而言,身边的或网络上的同道与大师,或互相切磋共享心得,或彼此鼎力相助,或一番醍醐灌顶,或修得更大福分被一语道破天机,无论进入科学研究道路的先与后,我们都走在顿悟、进化和跃迁的路上。

吴　杨

2019 年冬

目　　录

第三部分 学术论文框架设计

第四部分 投稿也是一种艺术

第五部分 常用实证研究方法

图 目 录

表目录

引　言

对于社科类科研工作者来说，学术论文的撰写与发表，是将自己的研究成果进行广泛传播并进行知识共享的最快速的途径，是与素未谋面的同行进行交流探讨，甚至争论的最直接的途径，是为后续研究者提供思路、观点、理论、方法的最快捷的途径，也是为实践部门解决现实问题提供政策措施的最有效路径。因此学术论文对于研究者来说，是将其隐性知识外化为显性知识，进行永久性记录的最佳选择，也是将其想法可视化为书面文字和他人分享的最好的方式。同时每个研究者知道，科研工作有时是辛苦乏味的，不管研究者在其研究领域是多么有经验，都很难预期研究过程中的困难和窘境；无法提前做预判，会有短暂的瓶颈期，甚至会原地兜圈子，然而，即使写作过程是曲折复杂的，研究者还是要按部就班前行，一旦研究者能够攻下关键环节，就可以驾驭整个研究过程，进而更有信心和经验面对未来更多的研究议题。

对于研究生来说，无论未来是否从事科研工作，学术论文写作过程对年轻人而言，都将受益匪浅，一劳永逸。学术论文写作，不能由他人替代，必须亲力亲为。从收集资料，设计写作框架，规划并整理证据（数据），到得出结论（解决问题），研究生们必须亲身经历从问题迷茫、思维凌乱、证据杂乱到框架严谨、构思清晰、结论可靠的过程，也是不断自我肯定、否定、再肯定的漫长路途，最终才能实现逻辑思维能力的成长，才能真正学会从杂乱无章的事物中快速梳理清晰逻辑框架的本事。这些本事对学生未来所选择的任何领域的入职机会以及晋升机遇都至关重要，特别是如今大数据时代，互联网通信的发达和便捷，潮涌般地为我们提供大量冗杂的信息，使得清晰简约框架设计能力和真实可信的碎片信息梳理能力变得尤为珍贵，具有极大的价值的。尤其论文撰写后期，获得清晰思路和可靠结论时的愉悦感和成就感，通过自己努力得到的自信感和安全感，将支撑年轻人有必胜的信念面对未来的各种困境和挫折。

基于这种思考，我们领悟到学术写作过程和方法进行分享和介绍是非常有价值的。

第一部分

思路的酝酿

第 一 章

激发思想的对话场

谈到科研工作，浮现在大多数人头脑中的场景，或是一个研究者在图书馆的资料堆里独自研读，或者埋头在一堆试验器皿中独自进行试验。但就算是独自进行科研工作时，研究者依然与所查阅的文献报告、阅读的书籍、翻阅的资料等产生了一次次无声的对话，实际上这就形成了一个知识流动的“对话场”。一个人正式写作之前，由于他大部分时间还在进行科学研究，我们称之为研究者；一旦开始步入学术写作，我们便称之为作者。有的人一边作研究一遍开始撰写学术论文，这时候，我们认为他既是研究者又是作者。

图 1-1　最常浮现的科研场景

第一节 构建与读者的对话

一、从“读者”到“作者”不断地转换

当研究者在阅读前人的文献或学术报告时，便与这篇文献的作者产生了知识流动的对话关系，而研究者与原作者分别饰演了对话的两个主体，即“读者”和“作者”的角色。而在研究者发表相关学术论文时，他同样也希望自己的文章对后来的科研工作者的工作做出支撑或启发，这便形成了又一个新的对话场，即“作者”和“读者”。

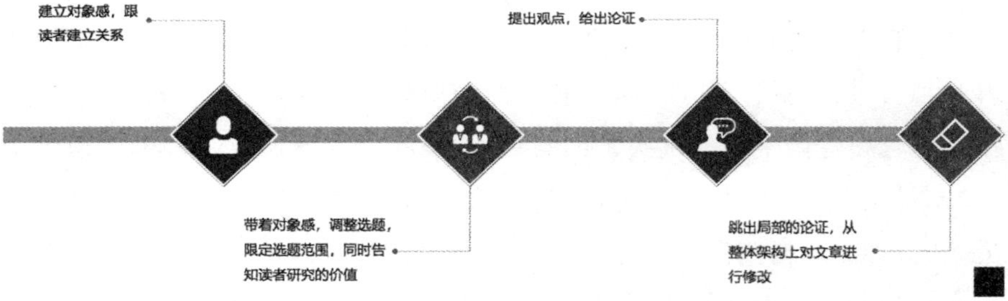

图 1-2 知识流动对话场的生成演化过程

研究者在写作过程中从“读者”到“作者”不断地转换，深刻地理解最开始阅读每一篇论文时的困惑，并循序渐进理解主题的感受。站在读者的角度看待问题，对于能不能撰写出有价值的学术论文尤为重要。学术论文如果不与读者进行知识共享，就会失去其应有的价值和贡献。如果说科研过程中还是研究者思维，那么在进入写作状态时，应该转换为作者思维了。但即便经验丰富的作者，在正式规划论文时也会忘记要构建和读者之间的“对话场”。

写作之前，作者首先需要对自己进行角色设定，应该在对话场中扮演“了解读者需要知道什么的人”，而把读者看作“尚不知道却需要知道的人”。与小说、散文不同，很少有人阅读学术论文是出于休闲娱乐，读者对

于科学研究的成果还是抱有知识增值和知识体系刷新的期待。读者可能是相似领域的学者,也可能是对主题感兴趣的其他学科的研究考。总之,读者对于这个主题的了解一定会比作者少。

写作初期,作者应该考虑读者的感受和知识积累。与读者建立稳定的对话关系的第一步,就需要向他们提供超过他们已知信息的有效内容,并设身处地地为读者考虑,通过简单清晰的行文表达,让读者快逗理解文章的主旨。随着作者将文章修改得越来越正式,读者对内容的理解就越来越难,尤其是对于不了解论文学科领域的读者。一篇文章成功第一步就是能让大多数读者清楚地与文章交流。如果不确定读者的学科领域,那就更要保守一些,以最不了解情况的读者为目标群体。这样一来,不会使读者感到困惑,快速找到他们感兴趣的切入点,文章会被更多的读者深度阅读并引用。

第二节　思想互激:团队的交流

理解“读者和作者”关系的最佳方式,就是作者的研究计划或成果与其所在的团体进行交流和预演。团体分享更具有批判力,通过团队成员替代读者模拟演练,对作者学术论文的内容、风格、观点等加以回应,有效预测读者的反应与期待。同时团队分享能够发现文章中的不足之处,在学术研讨或团队组会,进行头脑风暴、观点碰撞,可以有效促进学术论文逐步完善。

一、频繁的讨论

尽可能多的创造可以经常与学术同行或者团队成员讨论的机会,如学术交流、团队例会,甚至建立相关研究主题的社群网络。作者将研究问题、研究预期、支持论点的相关论据进行汇报和阐述,团队成员碰撞出的观点和不足越多,后续的写作会越顺利。同时团队成员也可以共同勾画出读者的预期,例如,读者已经具备了哪些知识?哪些对于读者来说是重要的?这些对于作者来说,都是在写作之前必须考虑的问题。如果分工合作,那么在后续研究成果产出的过程中，需要团队成员间大量的讨论与交流。团队内部要做到资源共享、成果共享以及进度一致。

二、在否定中追求完美

不要期待每个研究主题或研究思路都能得到认同，团队成员之间可能会在某些观点或证据上有着不同的看法，甚至有时候发生激烈的争论。作者应该期待并感谢团队中的异议和否定观点，这些观点引起的辩论，会让作者在写作之前，更加理解自己的研究主题和研究目的。假如每位团队成员都能够积极、清晰地表述观点，集体的智慧会让作者在否定中尽善尽美地完成写作。

图 1-3　联合共克难关

第三节　群体智慧：突破难点

当一个研究主题比较广泛，科研工作量比较大时，可以采用群体智慧，联合攻关，协同作战，突破难点。例如团队准备合作完成一个项目的结题报告，在报告撰写计划阶段，成员间同步进行，直到大家对研究的问题有了一致的看法和研究思路，之后团队可以根据团队成员的专长分配任务，实现能力互补。有的成员负责收集资料，撰写文献综述；有的成员负责论文逻辑框架设计，绘制图表；有的成员负责撰写初稿，进行数据分析和数据处理。这种团队分工策略的好处是充分利用每个人的优势，快速完成结题报告。弊端就是这个策略倚重每个成员能及时完成其负责的任务，如果一个人没能及时完成，则会拖延整个团队的研究进度。

项目的结题报告也可以以章节为单位进行分工，每个章节的初稿由不同的成员去完成，优点是分工明确，成员对自己所分配章节中的每个部分都要全面负责，从收集资料、设计章节的内容、绘制图表、数据处理到完成初稿。整个研究过程、初稿撰写过程，每个成员都会得到充分完整的锻炼。弊端是每个成员都是各自独立完成章节，其写作风格、主题关键词、逻辑设计都不相同，如果成员没有事先商定好统一的关键词、人称、风格，或者主线推进，最终的全文很多内容将会相互独立或者完全重合。

第二章

从研究计划到写作思路

在进行学术论文写作之前，作者应该思考几个问题。如何找到一个可以进行学术研究的现实问题或者理论问题？哪里可以有这样问题的相关信息？如何将这些信息组合成解决问题的论据或方法。面对这些问题，无论是有经验的研究者还是科研新人都会感到困惑或迷茫，制订一个具体可操作的研究计划，是作者提高工作效率，尽量避免无用功的最佳选择。本章节要为没有正式进入写作的研究者展示研究计划、执行研究流程，尽可能呈现具有创造性的写作思路。

第一节　勾画研究的程序和框架

在写作之前，大部分作者要经历初期研究框架的设计。有经验的作者知道自己即将面对的是怎样的程序和步骤，是辛苦繁重的前期资料收集，是构思逻辑框架形成构念①的冥思苦想，也会伴有陷入瓶颈的挫败感和获得

---

① 乔治·凯利（George Alexander Kelly，1905.4.28—1967.3.6，美国心理学家），将个人在其生活中经由对环境中人、事、物的认识、期望、评价、思维所形成的观念称为个人构念（personal construct），每个人的生活经验不同，个人构念自然也因人而异，因此个人构念就代表他的人格特征。这里对文章的构念，也就是作者对文章整体的认识和感知。

成果的满足感,因此有经验的作者会拥有通过艰苦卓绝的付出,必将有所收获的信念。

每个作者都有自己的研究方向,因此无论是研究选题或者论文题目都会在一定的学科领域内开展。因此研究计划也是在一定研究范围内逐步落实的。在着手研究计划之前,作者已经锁定了自己的研究领域,大致知道自己需要的资料并如何去获取,也将假设大致的研究结果。但大部分研究者把材料整理起来,并不是马上开始着手写作,而是规划研究过程,草拟文章框架。有经验的作者知道,制订一个具体计划,研究总会稳步地、切实地逐步进行。开始写作前,作者可以制订一个属于自己的研究计划。如图 2-1 所示。

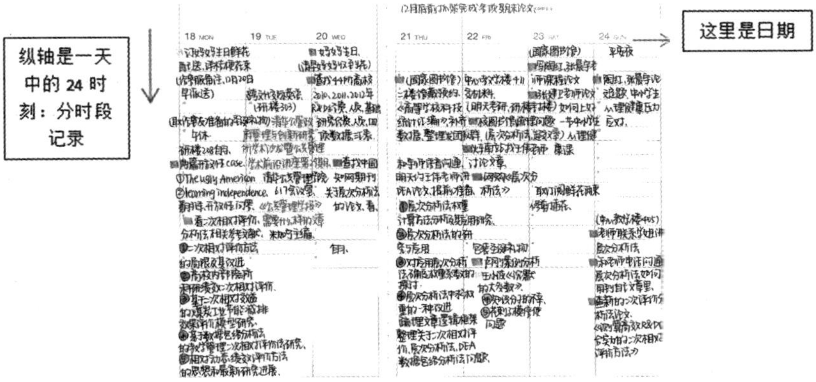

图 2-1 为自己的研究制订计划

上图中的纵轴是 24 小时,横轴为日期和星期。图中每一项事宜应标注上彩色的方块,以便于区分。其中一部分内容是必须完成的常规性工作,一部分内容是需要推进和完善的事项,一部分内容是研究进展和阶段性成果。这张研究计划不仅可以帮助作者有效管理时间,还可以有效督促其进一步持续性地推进研究工作的进程,尽早着手开始进入写作环节。

研究计划一开始只是一个大纲,甚至是一张草图,制订一份研究计划,使研究者们越来越清楚地知道他们下一步的工作如图所示。很多研究者会在计划中设计灵活的部分,不会完全受限于自己的计划,又能根据研究中的突发情况，适当调整研究思路，甚至更换研究题目。

第二节　信息储备：研究过程的记录

有的研究者习惯完成一个阶段性科学研究过程以后，再开始着手写作。有的研究者习惯边研究边进行初稿的撰写。无论是哪种习惯，本书都建议记录下研究过程中的关键环节或者关键信息，通过细节信息的储备，逐渐形成文章初稿。

一、记录有助于记忆

少数研究者能在不记录的情况下，清晰回忆三个月内的研究细节或有用的信息。大多数的研究者，借助罗列原始资料、整理文献综述、注释数据分析结果、草拟文章大纲等等记录行为，策划并执行他们的研究计划，那些没有被记录下来的，很可能会被忘记，或者会被记错。这也就是为什么很多研究者不会等到完成研究或者资料齐全了才开始写作，因为很多时候，研究问题什么时候能解决或研究资料什么时候算是齐全，对于资深科研工作者或是“科研小白”都是未知的，也是很难预期的。

二、记录有助于深度思考

记录研究过程就是在记录研究者的逻辑思维推理过程。记录研究过程不仅可以记录相关的文字信息，最重要的是把研究者的想法转化为可视化的书面形式，有助于对解决问题的深入思考。当研究者以逻辑关系图的勾画、新概念的注释、研究方法的概述、新旧观点的评论等形式进行思考过程的记录时，这些书面形式将逐步促进并完善逻辑思维的推理。只有研究者快速从混乱的思维中将特定的想法抽离出来，并以一种有组织、有条理、系统性的形式确定下来时，才能明确他们自己在做什么和想做什么。

三、记录有助于获得新观点

记录研究过程也是记录研究者观点的演化过程。在研究过程中，研究者总是要经历自我肯定—自我否定—自我肯定—他人否定等过程，那么其观点将随着这些自我审视而不断变化，最终成为自我肯定—他人肯定的观点。因此以文字或草图的形式记录研究者的观点，他们将清晰地看到观点的变化和完善过程，对研究者后续的科研工作将有很好的启示和经验积淀。

简而言之，边研究边记录，才能存储正确的记忆、进行深入的思考、表达清晰的观点。

第三节　酝酿草稿的架构

开始写作前，很多研究者或作者要先思考或者酝酿一番，然后构建一个初步的尝试性计划，那么撰写草稿的进度会提高，得到阶段性结果的效率也会提高。没有事先进行规划的研究者或者研究生，很可能只是在堆砌文字，很快会遇到写作中的瓶颈。

一、草稿的用途

首先，记录了文章成文过程中行文从非正式到正式的连续性；其次，草稿是快速记录文章中最核心、最难点、最具想象力和创新力的部分；第三，草稿记录前人的观点和作者当前的想法、探索下一步的思路和挖掘未曾想过的结论。如图 2-2 所示。

很多作者在撰写正式文章时，都迟迟不愿意动笔，因为总是想把第一句或者第一段写得完美或者反映主题。总是有着这样的想法：再多一个星期、再多一天就动笔，再读一些文献资料再动笔，再找人讨论一下就动笔，再有点具体思路就动笔。

但是如果换成写草稿，情况就简单得多，作者可以随便写出想到的第一句或者第一段。因为有经验的作者知道，文章终稿一定是经过很多次修改的，草稿的文字一定被改得“面目全非”。尤其是草稿中的第一句总是要被替换掉的，不需要花太多精力去思考和纠结。很多草稿的文字是直白地记录已有文献的结论，对作者的启示，也是记录此时此刻作者的观点、想法。因此撰写草稿时，不必字斟句酌地思考，快速写下脑子里的想法即可。

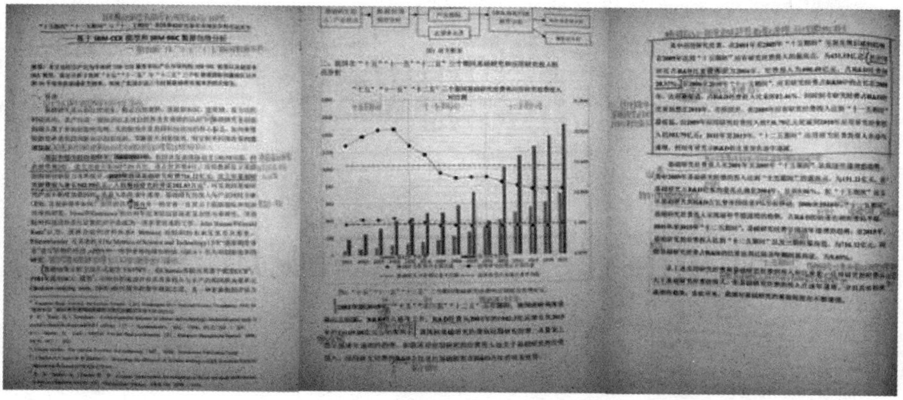

图 2-2 草稿撰写的用途

因此有经验的作者不会坐等灵感敲门，不会等到最后一分钟才动笔，不会等到有大块的时间才开始写草稿。效率高的作者会在草稿中随时记录当下的想法和突发的灵感；更会在草稿中画出各种复杂关系的草图。

二、规定草稿完成时间

撰写草稿要有一个具体的研究目标，更要有最后期限。设置时间后就要倒推时间，倒推时间的好处就是可以设置每一个时间节点。这样相当于为科研工作制订一个明确的时间表，在什么时间节点做哪些工作和主攻哪些内容，获得哪些研究结果。如果一个完整的草稿需要一个月的时间，假设未来文章中的核心难点部分有两个，攻克这两个技术含量最高部分，大约两周应该攻克一个。设置文章中每一个技术难关的完成时间节点，也可以督促研究人员短时间内集中精力，提高逻辑思考频率和产生顿悟的次数。所以规划完成时间，也是在规划文章完成时间。

作者可以制订能让自己遵守的期限,如向某期刊或者会议投稿的截止期限,或者在组会中的做研究进展汇报的日期,一旦确定了截止日期,就可以推算每个阶段的时间节点了。

三、撰写草稿

草稿撰写部分需要大量的支撑数据和参考文献,这时要确定数据源的真实可靠性,同时在文献综述部分要进行逻辑梳理,不能仅仅是原始资料的堆积。要开始对数据进行运算或者对核心理论进行分析。对于数据处理结果,要开始关注数据结果形成的原因和挖掘数据背后的真相。

在撰写草稿时会遇到瓶颈问题,有经验的作者通常会做如下处理:第一,遇到瓶颈时的留白;第二,遇到瓶颈时立刻"充电"。

一些作者遇到瓶颈时习惯留白。许多作者一旦有个规划,就会立刻文思泉涌,下笔神速,他们完全不担心自己的逻辑清晰和语言风格等问题,就顺着思路一鼓作气地写下去。如果写到某一个段落陷入思考的瓶颈,他们会在这里做一个标记,然后空下这个部分,接着写后面的部分。为了写作的过程中思路流畅,他们不会着急调整格式或者添加引文和注脚,只是引用相关的文献语句,后续进行添补修改。

一些作者如果遇到研究瓶颈,会立刻扩充原始资料。在草稿撰写中遇到难题无法进行时,作者会详细阅读所需文献,继续寻找写作的灵感,重新在脑海里梳理出一个写作的逻辑思路,整理自己的行文框架。这种方式是一种快速挖掘式的阅读,如图 2-3 所示。作者通过补充并深度阅读重要文献,激发自己的思考。尤其看到重要的资料或有参考价值的文献,应该一边阅读一边记录自己的想法和顿悟。这类作者的写作比较快速,但还存在杂乱的状况,需要后续进一步梳理调整,检查细节。

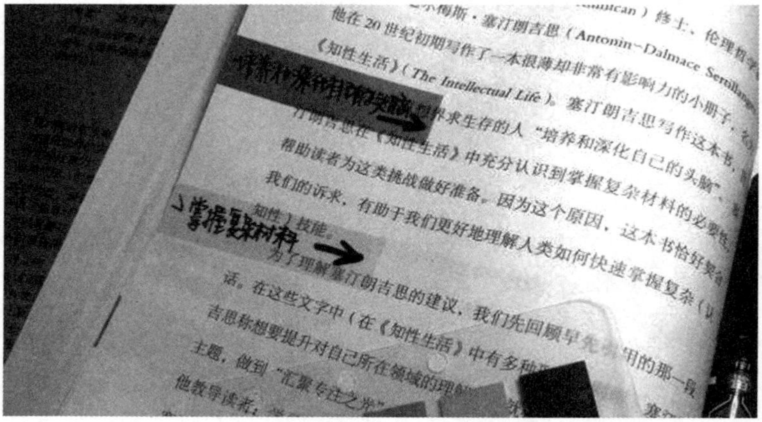

图 2-3　带着思考挖掘式阅读

第二部分

学术论文撰写的程序

第 三 章

写作的构思与设计

社会科学领域学术写作的构思和设计对论文思路的顺利开展起到了引领作用。学术论文写作的一般过程包括确定研究问题、搜集阅读文献、进行整个科学研究的设计与假设、数据或者信息收集、数据(资料)分析、提炼并总结结论(见图 3-1)。这也是论文撰写的基本逻辑思路和写作框架,即提出问题、分析问题以及解决问题。

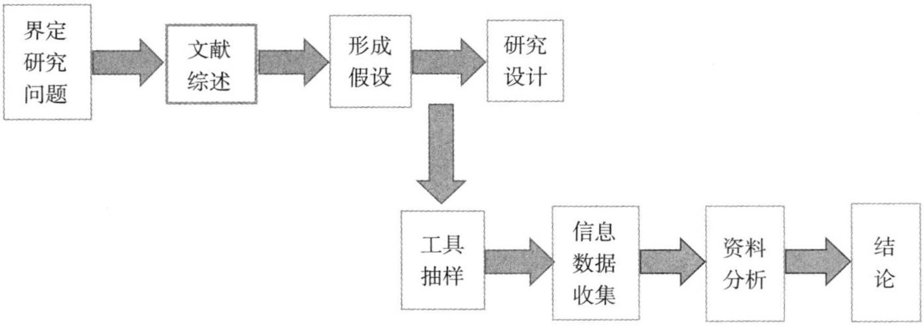

图 3-1　学术写作的构思与设计过程

第一节　锁定问题

学术论文写作的最难部分就是锁定问题。这不仅仅因为它是科学研究的开端，更为关键的原因在于矛盾是问题的实质，锁定问题就是确定问题和发现矛盾，并对其做进一步提炼，从而形成自己的构念。

一、研究问题的界定

很多科学家认为，他们的成功之处，不在于他们解决问题的能力，而在于他们选择重大意义课题的能力。这种能力既需要发挥创造性，也需要遵循一定的原则。

（一）选题的特征

在进行选题之前，我们必须清楚一件事，即不是所有的问题都能进行学术研究，尤其在一定的时间内通过严谨的学术研究方式去解决。这也是为什么本科生和研究生在毕业论文撰写之前，大部分高校必须进行开题答辩的原因，老师通过分析学生开题报告中的论文题目、文献综述、研究方法、章节目录等内容，考查学生后续针对某一问题开展学术研究的可行性，进而确定学生的选题和后续的研究设计是否能够在有限时间内顺利完成。因此在进行问题的选择时，要尽可能考察以下特征。

1. 问题必须涉及两个或两个以上的变量

这里所说的问题不是题目而是论文的研究主旨，也是要解决的核心矛盾。问题必须涉及两个或两个以上变量，并且有一定的关系。问题涉及的变量至少有一个是因变量 Y 和自变量 X。自变量 X 可以有一组变量 $x_1, x_2, x_3 \cdots$同样因变量 Y 也可由一组变量 $y_1, y_2, y_3 \cdots$组成。例如自变量和因变量可以用一阶线性方程 $Y=\alpha X_1+\beta X_2+\mu$ 进行表示；其中 Y 代表目标和主旨，X 代表影响因素或者构成要素。

所以当研究生和我讨论他们的选题或者研究设计时，我经常要问两个问题："你要解决什么问题"，"你的 Y 是什么？"如果学生能回答得很清楚，我觉得他们对其即将要研究的问题就很清晰了，后续要考虑的就只是如何解决问题了。如果回答得很混乱，那么没办法，我只能帮助他们找到那个神秘的"Y"或者提出一个其他的研究建议。

2. 同一研究问题可以有不同的构念

在确定问题后，可以构建 Y 的不仅可以是绩效、创新能力、效率等这些有标识度的变量，也可以将 Y 所表示的范围再扩展一些。Y 除了是一个关键词也可以是一种缺失或过剩的程度，一类现象、一些关系、一种观点等等，那么任何影响这种程度、现象、关系、观点的事物也都可以是 X。

Y 和 X 代表的意义对不同的研究者来说是存在差异的。很多情况下，解决相同的问题，不同的人会从不同的角度去考察。同一组数据，不同的研究者都会形成各自不同含义的自变量与因变量。这个就是构念的形成过程，同样的问题可能会有不同的构念。以下面这组数据为例，如图 3-2 所示。

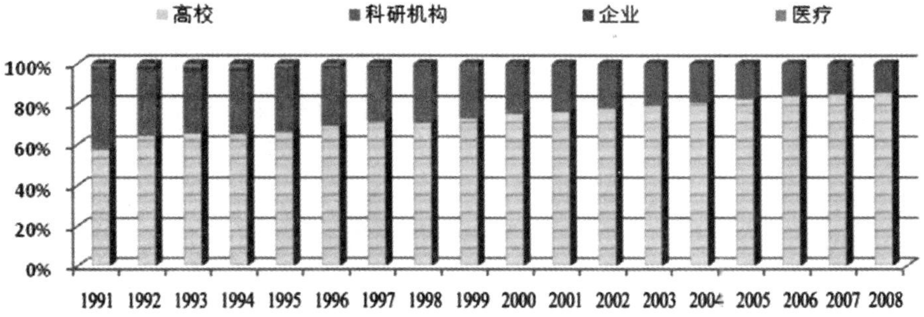

图 3-2 原始数据举例：国际三大系统收录我国高校论文情况

资料来源：《高校科研投入与产出的相关性分析：1991—2008》（吴杨，何光荣）

图 3-2 中，横轴代表年份，纵轴代表我国各机构 SCI 收录论文的比例。从图中可以看出 1991—2008 年间，我国大学被 SCI 检索系统收录的论文数一直领先国内其他研究机构，并且呈现渐进增长趋势，尤其在 1991—1992 年高校的 SCI 出现了剧烈增长的现象，原因在于 20 世纪 90 年代初，我国很多大学开始对博士研究生毕业提出了学术论文发表的要求，甚至很多高校要求理工科博士研究生毕业前发表的科技论文必须被国际三大检索系统收录，这些因素都极大地促进了高校学术论文的产出。

根据上述数据，我们可以构建不同的变量关系，构建出不同的构念，从而得出不同的结论，如图 3-3、图 3-4、图 3-5 所示。

构念一中，主要考察高校内部对于博士生的微观管理措施对高校被 SCI 检索论文在全国的比例的影响，因此考察博士研究生的培养环节和管理机制对高校 SCI 检索论文的影响，如图 3-3 所示。

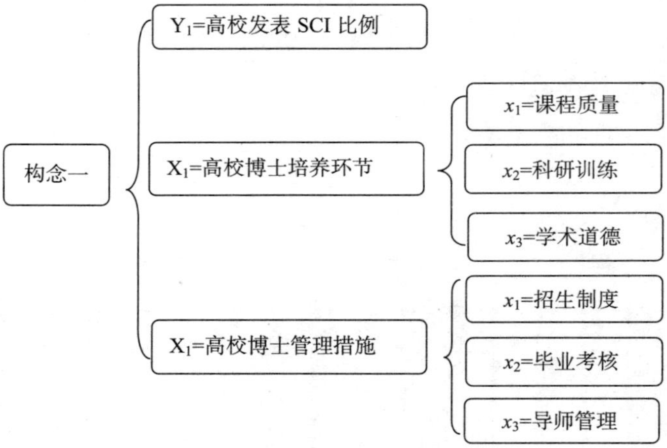

图 3-3 相同数据的不同构念（1）

从课堂学习、科研、道德等角度将自变量博士研究生培养环节再细分为课程质量、科研训练和学术诚信的培养；从生源质量、毕业质量及导师质量三个方面将自变量博士研究生管理机制细分为招生制度、毕业考核、导师管理。通过这些细致合理的自变量设计，考察自变量中哪些细节对高校被 SCI 检索论文在全国的比例影响较大。

构念二中，主要考察博士研究生在校情况对高校被 SCI 检索论文的影响，如图 3-4 所示。

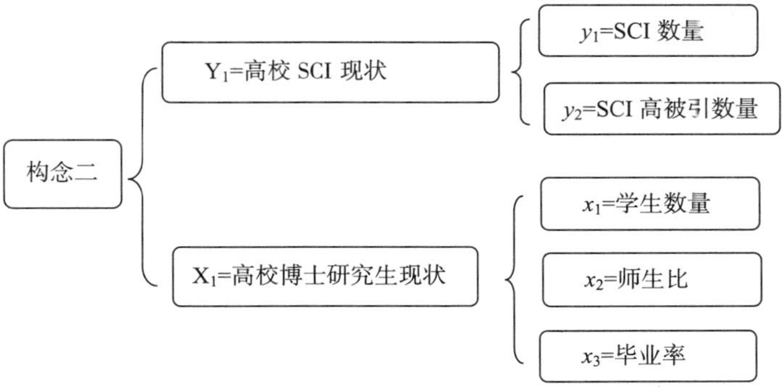

图 3-4　相同数据的不同构念(2)

从数量和质量两个层面,可以将因变量设计为高校被 SCI 检索论文的数量及其高被引的数量。从学生、教师等方面,可以将自变量设计为学生规模、师生比和毕业率,考察三个自变量对两个因变量的影响。

构念三中,主要从科研产出和科研评估两个方面进行变量设计,考察科研评估指标对于高校原始创新成果的影响,如图 3-5 所示。

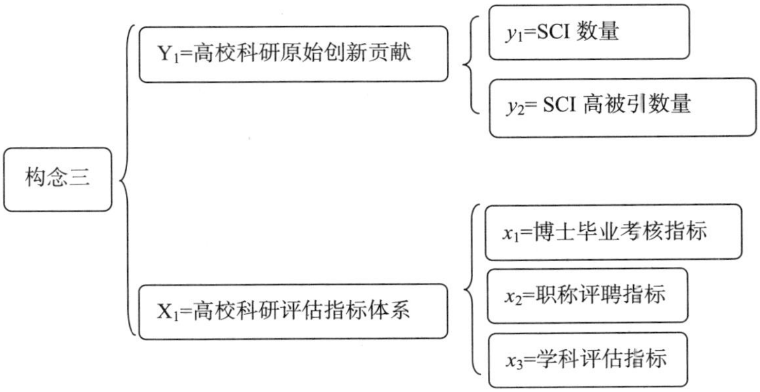

图 3-5　相同数据的不同构念(3)

国际公认的是 SCI 检索文章可以定义为基础研究的产出,那么基础研究是科学研究的源头,和原始创新有相同的属性。因此可以通过高校被 SCI 检索论文的数量及其高被引的数量表示原始创新或者基础研究的成果产出,即因变量。将高校各类评估指标设计为自变量,考查学生毕业考核指标、教师职称评聘指标、学科评估指标对于高校原始创新的影响程度。

综上所述,同一组数据,同一个曲线趋势图,可以从不同的角度和个人偏好设计出不相同的变量结构,考察不同变量关系,甚至基于不同的主体,得出完全不同的结论。

（二）选题的来源

科学研究中问题的来源,对于刚刚开始步入学术领域的年轻学者或者学生来说都是比较困惑。选题范围最好是从研究者自身感兴趣的题目开始,带有热情并全身心的投入是保证学术论文质量的关键,同时也是研究过程中遇到瓶颈时,使研究者有毅力继续下去的动力。一般来说学术写作的选题来源所涉及的内容比较广泛,既可以是作者自身比较感兴趣的,也可以是某一热点话题,或者是为了完成某一课题任务。但正如前面所提到的正确的选题决定研究的价值,因此为了保证研究的顺利进行,通常从这几个方面来选择研究的问题。

1. 从课题申报指南中思考选题

课题申报指南是在进行选题时,比较正规的参考来源。我们国家主要有两类基金,自然科学基金和社会科学基金。无论是国家级还是省部级课题基金,每年都会出台本年度或者下一年度的各个学科领域的课题申报指南,这些申报指南代表着我们国家未来的战略部署、科研需求和发展方向。例如,研究者可以登录国家自然科学基金委员会官网和全国哲学社会科学工作办公室官网,根据基金单位发布的课题申报指南,结合研究兴趣和自身发展规划,按照要求进行选题和申报。根据已经获批的基金项目,进行学术研究,完成项目申报中的预期成果。这类成果的形式一般都是提交研究报告和发表学术论文。因此完成主持的立项课题是规划和撰写学术论文的依据和来源。

2. 从实践问题或者现实数据中确定选题

(1)实践问题的考察

从实践问题出发确定选题是科研人员比较常用的一种方法。当研究者对日常生活进行细致观察,对工作中出现的问题进行深入思考,对社会现象进行不断探究,许多有意义的问题就会显现出来,对这些现象进行细致的分析，对现实问题或矛盾进行深度解读，对典型案例进行对比分析，我们便能从实践中找到学术问题。但是找到学术问题并不代表已经确定选题，我们要将学术问题进行提炼和综合，概括出具体的科学研究能够解决的研究问题，最终将这些问题抽象为若干个具体的科研难题，进行集中攻关解决。最后将这已经解决的科研难题，还原为现实问题的解决方案，如图 3-6 所示。

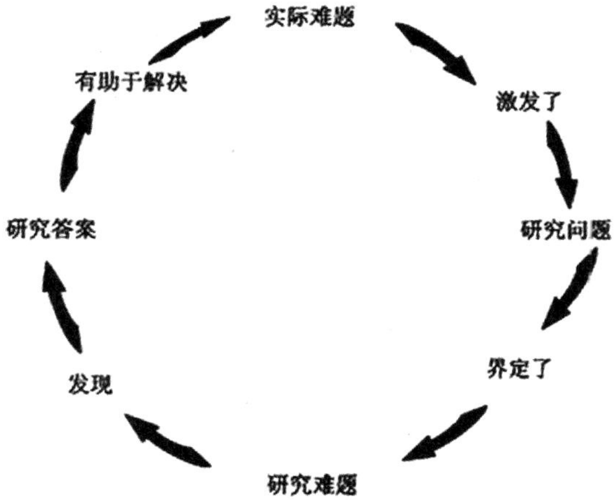

图 3-6　实际问题与学术问题的循环

无论从实际问题还是从现实数据，研究者都要将现实情况转化为学术问题，甚至将这些问题凝练成更加具体的题目。这个过程需要考虑三个问题，见表 3-1。通过这些问题的深入思考，将形成一个可进行学术研究的，也有实际意义的学术问题。

表 3-1　从实际问题到学术问题的思考

现实情况	实际问题？现实矛盾？现实热点？
学术问题	现实问题由哪些要素构成？为什么会出现问题？如何找出问题本质？现实问题能否归纳、分类？
重要意义	研究贡献是什么？解决什么问题？为读者提供什么？

通过这三个问题的思考，真实问题就进入了学术问题的轨道，研究计划

也正在逐步推进。从第一个问题思考到第二个问题的时候,研究者就不仅仅停留在现实问题中,而是开始通过文献和数据开始进行寻求相似问题的解决方案和可靠的证据,同时更渴望通过学术研究的途径挖掘问题的本质。从第二个问题思考到第三个问题的时候,是为研究主题赋予更强的社会服务动机,研究者通常会将研究计划聚焦于更广博的社会意义和对读者贡献上。

(2)现实数据的挖掘

从现实数据分析中发现矛盾,是最科学最有说服力的一种选题方案。单一的数据并不能一目了然地显现整体情况。很多情况下,不能只对数据进行纯粹的观察,需要对同类型的数据进行多种简单运算,如总和、均值、增长率、比例等等,并进行长期的趋势分析,才能显现现实问题,见图 3-7;有时要通过一定的统计模型或软件对这些原始数据进行运算和处理,考察数据间的因果关系或相关性,才能发现问题,挖掘数据背后的本质。

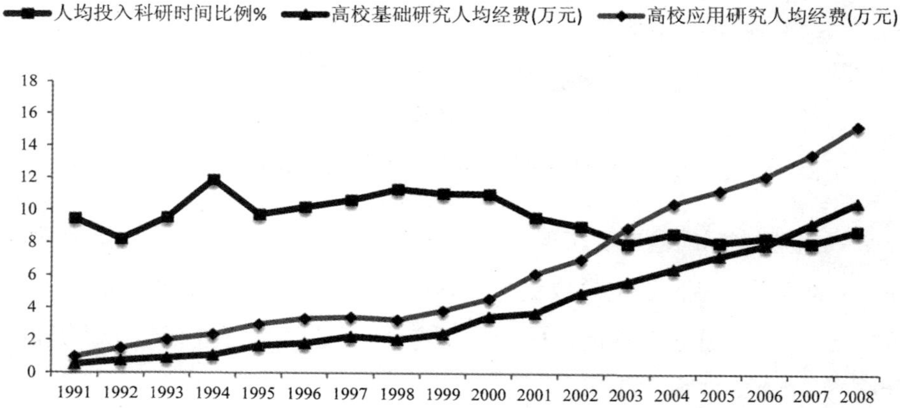

图 3-7 现实数据挖掘举例:高校基础研究人员经费及人均投入时间

资料来源:《高校基础研究投入与产出的相关性定量研究:1991—2008》(吴杨,苏竣)

图 3-7 可见,正方形节点代表高校人均投入科研时间的比例,三角形节点代表高校基础研究人均经费,棱形节点代表高校应用研究人均经费。图中任何一年的数据,都是图中的某一个点,无法显现问题,而通过整理 1991—2008 年之间近 20 年的数据,并对一手数据进行运算,就可以进行三类科研状态的曲线趋势进行对比分析了,这样总体看来问题就比较明显了。

从图 3-7 中可以发现两个矛盾，第一，无论是高校基础研究人均经费还是应用研究人均经费都一直在增加，但高校应用研究人均经费增长一直高于基础研究人均经费，20 年应用研究的人均经费的均值是基础研究的 1.55 倍。那么代表着原始创新的基础研究，人均经费薄弱的原因有哪些？将导致哪些问题？第二，人均科研经费的不断增长，正常情况下，人均科研投入时间也应该增长，但 1997—2002 年期间，正方形节点曲线呈下降趋势即人均投入科研的时间在减少。这也是一个比较矛盾的地方。是什么原因导致人均投入时间下降的？人均投入时间下降会导致哪些现象？在未来还有哪些原因可能会影响人均投入时间？这些现象及其相关的现实问题都来自三类经过运算的原始数据的总体趋势分析。

3. 从文献、研究报告、政府文件中的问题寻找选题

从他人文献中寻找研究问题也是比较常用的方法。通过文献分析，研究者从现有的理论体系中，去发现他人未研究或已研究但尚有空白之处的问题，从而对其研究的主题有所启示。

先罗列出相关领域中有兴趣的几个方向，研究者可以利用图书馆数据库检索系统浏览所在领域内的研究动态。目前较为通用的学术论文检索平台是中国知网和万方数据库。以知网检索系统为例，研究者可以在检索栏输入相关研究领域关键词，这一步已经确立了大概的范围，检索出来的研究信息，将提供更细致的研究方向、研究进度和现状。

例如，在文献主题栏输入“教育学”，可以看到教育学大的专业范围下涵盖的主要教育分支，如高等教育学、教育学研究、成人教育学、公共教育学、职业教育学等，这些都是需要再细分的研究范围，如图 3-8 所示。

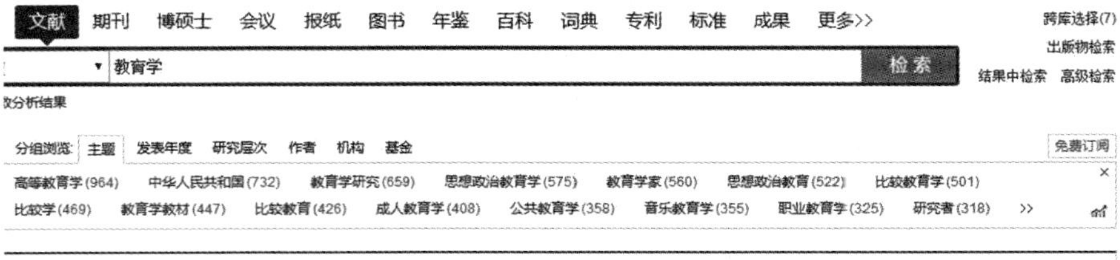

图 3-8　知网学术论文检索

将所在领域比较感兴趣的标题浏览一遍，这时研究者不仅需要浏览标题，也要浏览文献中参考文献，拓展思路和视野。如果这些文献中的理论、观点、研究方法、研究视角对研究者启发较大，则要开始进行深入阅读甚至是重复阅读。如果利用图书系统来检索，也是同样的原理。当研究目标由一类专业书籍逐步缩小到某几本特定书目时，可以先翻看书籍的目录，着重读感兴趣的章节，直至对研究问题有了一个大致的想法。

研究者不仅要关注相关的文献，也要关注本领域的研究报告。从研究报告中获得某类问题的研究方法、研究思路和结论，从而可以判断自身研究选题的理论价值和实际意义。

政府报告或文件的发布也是学术论文选题很重要的方向和启示。政府文件不仅揭示国家或地区的战略需求，也意味着未来某一选题的实际意义和社会贡献程度。例如，我们在进行《中国基础研究创新效率的区域差异性评估》论文写作时，2018 年 1 月 8 号完成初稿，而国务院在同年 1 月 19 号发布了《关于全面加强基础科学研究的若干意见》，明确了基础科学研究的“三步走”发展目标，并提出“优化基础研究区域布局，聚焦国家区域发展战略，构建各具特色的区域基础研究发展格局”。这份政府文件部分内容与我们论文的研究主旨和解决的问题相关性很强，我们将这份政府文件的原文直接放到引言中，凸显文章研究主旨的实际价值和研究背景的时效性，提升了文章的应用意义和社会价值。又如 2017 年 8 月我国政府出台了“双一流”建设大学名单，很多期刊专门设立了“双一流”建设大学栏目，探讨一流大学建设和一流学科建设问题，2017—2018 年，如果相关领域的研究者以“双一流”为核心对高校展开研究，那么此类研究具有一定稀缺性和实时性，现实意义较大，被期刊录用的几率也比较大。

（三）选题的要求

选题是一篇论文的起点，选题正确与否直接关乎论文能否顺利完成。因此在选题过程中应该遵循以下几个方面的原则。

1. 选题应具有可行性

在选题之前，应该对主、客观条件以及题目本身进行判断，以确保在现有的条件下可以完成该课题。其中主观条件是指研究者必须具备相应的知识结构、研究能力、实践经验、专业特长、科学品格、兴趣爱好及献身精神等；客观条件是指所研究的主题必须具备一定的物质条件，包括文献资料、协作条件、环境条件、学科发展程度以及研究经费等。需要特别注意的是，首先选题不宜过大，否则会因为题目涉及范围过宽、难度过大，导致难以深入研究，如《论中国的基础教育》《区块链的经济效应》。其次，选题不宜过难，否则相关数据难以获取，研究也无法深入或者很难得到预期的成果。因此，在进行选题时既要考虑一些客观因素如课题本身的难易程度，同时也要结合自身的优势，选择适合自己的研究课题。只有遵循可行性原则，才能扬长避短，充分利用现有条件，选择好基本符合自己情况的研究问题。

2. 选题应具有价值性

学术研究应该为社会服务，其最终目的是提升理论研究或者解决实际问题，从而推动科学的发展和社会的进步。如果论文选题没有现实意义，不能对实际问题提供参考作用或解决方案，那么这样的选题社会贡献度较小。因此论文选题是一方面从研究者的兴趣出发，充分利用自身的研究特长和优势。另一方面要选择一些对基础理论研究或者现实问题有较大影响的题目，能够推动知识领域、地区经济、文化等方面的发展，体现较高价值性。

3. 选题应具有创新性

创新性是科学研究的本质与灵魂。科学研究就是开拓新领域，建立新理论，不断创造新技术，研制新产品、新工艺、新方法等过程。所以科学选题必须有创新性，即要选择那些尚未认识而又需要探讨的问题作为研究对象，切忌重复别人已经做过并已取得成果的类似研究。坚持选题的创新性，首先要瞄准国内外尚不成熟或尚未研究的主题，可以是别人没有提出过的，或者从新奇的角度对别人研究过的课题进行研究，在别人研究的基础上提出新的观点，以及新的解决方案等。其次，要从新技术、新工艺的改革和新产品的研制去选题，从科学发展的前沿去选题，从原有理论和事实矛盾尖锐的地方去选题，从科学认识不一致或“空白点”去选题。

虽然各自反映不同的侧面，但彼此之间相互联系，特别是在具体确定某一论文选题时，研究者通常首先考虑的是可行性原则与价值性原则，其次是创新性原则。

二、文献的追踪与考量

问题的进一步明确需要更加细致的考察，此时便进入文献综述的阶段。文献综述是在确定了选题后，就开始收集相关的材料和阅读大量的文献来支撑论点，进而为论文的写作打下坚实的理论基础，如图 3-9 所示。

图 3-9 阅读大量文献是开展研究的前提和关键

在对选题所涉及研究领域的文献进行广泛阅读和理解的基础上，对该研究领域的研究现状（包括学术观点、前人研究成果、争论焦点、存在的问题及可能的原因等）、新动态、新技术、新发现、发展前景等内容进行综合分析、归纳整理和评论，并提出自己的见解和研究思路。这个过程就是文献综述分析的过程。一般来说文献综述部分主要包括三个步骤，即文献查找、文献分类以及合并同类项。

（一）文献的查找

1. 文献数据库

文献综述的质量如何，很大程度上取决于研究者对研究问题相关的最新文献的掌握程度。在进行文献综述查找时不应该漫无目的进行查找，而应该查找和研究课题比较相关的文献，建议查找中文期刊近五年相关领域的文献，并分析相关研究在近几年呈现什么样的研究趋势，并考察其中的热点与难点。

2. 关键词查找

进行查找相关领域的关键词时,需要一定的方法和技巧。如果根据主题或者关键词查找时,文献比较丰富,研究者可以筛选出较多的,与其研究相关性较强的文献时,这时进行文献综述论述时就相对容易。如果近几年相似关键词或者研究对象的文献较少,那么就需要扩展思路了,不能仅仅局限于某个关键词进行查找,可以根据同一级或相似属性的研究对象进行文献再次查找,还可以从关键词上一级范围属性进行查找,这个过程也是锻炼个人思维能力的过程。

例如,我们以“高校科研团队的管理机制”为选题时,首先需要在知网上查找关键词“科研团队”,如果经过查找我们发现近五年有关“科研团队”的文献较少,那可以转变思路,从同一级或相似属性的研究对象查找,如可以查找“知识团队、学习型团队、创新团队、虚拟团队等”,这是查找关键词的第一个阶段,如图 3-10 所示。之所以可以查找这类关键词替代“科研团队”作为研究文献,是因为这类知识型的团队,其成员、创新动机、规模、目标、成果等方面都比较类似,其研究内容可以借用到“科研团队”的研究视角去考察现实问题。

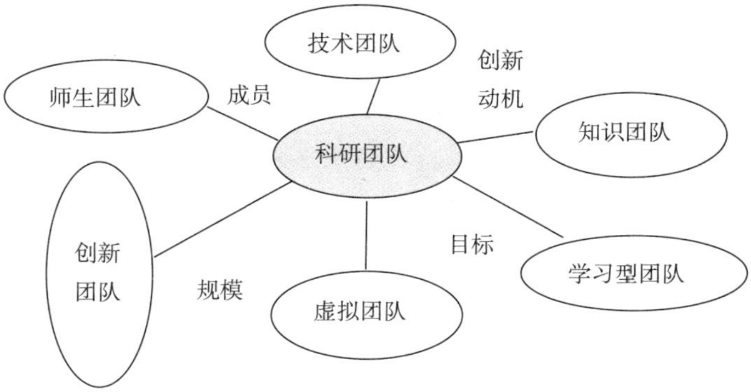

图 3-10 同级(相似)关键词查找

如果“知识团队、学习型团队、创新团队、虚拟团队等”这些类型的团队的研究文献还是很少,我们也可以考虑从其最近的上一层次研究对象进行文献查找,如“科研团队”的上一级研究对象是“团队”,“团队”的上级研究对象是“群体或者组织等”,如图 3-11 所示。如果以上的搜索结果都不理想,那我们应该考虑研究主题是否具有实际意义了。

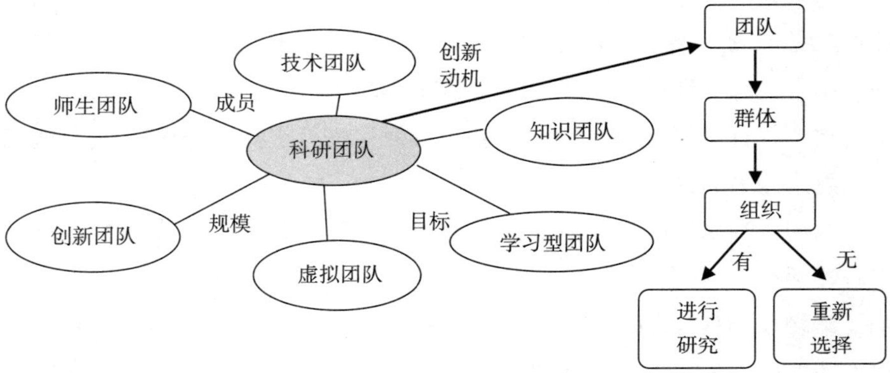

图 3-11　上一级关键词确定

（二）文献的分类与合并

1. 筛选与分类

通过快速阅读、略读等方式进行文献筛选与剔除。文献收集后,开始进行文献的筛选整理工作。文献搜索时,研究者经常根据关键词或者主题进行查找下载,其中有很多与其研究内容无关的文献,在整理过程中,应该进行每篇文章的快速阅读。快速阅读的方式有很多种,可以进行跳跃式的阅读,先读取摘要、每个部分的标题、结论,也可以快速略读文章的每个部分。总之,快速阅读可以使研究者以最快的速度,挑选出与自己选题最相关的文献。

对筛选出来的文献进行分类,同一个选题会参考若干篇文献,根据不同标准和角度,文献可以有不同的分类,但分类必须要有科学的依据。比如可以按研究方法、研究内容、研究视角、研究层次等进行分类,因此同一个选题可以有不同种类的文献分类。

尽量不要按照国内和国外进行分类。一方面除了特殊领域,国内的学术水平很多领域文献的理论水平和实践能力与国外同行的研究差距不大,没有必要进行国内和国外的区分。另一方面,从研究主题这种视角进行文献研究,是一种文献综述的趋势,能比较客观地描述相关领域的研究现状。

2. 合并同类项

在完成了文献的初步分类之后,要开始进行“合并同类项”的工作。合并同类项是指将每一类文献进行更细致的归类,再对这一类文献中研究主旨、研究特点进行概括和总结。

要开展更细致的归纳总结,就要精读每一篇文献,甚至有些文献对主题研究启发较大,研究者可能要经过很多遍的深入阅读,才能领会其中的精髓和思想。在合并同类项的过程中,要把每一类文献进行细化,如我们打算撰写一篇以“高校科研团队的管理机制”为主题的论文,我们找到了很多“团队管理”的文献,将这些文献以“研究内容”进行初步分类,即“管理机制”“科研团队”。从研究内容视角,对管理机制进行进一步细分,可以分为“绩效测量”“创新环境”“管理方式”“人员构成”“激励机制”等内容。逐渐将相关内容的文献根据这些研究内容合并同类项。从“研究方法”角度,对“科研团队”进行细分,即“实证研究方法”“文献分析法”“国际比较”“仿真模型”等。将问卷法、访谈法、案例法、实验法等相关文献合并一起归入“实证研究方法”的文献类别中;将数据模型、数学仿真等相关文献合并到“仿真模型”的文献类别中;将单国别比较、多国别比较等文献合并归入“国际比较”的文献类别中。

值得注意的是,并不是所有的文献分类后,每个类别都能进行合并同类项的,如果有的分类中文献数量比较少,或者每个文献都有自己独特内容,很难进行合并,也可以针对每一文献进行解释分析。

（三）文献综述

前半部分的“综”不算太难,根据所查阅大量的文献进行综合的归类、提炼、概括即可做到。后半部分的“评述”则是一篇“综述”质量的代表,这需要依靠作者的理论水平、专业基础,以及提炼和概括问题的能力,在对问题进行合情合理剖析的基础上,提出自己独特的见解。文献综述看似简单,其实是一项高难度的工作。在国外,宏观的或者是比较系统的文献综述通常都是由一个领域里的顶级“大牛”来完成的。

与主题相关的重要信息都应当在综述中得到体现,并且在参考文献中列出。无论什么领域的研究都应建立在前人成果的基础上,并且遵守学术传统,而不是毫无依据。文献综述的目的主要有三点:第一,关于相关主题的研究现状,研究方法、研究内容,也就是这个问题前人研究到了何种地步。第二,目前研究有哪些空白,可以在哪些方面进行拓展。这些不仅是对要研究问题的研究基础的掌握,也是对前人研究的尊重。第三,针对前人研究基础和成果,作者的论文有哪些特色和价值。表明了文章的贡献和意义。综述不是概述,不能泛泛地引用和概括,要有扬弃。综述部分的质量能看出研究者对该领域文献阅读所下的功夫,因为作者需要广泛阅读,理解不同论文在关键假设和模型上的主要分歧。

在文献综述的写作过程中遇到的问题通常包括以下几点。

1. 引文罗列,没有分类

研究现状只是简单的罗列资料,没有分类,缺少分析和概括。文献综述中往往是列出一大堆参考文献,罗列出不同研究者的不同做法和结论,缺乏作者的分析和归纳,没有概括出研究的成果和存在的问题,有的甚至将一些与本文研究没有直接关系的文献也列在其中。这是很多研究生在进行文献综述写作中时常出现的现象,即将相关文献里面的摘要或中心句摘抄下来,再或者大块地抄袭别人的观点,并没有对文献进行仔细的阅读和思考。虽然对研究现状的介绍,不同的期刊有不同的要求,但从论文写作的角度出发,文献综述应当用作者自己的语言概括出研究的现状,特别是存在的难点和不足,从而引出论文研究的主题。

2. 没有脚注

没有脚注是学术论文写作中最忌讳的一点,插入脚注主要是当作者对论文进行修改时,可以找到原文献的出处。有的文献看过了当时不一定有用,事后想起来却找不着了。因此应对重要的文献随时整理,如对文献进行分类,记录文献主要信息。对于特别重要的文献,要做一个读书笔记,摘录其中的重要观点和论述。

3. 缺少详细的分析和深度的概括

很多文献综述中缺少对文献详细的分析和高度概括。作者在进行文献综述的写作过程中要不断进行精读和思考。通过对大量文献的阅读，逐渐领会众多文献的主旨和特点，总结文献总体的研究深度与不足。在综述部分不能笼统地说明“哪些内容比较丰富或哪些内容比较缺乏”。应该更加详细地阐述“具体哪些理论、研究方法、模型等内容比较丰富，对作者要研究的主题提供哪些启示和支撑”，或者“具体哪些内容或部分研究比较薄弱、缺乏，值得作者进行深入研究，弥补空白”等，具体例子见表 3-2。

表 3-2 文献综述初稿与终稿比较

初稿	终稿
知识创新模型构建的相关文献不系统，缺乏定量的、微观的研究。 近年来，大部分文献的知识创新模型主要是受到日本学者 Nonaka 的 SECI 模型的影响，其构建思路比较单一，缺乏多角度模型设计。主要体现在： 1）忽略了外部知识输入和知识活动状态；2）没有给出 SECI 知识螺旋的动力学基础，其知识创造过程过于绝对化；3）没有揭示隐性知识的动态特性及创新成果的显性化的联系，也没有定量比较团队知识创造与个人知识创造的区别。	**隐性知识转化主要是受到SECI模型的影响，多从知识状态的角度分析隐性知识的显性过程，缺乏微观的多角度模型设计。** 隐性知识转化主要是受到日本学者 Nonaka 的SECI模型的影响，缺乏多角度模型设计。主要体现在：忽略了外部知识输入和知识活动状态；没有给出SECI知识螺旋的动力学基础；没有揭示隐性知识的动态特性及创新成果的显性化的联系，其数据主要是采用静态的截面数据；缺少知识活动状态的模型仿真，无法对隐性知识转化及显性知识等变量之间的因果关系准确判别。
将复杂网络方法应用到知识网络的研究近几年来刚刚起步，大多还处在探索阶段。 复杂网络已成为社会科学中诸多领域的研究分析方法，但大都是定性的浅层次的研究。复杂网络理论主要用于团队知识结构或人际网络的静态节点分布的研究。	**将复杂网络方法应用到知识网络的研究更多侧重结构特性静态研究，网络节点动态运动轨迹刻画研究较少。** 复杂网络理论虽已成为社会科学中诸多领域的研究分析方法，但大都是定性的浅层次的研究。主要用于知识结构或人际网络的静态节点分布的研究。对于节点动态刻画较少，大多文献将复杂网络的传播机制运用到计算机病毒传染、谣言在人群中流传等问题。

资料来源：《团队知识创新过程及其管理研究》（吴杨）

左边部分和右边部分分别是某论文文献综述的初稿和终稿，综述具体细节描述中，初稿和终稿相差不大，但其黑体标题部分的提炼总结差别较大，初稿则是笼统模糊，终稿更加详细深入。初稿中，直接描述了“隐性知识转化路径的动态监测研究比较缺乏”，这种描述简单粗糙，而且放到其他文献综述里也都可以适用，没有有针对性地对文献研究现状和特色进行详细论述。作者需要经过充分、详细的阅读大量经典文献后，对文献进行细节的描述“隐性知识转化主要是受到 SECI 模型的影响，多从知识状态的角度分析隐性知识的显性过程，缺乏微观的多角度模型设计”。这样的提炼总结，让读者了解隐性知识和显性知识的相关研究发展状态和当前的研究领域细节上偏重和不足，也让读者感觉到作者对于所研究领域的文献确实比较熟悉和精通，对作者后续的文章内容也会建立起更多信心和信任。

第二节　剖析问题

前面所提到的锁定问题以及文献的查找，都属于论文写作过程的提出问题阶段。在明确了问题，即确定了研究主旨，并对相关文献进行了高度总结之后，研究者就需要对问题进行剖析和判断，提出假设，进行数据的处理和分析，这就是分析问题的过程(见图 3-12)。

图 3-12　分析问题流程图

这部分我们采用 Wallace 的科学研究过程的逻辑圈①阐述分析问题过

① Walter L.Wallace:《The Logic of Science in Sociology》[M].Aldine Transaction,1971.

程中的逻辑思路。在“逻辑圈”中，Wallace 认为科学研究过程是一个涉及许多活动的不断循环过程，该过程始于理论，也终于理论。它涉及五个信息成分和六类方法，见图 3-13。① 在科学研究过程中，当作者选择了一个有意义的研究问题，并进行了相关的文献回顾，但已有的文献对问题不能提供有意义的答案时，研究将从理论开始，或者从观察开始。从理论开始的研究被认为是演绎的检验假设研究。从观察开始的研究则被认为是归纳的建立理论研究，见图 3-13、3-14、3-16。

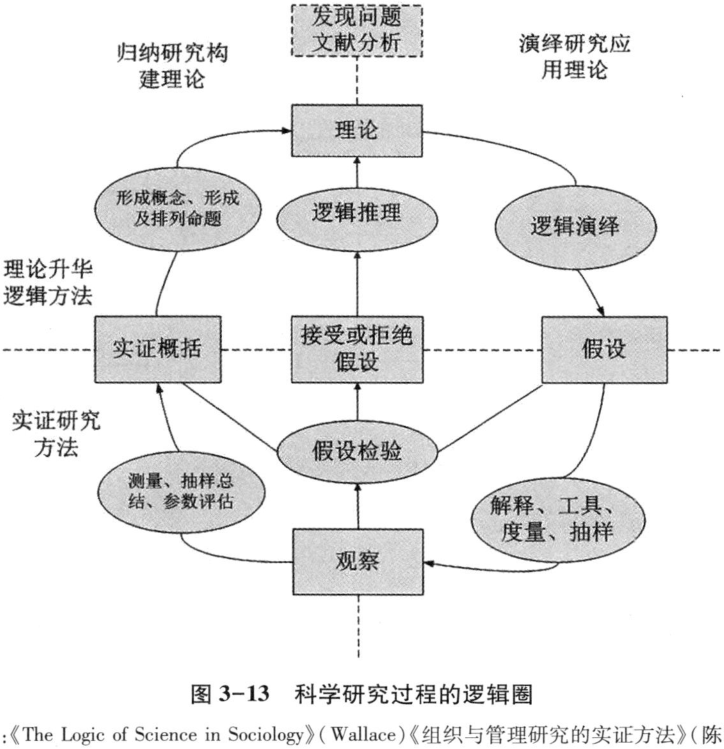

图 3-13　科学研究过程的逻辑圈

资料来源：《The Logic of Science in Sociology》(Wallace)《组织与管理研究的实证方法》(陈晓萍)

如图 3-13 可知，逻辑圈是由演绎法和归纳法两种逻辑思维方法所构成的。其中图的右半部分是演绎研究运用理论，图的左半部分属于归纳研

① 陈晓萍：《组织与管理研究的实证方法》，北京大学出版社 2018 年版。

究构建理论。下面对这两种方法一一进行讲解。

一、演绎的逻辑分析路径

如图 3-14 所示划线的右半部分,它属于演绎逻辑思维方法,它是从理论到理论,即从一般理论出发,通过演绎推理、研究设计以及数据分析,从而形成新的理论。检验假设的研究遵循图右半部分流程,即通过逻辑演绎的方法,理论被转变为假设,假设是对研究问题的暂定性回答,它包括可测量的构念,而不是测量指标本身。

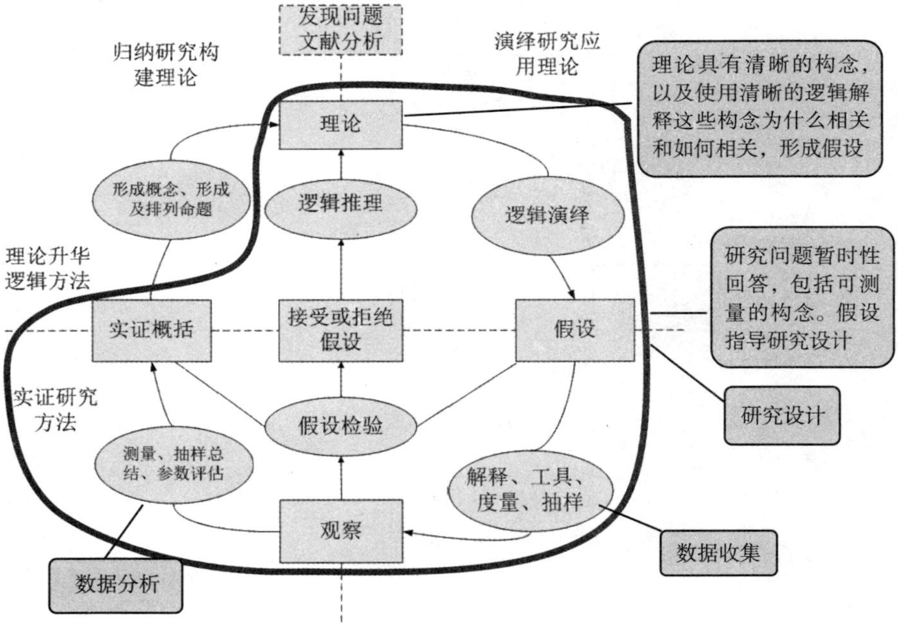

图 3-14 科学研究过程的逻辑圈——演绎逻辑思维详解

如图 3-14 所示,第一个阶段是研究设计。在明确了问题,也即确定了研究主旨,并对相关文献进行了高度总结之后,我们就需要对问题进行剖析和判断。即通过逻辑演绎的方法,理论被转变为假设,假设是对研究问题的暂定性回答,这部分工作主要包括确定所需数据类型、搜集资料的工具、记录数据的量表以及合适的样本来源。这样做以后,假设被转化成观察。这里的观察,笔者认为是个人的可观察到的一手数据集合。

第二个阶段是实证概括。接下来,通过测量、样本归纳、参数估计等数据分析过程,通过估计这些参数的方向和大小,将可观察的一手数据被转换和概括成新的结论。

第三个阶段则是检验假设。最后检验假设的一致性,决定接受还是拒绝假设。这就是通过逻辑推断而对理论进行证实、修改或拒绝的过程。

这个从理论开始,通过搜集资料来证实或拒绝假设的过程被称为演绎法。演绎研究的成果是证实或拒绝一组构念之间的假设关系。这些结果可被用于改进理论或进一步提出建议。

根据上述“演绎逻辑思维方法”的研究过程,我们以“Wesphal(1999)① 对 CEO 与董事会的关系对公司绩效的影响研究”一文举例,根据其演绎逻辑思维研究过程,笔者构建了其理论选择、研究假设、数据收集、数据分析等过程的示意图,如图 3-15 所示。

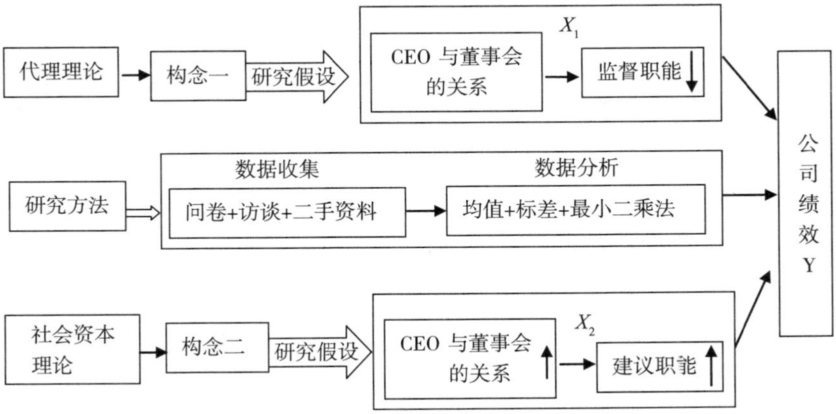

图 3-15　代理理论和社会资本理论的构念图

---

① 陈晓萍:《组织与管理研究方法》,北京大学出版社 2018 年版。

根据文献学习，Wesphal 发现与这个问题的相关理论有两个，一是代理理论，二是社会资本理论。基于代理理论，他假设社会关系降低了董事会的监督职能；基于社会资本理论，他假设社会关系增强了董事会的监督职能；同时他也假设这两个情况都与公司绩效相关。由此形成了以下两个构念，当 Wesphal 做出研究假设以后，该研究会经历三个阶段。

第一个阶段是研究设计。这部分工作主要包括确所需数据类型、搜集资料的工具、记录数据的量表以及合适的样本来源。这样做以后，假设被转化成观察。以 Wespha 的研究为例。他的研究要求他去搜集关于董事会的监督职能和建议职能的数据、首席执行官和董事会的关系以及公司绩效的资料。Wespha 使用了二手数据来测量首席执行官与董事会的关系和公司绩效，但他同时也使用了问卷调查作为资料搜索方法之一，因为董事会职能在现有的数据库中无法得到。因为他的研究问题与所有董事会的上市公司都有关，因此他从美国工业和服务业公司的 Forbes1000 指数中随机选择样本。

第二个阶段是实证概括。通过数据分析得到数据结果。在 Wespha 的研究中，基于搜集到的数据，他提供了描述性的数据归纳，如期望值、标准差和相关系数。然后，他对这些数据进行回归分析，并且为他所假设的每一组关系进行参数估计。通过估计这些参数的方向和大小，他能将观察转化成实证概括。

第三个阶段则是检验假设。Wespha 使用从以上步骤中得到的估计参数来检验假设。他发现参数具有统计显著性，且参数的方向与假设一致。因此他的假设得到支持，前面所提及的代理理论和社会资本理论都得到证实。

图 3-14 中的右半部分，这个从理论开始，通过搜集资料来证实或拒绝假设的过程被称为演绎法。演绎研究的成果是证实或拒绝一组构念之间的假设关系。这些结果可被用于改进理论；当调查不能完全回到研究问题时，亦可为进一步的研究提出建议。

二、科学研究的归纳路径

在科学研究的归纳路径中，由于研究是以观察为开始，所以需要通过测量、抽样总结、参数估计来搜集观察资料，并加以分析，进而转化为实证概括（见图 3-16）。然后，应用归纳的逻辑方法，形成概念、形成及排列命题，最终转换为理论。该路径也可分为三个阶段，它遵循下图中左半部分的流程。

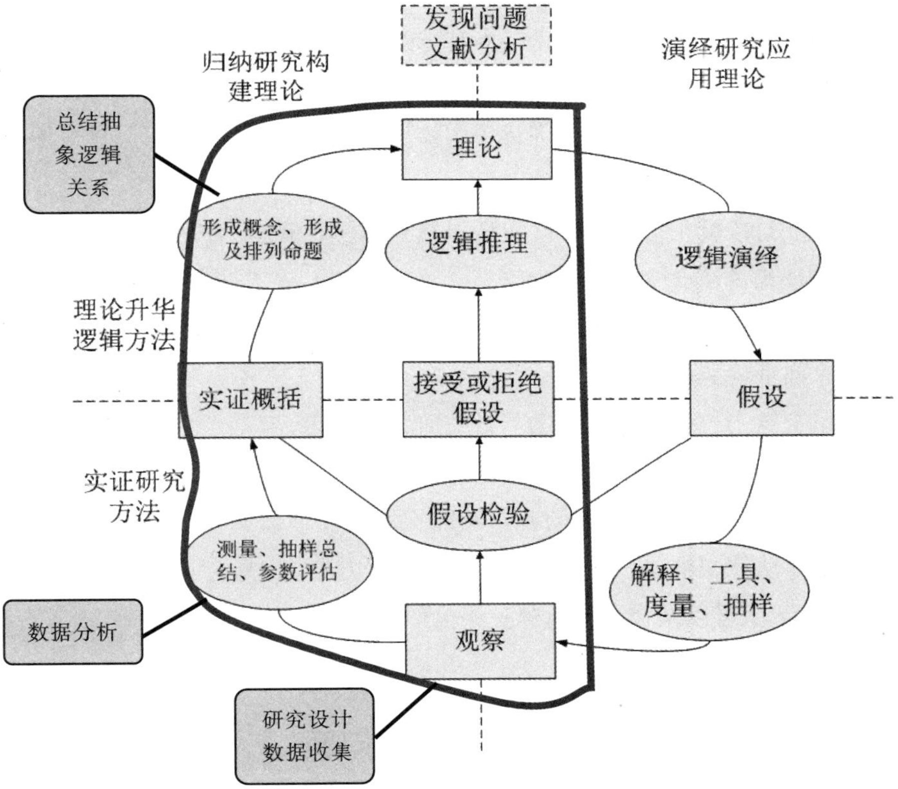

图 3-16　科学研究过程的逻辑圈——归纳逻辑思维详解

第一阶段为观察。当研究者不能找到或提出一种理论来解释疑难或研究问题的时候，就需要以观察开始，从事归纳型的建立理论的研究。该研究最终形成理论和命题，并对问题提出可能性解释和回答。例如，在 Corley 和

Gioia(2004)①开始探索组织身份转变的时候,学术界就这个主题只有一些理论概念上的认识。因此,他们分析了一个组织拆分过程的案例,以此来研究这一问题。

第二阶段是数据的收集与分析。即通过测量、样本归纳、参数估计来搜集观察资料,并加以分析,将其转换成实证概括。这个过程看上去和以归纳路径为基础的研究,即上述的假设检验研究的过程类似。但在假设研究里,数据分析通常使用量化统计方法,并且以实证概括来检验假设,结果是接受或者拒绝假设。而在以归纳路径为基础的研究,即理论建立研究中,数据分析常常使用质化分析技术,例如内容分析。在 Corley 和 Gioia 的研究当中,他们对访谈数据和公司文件进行了内容分析,进而产生一阶编码和二阶编码,而这些编码就是实证概括。

第三阶段就是形成理论。实证概括通过形成概念、命题和命题组合而转化成理论。从产生的编码中,Corley 和 Gioia 形成了抽象的概念,并且建立了可以解释组织身份转变过程的模型。正是基于该模型,他们提出了用于未来实证检验的命题。

以上这个过程就是归纳法。归纳研究的结果,就是产生用于解释问题的新的理论洞见,并形成新的暂时的理论。研究者对最初的研究问题提出新的构念和新的命题,而新的理论又能在解决相似或相关的问题。以上谈到的演绎法和归纳法,以及数据搜集和分析方法,后文会有更加详细的介绍,届时大家可以结合本节内容去深化理解。

第三节 解决问题

问题的解决是学术论文写作的最后一个过程,同时也是整篇学术论文的落脚点。问题的解决对应的是论文的结论部分,它不仅是对前面两个阶

① 陈晓萍:《组织与管理研究的实证方法》,北京大学出版社 2018 年版。

段的概括和总结，更重要的是要在已有研究的基础上，提出新的观点或创新之处，一般来说问题解决部分需要完成以下两方面工作。①

一、提出结论

结论是研究成果或论文的真正价值的体现，它是在进行理论分析和实验验证之后，通过演绎归纳等严密的逻辑推理而得出的具有创造性且对实际问题具有指导意义的结果。但结论并不是对研究结果的简单重复，而是对其进行深入透彻的认识，是从前面的引言及正文内容出发，通过科学研究的演绎路径和归纳路径，得出新的总观点，结论可以包括以下主要内容。

（一）本研究结果说明了什么问题，得出了什么规律性的结论，解决了什么理论或实际问题。

（二）对前人有关问题的看法作了哪些检验，哪些与本研究结果一致，哪些不一致，作者作了哪些修正、补充、发展或否定。

（三）本研究的不足之处或遗留问题。如是否存在例外情况或本论文尚难以解释或解决的问题，也可提出进一步研究的建议。

需要注意的是，上述要点（一）是必须要在结论里体现的，而要点（二）和（三）并不是必须项，可视论文的具体内容而定；此外，结论是对论文创新内容的概括，措辞一定要准确、严谨，不能模棱两可，含糊其词。不用“大概”“也许”“可能”这类词，以免使人有似是而非的感觉，从而怀疑论文的真正价值。

二、提出对策与建议

大部分的学术研究是为了实践服务，只有研究成果为社会中的问题提供参考价值和输出解决方案，为社会发挥了价值，科学研究才算有了意义。在阅读文献时，经常看到文章最后一部分通常是建议、措施和结论，其实这就是问题解决阶段。关于对策的提出，大家应该着重注意以下两点。

---

① 祁春节：《研究方法与论文设计》，科学出版社 2015 年版。

（一）对策一定是严格基于理论发现的结论。在提出对策与建议的时候，很多作者存在一个误区，即提出了许多正确清晰的对策，但真正和论文有关系的内容没有多少。对策与建议的提出，一定要在研究的结论及问题的基础上，提出对应结论，否则即使再清晰具体的对策，都不过是脱离主题的无用功。

（二）对策建议一定要清晰具体。对策不能含糊不清或者一笔带过，应该针对问题逐一提出详细的、具有可行性的解决方案。

第四节　写作构思流程概述

根据图 3-14、3-16 中两种逻辑路径进行简化，以便为学术论文写作逻辑思路提供实践指南，可以简洁归纳为以下四个步骤，如图 3-17 所示。

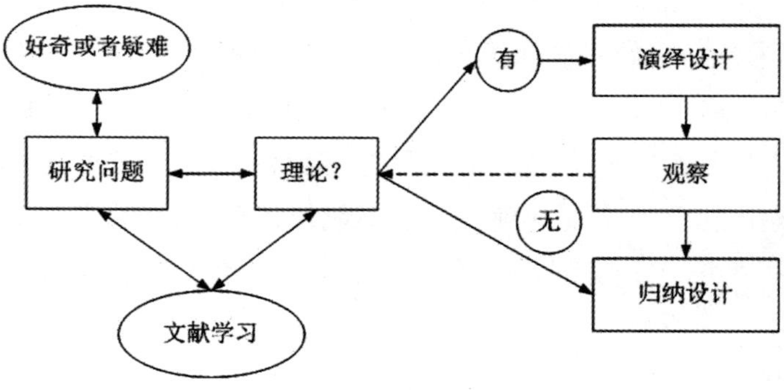

图 3-17　学术论文的实践指南

第一步：提出研究问题。研究问题是对某一现象感到困惑或者好奇。该问题陈述了两个或多个变量之间的潜在关系，没有明确的答案，但却提供了进行实证检验的可能性。它通常始于问“是什么？为什么？何时？如何？”等问题。

第二步：进行文献回顾。当有了研究兴趣且很重要的问题后，就需要进行大量的文献阅读。综合的文献学习会帮助我们了解将要研究的问题是否已经得到回答,是否可以找到相关理论解决我们的问题。文献学习会帮助我们发现文献的不足或研究充足,甚至彻底改变我们的研究问题,使之变得更为有趣和重要。

第三步:找到理论形成假设。理论解释了现象的“为什么”和“如何”的问题。假设是对研究问题的暂定回答。理论具有清晰的构念,以及使用清楚的逻辑解释这些构念为什么相关和如何相关。现有理论对于回答研究问题、产生有意义的假设至关重要。假设对构念之间可能关系的陈述,这些假设指导我们进行研究设计和数据收集。

第四步:进行实证研究,该步骤包括研究设计、数据收集和数据分析。研究设计根据你是进行归纳还是演绎而不同。当现有理论帮助你形成假设时,则可选择演绎设计,与此对应的是问卷调查和实验。当没有理论可以对你的问题有满意回答时,我们可以选择归纳设计,如案例分析,访谈和其他定性研究。

第四章

论文写作中的逻辑思维

在科学研究中，各种事物之间相互联系、相互作用，没有任何一种事物是独立存在的，因此我们在对客观事物进行分析时，需要掌握一定的方法。逻辑思维属于一种高级的思维形式，是人的理性认识阶段。它是以抽象的概念、判断和推理作为基本形式，以分析、综合、比较作为基本过程，进而反映事物的本质特征。

第一节　逻辑思维的内涵

思维是人类大脑能动地反映客观现实的过程，是人类开动脑筋认识世界的过程中，进行比较、分析、综合的能力，是人类大脑的一种机能。逻辑思维是指人们在认识事物的过程中借助于概念、命题、判断、推理等思维形式，运用分析、综合、归纳和演绎等方法，对丰富的事物进行去伪存真、由此及彼、由表及里的加工制作以反映现实的过程①。它是借助科学的抽象对客观事物进行反映，进而揭示出事物的本质。人们通常认为这是理工科背景的研究者比较擅长的思维方式，而文科背景比较擅长形象思维，其实这些是

① 周艳玲，冯婕：《逻辑学与思维训练》，化学工业出版社 2006 年版。

对逻辑思维的错误认知。这里所讲的逻辑思维既不同于以想象为支柱的形象思维，也不同于以理性直观为特征的直觉思维；它以科学的抽象为特征，在感性认识的基础上，对获得的感性材料进行分析和思考，它不纠结于事物的表象及其个别属性，而是致力于反映事物的本质特征并形成相应的概念，进而运用概念来进行判断和推理。

由逻辑思维的定义可知，逻辑思维其实就是训练人们反应能力，也是训练随机应变、快速反应的一种方法。心理学研究表示，逻辑思维是构成人的辨别能力、分析能力、学习能力、表达能力以及创新能力的前提和基础。尤其在当今世界信息爆炸的时代，人们对事物的认识要想达到对其本质规律的把握，需要具备逻辑思维能力。逻辑思维的功能主要表现在以下几个方面。

首先，逻辑思维可以提升人的分辨能力。拥有良好的逻辑思维能力，可以正确看待客观世界，把握客观现实，以及通过逻辑思维的运转，不断进行判断和思考，从而对客观世界形成准确的认识。

其次，逻辑思维能提高人们的语言表达能力以及写作能力。要写一篇文章，关键要在头脑中生成清晰的框架和结构，而这主要取决于人的思维能力的强弱，这就要求其遵循逻辑规则，不断培养和提升自己的逻辑思维能力。

此外，逻辑思维还能激发人们的创造性思维。创造性思维是一种独特的思维方式，它是一个综合创造过程中各个环节所需能力的总称，包括敏锐发现问题的能力、统摄思维活动的能力以及评价的能力。而严谨有序的逻辑思维有利于增强人类对客观事物认知的精准和优化，同时也有助于对创造性思维的成果进行检验。

第二节 写作中的逻辑方法

逻辑思维方法是指在逻辑推理和辩证分析的基础上，借助已获得的信息，同时运用分析与综合、分类与比较以及归纳和演绎的相关逻辑思维方法,从而达到对研究对象本质的认识,并揭示事物的发展规律以及事物之间的因果关系。[①] 虽说逻辑思维方法适用范围比较广泛,推理比较严密,能够进行定性分析,例如论文写作中框架的建构以及现实中对客观事物本质的认识等都离不开逻辑思维方法,但其对事物的描述并不具体,由此进行的推论可能不够精确,因为它对事物的认识仅仅是一种描述或者定性分析,缺少定量的描述和表达,这就决定了它不能完全适用于需要进行定量化研究的选题。逻辑思维方法的种类比较多,如分析与综合、分类与比较、归纳与演绎、抽象与概括等方法,下面将对这几种思维方法进行详细介绍。

一、分析与综合

分析和综合是两种相反的思维方式,它们是解决问题和认识事物的两种基本方法,是科学研究的主要手段,是揭露现象和本质的内在联系的逻辑思维方法,也是构成各种逻辑方法的基础。其中分析是在思维中把对象分解为各个部分或因素,分别加以考察的逻辑方法;而综合是在思维中把对象的各个部分或因素结合成为一个统一体加以考察的逻辑方法。[②] 分析和综合两者既相互对立又相互依存,辩证分析两者的关系,有助于提高对这两种思维方法的认识水平和提高我们的逻辑思维能力。下面将对这两种方法进行详细介绍。

(一) 分析方法

分析是我们认识和了解事物的前提,也是对事物整体认识的必要阶段,所谓分析方法是指把客观事物整体分成各个部分和要素,并依据各要素之间的关系或事物之间的关系进行推理判断,进而达到对事物本质的认识的一种逻辑思维方法[③]。

1. 分析方法的基本步骤

分析方法的具体步骤如下。首先,在对事物进行分析之前,要有明确的

---

① 杜雄柏,王向清,杜音:《逻辑学教程》,湖南大学出版社 2004 年版。
② 王蜀磊:《毕业论文写作》,立信会计出版社 2014 年版。
③ 周新年:《科学研究方法与学术论文写作》,科学出版社 2012 年版。

分析目的；其次，根据分析的目的对事物进行拆分，将其分成若干个组成部分和要素；第三，对这些要素进行分析，并研究它们各自的特点；最后，结合这些要素的特点和性质，分析它们之间的关系以及在事物发展变化中所处的地位以及发挥的作用和功能，其过程可用下图进行描述。

图 4-1　分析方法的步骤

上述步骤同样适用于学术论文的写作中，例如，当作者拿到一个论文题目时，首先需要对论文题目进行分析和分解；其次需要从中提取出关键词，并对各个关键词之间的关系进行研究和思考；最后在脑海中形成清晰的写作框架。在论文写作方面，作者有时候会发现有些论文思路比较混乱，框架不够清晰，究其根本原因在于逻辑思维能力不强，没有对论文题目进行认真分析和思考。

2. 分析方法的类型

在现实生活中，经常会发现不同的人针对同一个事物或现象，会出现不同的观点和理解，即通常所说的仁者见仁、智者见智。出现这种现象的原因在于人们在对事物或问题分析时，思考的角度、分析的方法不同，例如当看到同一篇文章时，每个人受到的启发是不同的，从这篇文章中解读出来的中心思想也是不一样的。另一个例子是高考作文，面对同一个论文题目，不同的学生可以有不同的研究思路，因为每个人的逻辑思维不同，在对题目或一段文字进行解读和分析时，就会出现不同的想法和观念，这就要涉及分析的类型。比较常用的分析类型主要包括因果分析、表象—本质分析以及相关分析。

（1）因果分析

因果分析是指分析客观事物之间的原因与结果之间关系的一种方法。①

① 赵瑞华：《运用因果思维优化议论文写作》，《应用写作》2018 年第 12 期，第 37—39 页。

任何现象的产生都一定的原因,而任何一种原因也都会产生一定的结果,正确运用因果分析,可以使我们认识到事物发展变化的规律,进而把握客观现象的本质。但如果分析不当,也会导致对客观事物的扭曲认识,因此,我们在使用此方法时,需要遵循一定的原则。

居先原则,即原因在先,结果在后,任何现象产生之前都会有一定的原因,不会无中生有、凭空出现共变原则,即原因的任何变化都会导致结果的一些变化;接触原则,即原因与结果是通过一定的中介物联系起来的,例如学术论文的发表,不仅需要培养较强的逻辑思维能力、夯实的知识基础、查阅较多的文献,还需要借助电脑及各类软件等工具充当一定的中介物。

原因和结果的关系并不是一一对应的,它们之间的关系比较复杂,有一因多果、一果多因、多因多果等。在学术论文写作的过程中,因果分析方法得到学者的广泛运用。例如《大学基础研究人力资源瓶颈问题的影响因素》①这篇论文挖掘出影响大学基础研究人力资源各类因素,并通过因果分析,概括出六种因素对"大学基础研究人力资源中三类瓶颈问题"的影响程度,这类文章中的变量众多关系复杂,是多因多果的关系。再例如文章《主动性不同条件下导师指导风格对研究生创新能力差异性影响研究》②也是运用因果分析,考察主动性不同的学生,对于导师的"两种指导风格"对其"创新能力"的影响,这类文章是多个原因对应一个结果,是典型的一果多因关系。

因果分析中经常用到的方法包括求同法、求异法以及共变法③,其中求同法和求异法是两种相对的方法,前者是分析在不同情况下产生相同结果,找出产生结果的共同原因;后者是不同情况下出现不同的现象,找出这些情况下唯一不同的原因。而共变法则是找出导致不同场合下现象发生变化的原因。

---

① 吴杨:《大学基础研究人力资源瓶颈问题的影响因素》,《公共管理学报》2012 年 10 月。

② 吴杨:《主动性不同条件下导师指导风格对研究生创新能力差异性影响研究》,《复旦教育论坛》2018 年 3 月。

③ 林作新:《研究方法》,清华大学出版社 2017 年版。

(2)表象—本质分析

所谓表象—本质分析是指根据客观事物的表面特征,并分析这些特征之间的关系,从而达到对客观事物本质的认识。这种分析方法可以帮助人们对客观事物丰富的表象进行去伪存真、由此及彼、由表及里的加工制作,从而反映客观现实。这也是科研工作的工作本质和目标。

学术论文是提出问题、解决问题、总结论点、传递思想的过程,因此不仅需要研究者对前沿科研领域的正确判断和本学科领域发展的价值把握,并善于运用表象—本质分析方法,凝练出结论和观点进行新知识共享、推广、传播。

科学研究中事物处于相互联系的状态,组成事物的各要素之间的关系往往具有复杂性、多样性,因此研究者在对研究对象进行分析时,需要透过表面现象,挖掘其本质。第二次世界大战期间,英美军方决定根据作战后幸存飞机上弹痕的分布情况,对飞机进行改进,认为弹痕多的机体部位就应该多加强,但是统计学家沃德采用了表象—本质分析方法,提出了令人匪夷所思的观点,认为应该注意弹痕少的部位。他指出质疑如果弹痕多的部位就是飞机的要害,那么又该如何解释被命中多次的飞机却还可以幸存?这表明机体上弹痕多的地方不是飞机的要害,相反那些弹痕少的部位却恰恰是飞机的要害所在,正是没有击中这些要害,飞机才可以幸存。事实证明沃德的观点也是正确的。

(3)相关分析

相关分析是指根据已知的事物来判断和推测未知事物的一种方法。①它是一种由此及彼、由表及里的研究方法,这种方法的关键是如何将相关的事物联系在一起,这在很大程度上依靠研究者的经验,因此这种方法具有间接性、层次性以及经验性的特点。

它是一种常见的统计分析方法,主要运用于数据分析方面,可以描述两个变量之间的密切程度,并且能够简单有效说明两变量之间的关系。相关

---

① 王定祥:《研究方法与论文设计》,高等教育出版社 2013 年版。

分析的种类比较多,例如根据事物之间的关系可以分为因果相关和伴随相关两种类型,其中因果相关是根据已知事物和未知事物之间的因果关系来研究事物的方法,而伴随相关是根据已知事物和未知事物之间相伴出现的特点来研究事物的方法。

此外,也可以根据两个变量之间的密切程度,分为线性相关、正相关、负相关等。相关分析方法在实际生活中也经常用到,如科技和经济的增长与人口、技术开发;成本与利润;市场供给与需求以及社会伦理与经济发展等,均有或亲或疏、形式及性质不一的相关关系。还有我们生活中的一些经验,如"瑞雪兆丰年""山雨欲来风满楼"以及根据动物的一些反常行为如鸡飞狗跳来预示地震的发生等,这些都是运用相关分析方法的体现。

(二) 综合方法

综合方法是指在思维过程中将与研究对象有关的各个要素结合起来,进行归纳,分析各个要素之间的关系,动态地考察研究对象,从整体的角度来把握事物的本质和规律的一种逻辑思维方法。[①] 它是与分析相对立的一种思维过程。其基本步骤与分析方法类似,首先需要有明确的目的,其次需要对各个要素进行分析,确定它们之间的关系,最后从整体上达到对事物本质的认识。

1. 综合的类型

综合方法既可以是将整体的各个部分结合起来联系起来,如把论文题目、摘要、关键词、正文、结论等部分连接起来就形成一个完整的学术论文;也可以把整体的个别属性和特征连接起来,如将花的颜色、形状、种类等属性联系在一起从整体上描述一朵花。不论是将各个部分还是将个别属性和特征连接起来,综合方法绝不仅仅是简单数量上的加总,更是质量上的提高,是对事物整体的把握。

综合的类型根据考察事物的复杂性以及研究范围的广泛性,大致包括简单综合、分析综合以及系统综合三种。简单综合分析中考察的因素比较

---

① 张伟刚:《科研方法导论》,科学出版社 2014 年版。

少，它是对与研究对象有关的因素如数据、素材等进行收集、归纳以及整理。而分析综合除了对与研究对象有关的因素进行收集外，还将收集到的信息与特定事物的某一些特征或组成部分进行对比和分析，进而达到对研究对象或事物的本质认识。系统综合是从系统论的观点出发，对研究对象的有关信息进行大量的收集，包括从时间和空间以及横向和纵向等方面进行研究。如在进行学术写作时既可以把与研究对象有关的历史、现状和趋势联系起来，也可以与研究对象有关的方针政策甚至国民经济等进行综合考察。

2. 综合的应用

综合方法是普遍运用的一种逻辑思维方法，无论是在科学研究中还是实际生活中，综合方法发挥着不可估量的作用。例如当今热点话题，可持续发展是世界各国普遍关心的问题，可持续发展涉及的因素比较多，通常包括资源、环境、人口、资本和技术等方面。综合各国在各个历史时期的资源、环境、人口、资本和技术等方面的有关情况，发现资本和技术的投入是相互联结的，它们共同影响可持续发展的状况和水平，这将会对可持续发展的进程有一定的推动作用。①

科学理论体系的形成和发展，离不开综合方法的运用；同样现代科学技术的发展，往往也是综合作用的结果。在实际生活中，研究者既要善于将复杂的事物分解为若干个单元进行分析，也要善于将各个要素进行综合。

（三）分析与综合的关系

分析与综合的关系既是辩证统一的，又是相互对立的，两者互为前提，互相矛盾，同时在一定的条件下也可以相互转化。分析是在综合指导下的分析，综合是在分析基础上的综合。通过分析，把事物整体分解为若干个部分，分析和研究各个要素之间的关系，进而再将这些要素结合起来，再从整体的角度来观察和认识事物的本质，这是逻辑思维过程的三环节，即最初的综合—分析—再综合。

分析方法和综合方法虽然是两种相反的逻辑思维方法，但两者绝不是

---

① 周新年：《科学研究方法与学术论文写作》，科学出版社 2012 年版。

孤立存在的，而是相互联系、相互渗透。例如我们在对社会系统进行分析和研究时，首先需要对其进行分解，将其分为各个层次的子系统，如国家、地区、城市、公司、家庭、个体等，然后分析这些子系统的结构和功能以及它们之间的关系，进而对社会系统的功能和运转的了解和认识更加深刻和透彻。

二、比较与分类

比较与分类是对事物进行初步加工的方法。其中比较就是比较两个或两类事物的共同点和差异点，而分类是在比较的基础上根据事物的共同性与差异性把进行事物分类，具有相同属性的事物归入一类。具有不同属性的事物归入不同的类。

（一）比较方法

比较是指根据一定的标准，将某几类事物之间的个别特征和属性加以对比，或者针对某一类研究对象的个别特征和属性进行比较，确定它们之间的关系，以及找出其中的共同点或不同点。[①] 它是一种思维过程，同时也是分类方法的基础，通过比较可以使人们了解同类事物或异类事物之间的关系，也可以对一定范围内的事物进行定性和定量分析，从而能更好地认识事物的本质。

1. 比较方法的基本步骤

虽然在科学研究中运用比较方法并没有一种固定的模式，但是在对某一类研究对象的个别特征和属性进行比较，或者是对不同事物进行比较时，需要按照一定的步骤进行，这样才能更加精准有效的得出比较的结论。主要分为四个步骤，首先确定比较的主题，即在比较之前需要明确要比较什么，研究对象是什么；其次确定比较的标准或依据，标准在比较方法中很关键，它是进行比较的基础，标准的不同，得出的比较结果也是不一样的；最后解释比较的内容并得出结论，见图 4-2。

① 张伟刚：《科研方法导论》，科学出版社 2014 年版。

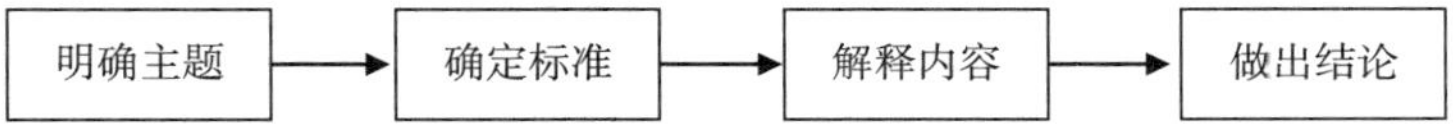

图 4-2　比较方法的基本步骤

2. 比较方法的分类

根据参照标准的不同，可以有不同的分类，一般比较常用的类型包括横向比较、纵向比较、定性比较、定量分析、同类比较以及相异比较等几种。[①]其中横向比较与纵向比较是相对的；定性比较和定量分析是相对应的；同类比较和相异比较是相对应的。

所谓横向比较是同类事物之间的比较，例如对不同国家的教育或科研水平进行比较就属于横向比较，《美、英、日、俄四国研究生教育管理体制的比较研究》[②]一中，通过对美国、英国、日本、俄罗斯等发达国家的研究生教育管理体制进行横向比较研究，借鉴这些国家成功的经验，进而对我国的研究生教育管理体制进行思考。纵向比较是与横向比较相对立的两个类型，纵向比较是对某一研究对象的历史、现状的分析，以及未来发展趋势的预测，它可以追溯到事物发展的历史顺序。

所谓同类比较是对性质相同的两类事物进行比较，进而找出事物的共同属性，而相异比较是对性质不同的两类事物或者一类事物的正反面进行比较，进而找出事物的不同属性。定性分析和定量分析也是相比较而言的，其中定性分析是对事物的属性进行分析，而定量分析则是对事物进行数量上的分析。

3. 比较方法的运用

我们在运用比较方法时，需要注意以下几点。

第一，要注意事物之间的可比性。有些事物或研究对象之间具有一定的关系，因此具有可比性，但有些事物不属于同一范畴或同一类型，则就没

① 李丽芳，纳张元：《现代写作教程》，云南大学出版社 2005 年版。

② 吴杨：《美、英、日、俄四国研究生教育管理体制的比较研究》，《黑龙江高教研究》2006 年 6 月。

有可比性。

第二,要注意事物比较的广泛性。正如辩证法中所提到的那样,任何事物都不是孤立存在的,它总是处在和其他事物相互作用中。因此在对研究对象进行比较,不能隔断与其他事物的联系,孤立地进行比较,必须考虑到其与其他事物之间的关系。

第三,要注意把握比较的本质性。比较的目的在于通过比较找到事物的共同点或不同点,进而达到对事物本质的认识。因此在进行比较时,不仅要对事物的表象进行比较,更要挖掘出事物的本质,这样才能做到科学的比较。

正确运用比较方法不仅可以提高写作水平,认识事物的发展过程和规律,而且通过比较不同的方案,可以借鉴和吸收一些成功的经验。例如在《大学科研创新评价的国际经验与启示——基于英国、澳大利亚、日本、韩国科研评价体系特点的考察》①中,作者对英国、澳大利亚、日本以及韩国的大学科研评价体系特点及优势进行分析,并在此基础上,从评价指标、评价机构、评价模式 3 个方面提出完善我国大学科研评价体系的政策及措施。

(二) 分类方法

分类方法是指根据事物的共同性或差异性对事物进行分类,把具有相同属性的事物归为一类,而具有不同属性的事物归为另一类②。通过分类能够使客观对象条理化、系统化,更便于进行深入研究。在对研究对象进行分类时需要按照一定的层次依次进行,例如根据动物是否具有思维能力进行划分,可分为高等动物和低等动物;再如公司职位的划分也是按照一定的层次划分的,它是符合事物客观规律的系统分类。

1. 分类的标准

针对同一个问题,不同的人可以提出不同的分类,关键在于分类依据的标准不同。例如在对项目组、科研所、研发中心、人事处、科研处进行分类时,可以有多种不同的分类结果。

---

① 吴杨:《大学科研创新评价的国际经验与启示——基于英国、澳大利亚、日本、韩国科研评价体系特点的考察》,《科学管理研究》2018 年 2 月。

② 张伟刚:《科研方法导论》,科学出版社 2014 年版。

①以部门职能为依据，可进行如下分类，如图 4-3 所示。

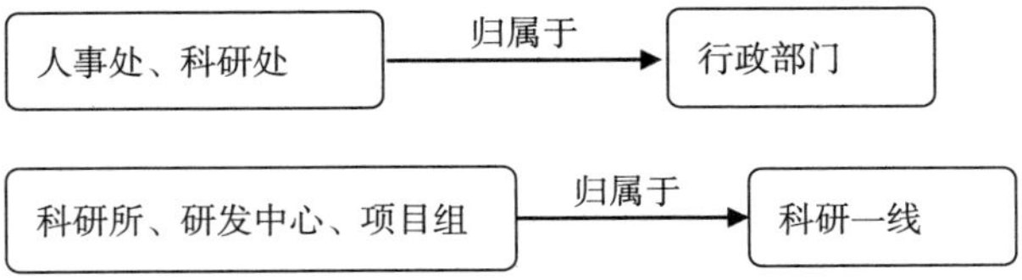

图 4-3 按职能分类

②以等级层次为依据，可进行如下分类，如图 4-4 所示。

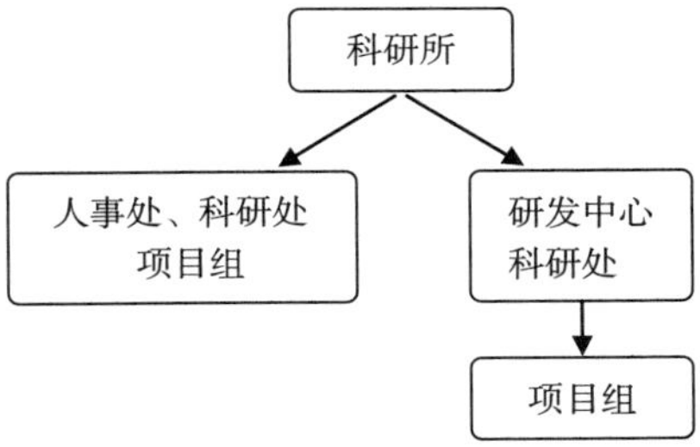

图 4-4 按等级层次分类

③以负责的对象为依据，可进行如下分类，如图 4-5 所示。

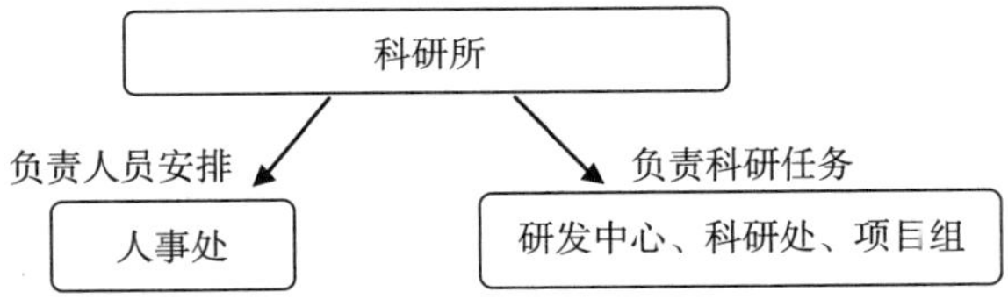

图 4-5 按负责对象分类

④以字数为依据，可进行如下分类，如图 4-6 所示。

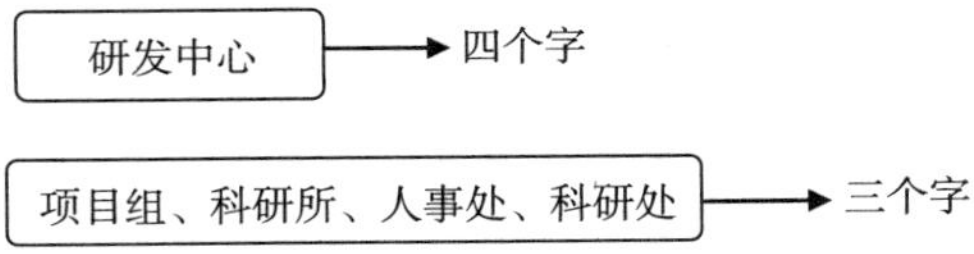

图 4-6 按字数分类

从上面的分类中可以看出，标准不同，分类的结果也不同。根据部门职能可以将科研所、研发中心、项目组分为一类，而将科研处、人事处分为一类（见图 4-3）。前一类部门职能是科研一线的实战工作，而后一类是行政部门的决策与服务工作。根据单位等级层次将科研所分为一大类，下面包括项目组、研发中心和人事处、科研处（见图 4-4）。还可以根据字数的不同，将项目组、科研所、人事处、科研处分为一类，而将研发中心分为另一类等等（见图 4-6）。这些分类本身没有对错之分，只根据所需要的标准或者依据即可。虽然在对事物进行分类时依据的标准可以不同，但必须是确定并统一的，不能在对同一个问题采用不同的分类标准。

2. 比较方法和分类方法的关系

比较方法是确定研究对象之间共同点或差异性的一种逻辑思维方法，而分类方法是在比较的基础上，根据概括出来的研究对象之间共同点或差异性，将研究对象划分为不同的种类。因此可以认为比较和分类的关系是：比较是分类的前提，分类是比较的结果。例如我们已经知道地球上现存的有记载的生物种类大约 200 多万种（这只是进行的大概的统计），学者们根据这些生物的不同特征将它们分为动物、植物、微生物，在某一种类内部又进行了分类，如将动物又细分为脊椎动物、无脊椎动物、哺乳动物、爬行动物、两栖动物等，植物又分为开花类、不开花类、草本植物、水生植物、木本植物（除了浮萍）等，微生物又分为苔藓类、藻类、蕨类等。在这个过程中既用到了比较方法，也用到了分类方法。

三、归纳与演绎

归纳与演绎是科学研究中最基本的逻辑思维方法，也是人们在认识过程中发现事物原理和验证原理不可或缺的方法。其中归纳是从个别性的前提推出一般性的结论；而演绎则是从一般到个别，即从一般性的前提推出个别性的结论，前提与结论之间的关系具有必然性。

（一）归纳方法

归纳法是从个别、特殊事物的某些特征中推出此类事物的共同属性和普遍原理，并通过对观察、实验和调查所获得的个别事实，概括出一般原理的一种推理形式和逻辑思维方法。① 它是由已知的特殊知识，推导出普遍性的结论，范围由小到大，认识程度由点到面，由归纳得出的结论正确与否，不仅需要通过演绎进行验证和推理，同时归纳样本的数量多少，也是关键的影响因素。

归纳方法的种类，根据采用样本量的多少可分为完全归纳法和不完全归纳法。② 其中完全归纳法是科学研究中最简单的一种逻辑思维方法，它是通过分析某一类事物中的每一个对象的特征和属性，归纳出这类事物所具有的共同特征和属性，由于这种方法对每一个对象都进行了观察和分析，样本量大，所以得出来的结论相对比较可靠。例如数学中等差数列和等比数列求和公式的推导以及数学证明中的穷举法，几乎都用到了完全归纳法，其结论也得到了验证，至今在数学中广泛运用。而不完全归纳法只是从某一类事物中选取一部分对象，对其特征和属性进行观察和分析，从而概括出此类事物全部对象的一般结论，由于只是对部分事物进行分析，而没有对每一个此类事物进行分析，样本量较少，所以得出的结论具有或然性，其正确与否有待进一步验证。

不完全归纳又可以分为简单枚举归纳和科学归纳推理两种③。简单枚举归纳只是根据部分事物概括出一般结论，它不能提供必然性的结论，得出的观点具有片面性。例如在观察了某一所理工科学校里面男生所占的比例比较大，就得出凡是理工科学校，男生人数就多于女生人数的结论，然而在对另一所理工科学校的男女生人数进行统计时，发现男女生的比例是一样的，显然之前得出的结论是片面的、不严谨的。虽然这种方法不能用于证明，但它可以为科学研究提供探究性的观点，并对其进行进一步的统计和研究，从而获得新的启发和论点。而科学归纳推理是简单枚举归纳的发展，它是科学研究中广泛应用的方法。它除了像简单归纳一样，即从部分到一般

---

① 周新年：《科学研究方法与学术论文写作》，科学出版社 2012 年版。

② 林作新：《研究方法》，清华大学出版社 2017 年版。

③ 王定祥：《研究方法与论文设计》，高等教育出版社 2013 年版。

进行推理,还根据事物之间的因果关系推论出该类事物的所有对象都具有这种属性。例如各种金属材料都是导电的好材料,金属之所以能导电,是因为金属里有一些自由电子,它们可以脱离原子核的势力范围,在金属里自由移动,电就是依靠自由电子的移动来传导的,所以金属可以导电这一结论是可靠的。

(二) 演绎方法

演绎方法是从普遍性结论或一般性事理中推导出个别性结论的一种逻辑思维方法,即从一般到个别。在演绎法中,普遍性的理论是依据,而个别性结论是论点,进行演绎推理的主要形式有三大论,即大前提、小前提以及结论。即由 a>b(大前提),b>c(小前提),从而推出 a>c(结论)。[①] 例如辩证唯物主义认为"真理是经得起实践检验的"(大前提),因为马克思主义是真理(小前提),所以马克思主义经得起实践检验(结论)。在演绎推理中,必须确保大前提是正确的,如果大前提是假的,由此推理出来的结论也必然是假的。例如所有的金属都是导体就是一个伪前提,如金属锗并不是导体,而是一种半导体,当温度很低时,其电阻会很大甚至会绝缘,由此得出的结论也是假的。

(三) 归纳和演绎的关系

归纳推理和演绎推理是两种相反的逻辑思维方法。归纳是演绎的前提和基础,演绎是归纳的指导和验证。归纳是对个别事物、现象进行观察研究,而概括出一般性的知识,即从个别到一般;而演绎则是从某一类事物的一般性的原理出发,进而来考察个别对象的属性和特征,它是从一般到个别。这两种方法相互渗透、相互区别,在一定条件下也可以实现相互转化。作为演绎的一般性的知识来源于归纳的结果,同时归纳也需要演绎来进行补充和研究。例如数学证明题中用到的证明法和反证法就是归纳和演绎方法的体现。

---

① 杨建军:《科学研究方法概论》,国防工业出版社 2006 年版。

四、具体与抽象

具体和抽象是人们思维过程中不可分割的两个阶段、两种方法，离开其中任何一方面都将无法得到完整的思维结果。在科学研究中，人们的思维一般是先从感性的具体出发，经过科学的抽象，从而上升到思维的具体认识。

（一）具体方法

具体是指对客观存在着的，或者在认识过程中反映出来的对事物整体的认识。在整个思维过程中，它又包括感性具体和理性具体两个方面。①其中感性具体是指通过人类的感官所获得的对客观事物的认识，它是认识的初级阶段，由此获得对客观事物的认识属于笼统的认识，并未达到对事物本质的认识。而理性具体是指人们对不能通过感官获得感觉的客观事物本质的认识，与感性具体相比，其对客观事物的认识更为具体和理性。

（二）抽象方法

抽象是指对客观事物进行分析，同时对已经获得的感性材料采用分析与综合或分类与比较等方法，抛掉个别的、偶然的以及非本质的表面现象和特征，抽取出其共同的、必然的以及本质性的属性和规律，进而从现象中把握本质的一种逻辑思维方法。② 在科学研究中，抽象一般包括三个阶段。首先是感性的具体，即通过感官或经验获得感性认识；其次是抽象的规定，即对感性材料进行加工处理，从而达到对事物本质的认识；最后是由抽象的规定上升到思维的具体，即分别从各个侧面揭示事物的属性，形成概念和判断，进而达到对事物整体的认识。

（三）具体和抽象的关系

具体和抽象这两种思维方法是对立统一的关系，它们是思维过程中的两个方面，两者相互依存、相互对立。感性具体必须上升为科学抽象，否则就不能克服其片面性和表面性，从而也就无法达到对事物本质的认识；同时

---

① 段建军、李伟：《新编写作思维学教程》，复旦大学出版社 2007 年版。

② 张伟刚：《科研方法论》，天津大学出版社 2006 年版。

科学抽象也需要借助感性具体，即在实践基础上获得的感性材料，并对这些材料进行加工处理，避免实践的盲目性，从而形成简单的概念和判断。

在科学研究中，无论是从具体到抽象，还是从抽象到具体，都不可能一次就可以完成，需要进行多次的循环反复。而在此过程中，研究者要遵循唯物主义认识论所提倡的"实践—认识—再实践—再认识"的规律，并始终站在哲学的高度来运用具体和抽象的逻辑思维方法，从而达到对事物本质和规律的正确认识。如作为整个自然科学体系的基石，即著名的能量转化与守恒定律，就是综合运用具体和抽象的经典事例。①

① 丁士峰:《科学研究方法论》，国防大学出版社 2005 年版。

第五章

思路的布局与表达

思路是一个抽象的概念，它可以是我们大脑中迸现的一个想法，也可以是思考某一问题时，一条完整的思维活动的轨迹。作者在写作过程中对整篇文章的布局，形成的思想轨迹，以及论文最终形成的框架和结构都是作者思路的表达。作者在写作过程中保持思路的完整和流畅，使论文如行云流水般展现在读者眼前，既是对自己研究的完美收官，也是对读者的友善和尊重。

第一节　思路布局的关联与层次

思路布局的关联与层次是指作者思路结构完整有序，逻辑严密，前后衔接自然通顺。系统的思路布局是论文写作的基石。读者可以通过论文的布局与框架感知作者的写作思路。一篇论文没有一个系统的框架，就像一栋高楼没有坚实的地基，无论内容多么漂亮，都会出现主线不清，思路混乱，使读者“不知所云”。

学术论文是某一学术问题在实验性、理论性或观测性上具有新的科学研究成果或创新见解和知识的科学记录。学术论文也是已知原理应用于实际中取得新进展的科学总结，用以提供学术会议上宣读、交流或讨论，或在学术刊物上发表的书面文件。学术论文应提供新的科技信息，其内容应有所发现、有所发明、有所创造、有所前进，而不是重复、模仿、抄袭前人工作①。其大致所包含的基本内容如图 5-1 所示。对于一些不适合放在正文中，却又是论文中比较重要的一些图表等，可以添加到附录中。

图 5-1　学术论文基本内容

一、题目

题目是文章思想最为直观的表达方式。可以说题目是文章的主题思想，是文章总体内容的精炼，不仅对读者有着引导作用，也是整篇论文的点睛之处。无论何种类型的论文，何种形式的科学研究，都要通过题目来传递作者的写作意图以及文章主旨。

题名是以最恰当、最简明的词语反映论文中最重要的特定内容的关键词组合。题名一般不宜超过 20 字。外文题名一般不宜超过 10 个实词②。学术论文的题目一般分为总标题和副标题两种形式。

（一）总标题

总标题常见的写法主要有三种，包括直接揭示文章的主旨、交代文章的主旨及研究背景、提问式的标题。

1. 直接揭示文章的主旨的题目

这种题目高度概括全文内容和研究主体，比较简洁明了。对于读者而言，优质的论文题目将文章的主要关键词有层次、有逻辑的排布，使研究主

① 中国国家标准 GB7713-87[S]科学技术报告、学位论文和学术论文的编写格式。

② 中国国家标准 GB7713-87[S]科学技术报告、学位论文和学术论文的编写格式。

旨一目了然，读者在进行文献检索中，很容易根据文章题目初步判断与自身研究的相关性。

例如题目《中国基础研究创新效率的区域差异性评估》和《大学生道德失范现象及其对策研究》。

> 《中国基础研究创新效率的区域差异性评估》(吴杨，蔡青 2018)。
>
> 从文章题目可以清晰地得知此篇文章的研究主旨。其研究对象是全国各地区，研究内容是"基础研究"，甚至读者可以联想到此文是利用某种计量方法比较基础研究地域上的差异。但具体如何获取和利用数据，如何划分比较标准，运用哪些方法，需要读者进一步精读摘要或者全文。

> 《大学生道德失范现象及其对策研究》(周明洁 2019)。
>
> 题目中也显示出文章的研究对象和研究内容，大学生为研究对象，研究内容是道德失范的"现象""对策"。看此类文章题目就使读者快速获取主要信息，具体内容需要通读全文。

图 5-2　直接揭示文章的主旨题目的例子

以浓缩文章主题内容作为文章的题目，对于作者来说，是较大的挑战，因为在题目中展示研究对象，提炼研究内容，都需要对文章整体进行高度的抽象和总结，需要较强的逻辑思维和长期的写作经验。

2. 交代文章的主旨和研究背景的题目

这类题目不仅显示了研究内容、研究对象，同时也阐述了研究背景或条件。因此此类题目通过展示不同背景、不同条件、不同机遇的特点和需求，对相近领域的研究者更具有一种启发和引导作用。

如题目《大数据时代高校广告人才培养模式研究》和《战略新兴产业和支柱产业背景下的食品营养学课程教学改革对策》。

《大数据时代高校广告人才培养模式研究》(张宁宁 2019)。

此题目研究内容是培养模式,研究对象是高校广告专业学生,同时交代了当前比较热门的话题“大数据”为时代背景。由此读者可以想象出“大数据”正在深刻改变着高校的培养方式,那么对于专业性较强的学生培养模式,有哪些影响,由题目引出,对此类专业关注的读者,会有详细阅读全文的动力。

《战略新兴产业和支柱产业背景下的食品营养学课程教学改革对策》(陈旭 2019)。

从题目可以清晰看出文章是以战略新兴产业和支柱产业为研究背景,研究内容是课程教学改革,研究对象主要是食品营养学。那么,在这种背景下,食品营养学需要做出哪些改革,还需要读者进一步的阅读。

图 5-3 交代文章的主旨和研究背景题目的例子

这类题目同时交代了研究背景和研究内容,一般字数较多,通过进一步刻画背景的时代性和特殊性,引起同行的共鸣和关注。

3. 提问式的标题

这类标题一般采用疑问句。不仅吸引读者的注意力,也能引发读者的思考和兴趣。因此提问式的题目用提问的方式,展示了研究内容,也恰到好处的吸引读者注意力。标题的样式与种类并不固定,形式多种多样,作者可以根据文章的主旨或自己的写作风格进行尝试。

《美国奉行单边主义,伤了谁?》(方晓志 2019)。

只从题目来看,读者偏于猜测作者会在文中给出一个问题的答案。透过题目给予的信息,“美国所奉行的单边主义到底伤了谁”这一问题,不仅引起读者的兴趣,也会带着疑问和思考去阅读整篇文章,寻求作者给出的答案。

《人工智能炒股能跑赢大盘吗?》(何诚颖 2019)。

这一疑问式的文章题目,“人工智能”和“股市”两大热点问题同时跃然纸上。无论是对于新兴概念的新奇还是热点问题本身的关注,都会吸引读者的目光。读者带着“人工智能‘能’或是‘不能’跑赢大盘”的疑问,会阅读全文并寻找答案,可见这类的题目将使读者产生强烈的兴趣和好奇。

图 5-4 提问式标题的例子

这类标题的特点是它并不急于直接将文章的主旨表达出来，而是用一种提问的方式，引起读者的思考与兴趣。使读者看到题目的第一时间，就产生了“想知道答案”的期待，从而想要探究文章的结论。

（二）副标题

题名语义未尽，用副题名补充说明论文中的特定内容①。副标题是为了更详细地点明论文的研究对象、研究内容、研究目的、研究方法等内容，对主标题加以补充和解释。

1. 一些文章设立副标题是对研究对象进行补充和诠释。如：

《主动性不同条件下导师指导风格对研究生创新能力差异性影响研究——基于九所大学的数据调查》（吴杨，韦艳玲等 2018）。

此文章的研究对象是研究生，添加副标题目的是继续限定研究对象的范围。这个标题让读者大体了解通过对这九所大学的调查，分析主动性不同的学生，导师的指导风格对其的创新能力的影响。

《“双一流”大学科研创新评价体系建设的国际视野—基于英国、澳大利亚、日本、韩国的经验与启示》（吴杨 2018）。

此文章研究内容是“科技评价体系”，通过副标题进一步展示研究对象为英国、澳大利亚、日本和韩国四个具有代表性的国家。通过比较各国科技评价体系的特点，提出我国“双一流”建设大学的科研创新评价体系建设。

《简析课题设计论证活页中的失误——以重庆市教育科学 2018 年度规划课题申报中的问题为例》（程先国 2019）。

此文章主标题揭示了文章的研究主旨，即课题设计论证活页中的失误。副标题展示了具体研究对象为教育科学，并进行了地域限定。使读者能够详细了解作者的研究对象及其范围。

图 5-5　诠释论文参考对象的例子

① 中国国家标准 GB7713-87[S]科学技术报告、学位论文和学术论文的编写格式。

可见,此类文章的优点是通过副标题的形式展示更为具体的研究对象,以小见大的对研究内容加以剖析。让读者一目了然,带着明确的目标进行后续的阅读。

2. 一类文章的副标题作用是侧重阐释其研究方法,如:

《大学基础研究创新文化环境问题的实证分析——基于对 40 多位专家学者的访谈和 60 所高校的问卷调查》(吴杨,张海峰等 2013)。

主标题说明文章的研究内容为基础研究创新文化环境。副标题对实证研究进行了补充说明,详细阐述了文章的研究方法,无论是对研究内容感兴趣的读者,还是希望借鉴研究方法的读者,都会对全文详细阅读。

《混合型组织治理:政府控制权视角——基于农村信用社等涉农金融机构的多案例研究》(董玄,孟庆国等 2018)。

副标题不仅说明文章是以农村信用社等机构为研究对象,也揭示了文章的研究方法为多案例研究。主标题和副标题详细地说明了研究方法与研究视角,给了读者具体的信息,而不是泛泛的概念。

《大学基础研究人力资源瓶颈问题的影响因素——基于 Ordered Logit 模型分析》(吴杨,张海峰等 2012)。

此题目体现出研究内容为人力资源瓶颈问题,研究对象是大学基础研究,通过副标题说明了研究方法即应用的具体模型,突出文章的亮点。对此模型感兴趣的读者,将进行有针对性的学习。

图 5-6 阐释论文研究方法的例子

这类文章对于研究方法的寻找者和初学者,缩小了文献查找范围,有着较好的引领作用和示范作用。这些文章使读者不用通读全文只看题目便能清晰地了解该文章主要采用了哪一种研究方法或者模型进行问题的分析。对于正在寻找此类研究方法或模型的读者,有着直观学习的作用,而且文献查找省时省力,阅读文章内容时针对性强。

3. 为了强调论文的研究视角，也可以添加副标题。如：

《日本田径联合会备战奥运制定培养运动员指南——以中长期角度培养运动员的重要性》（森丘，保典等 2019）。 这篇文章的研究主旨是制定培养运动员指南，副标题体现出从中长期的角度，说明日本田径联合会对培养运动员的重要性。

《英语课堂学习条件研究——视角、主题与方法》（但巍 2019）。 主标题可以得知文章的主旨是对英语课堂的学习条件进行研究，副标题则明确此文章是从视角、主体与方法三个角度对课堂学习条件进行分析。

图 5-7　强调论文研究视角的例子

这类文章侧重于强调文章的研究视角，使研究内容有了具体的角度或者侧重点，使读者了解作者的研究重点或者思维模式。

根据论文的内容、研究方法的不同，选择相对应的题目类型，使读者通过文章的题目对论文内容或方向有个大致的了解。可见，副标题是对标题的进一步补充、解释和说明。读者可以根据副标题，具体了解文章的研究对象、研究内容、研究方法、数学模型、研究重点与视角，从而有针对性地阅读与借鉴。

二、摘要

摘要是论文的内容不加注释和评论的简短陈述。为了国际交流，还应有外文（多用英文）摘要。摘要应具有独立性和自含性，即不阅读论文的全文，就能获得必要的信息①。

摘要是文章内容有关要点的概述，它是论文的重要组成部分，位于题名和作者之后，正文之前。摘要缩影整篇论文，必须提纲挈领、清楚且不冗长。读者阅读完摘要后产生一个清晰概括的轮廓，知道这篇论文适不适合进行

---

① 中国国家标准 GB7713-87[S]科学技术报告、学位论文和学术论文的编写格式。

精读。在期刊上发表的学术论文(期刊论文)的摘要一般200—300字,不宜超过700字。简介独立成篇,要求准确简练,结构严谨,逻辑性强①。摘要是概要及内容的提要,是摘录要点,即用短小而精练的语言对文章的结构进行介绍,对文章的中心论点、研究方法、研究思路与过程以及结论进行高度提炼。

三、关键词

关键词是为了文献标引工作从论文中选取出来用以表示全文主体内容信息款目的单词或术语。每篇论文选取3—8个词作为关键词,以显著的字符另起一行,排在摘要的左下方。为了国际交流,应标注与中文对应的英文关键词②。

关键词通常指该论文涉及的主要词汇。关键词是文章的主题词,用于表达文章主题内容。是在文章中出现频率较高的词汇,对文章具有索引的作用,可以使文章更精确地被搜索。关键词的限定一定要明确具体,具有一定的代表性和专业性,不宜选择通用词汇,如“逻辑”“模型”“方式”等词,因为“逻辑”一词在不同的环境下具有不同的意思,有写作逻辑、推理逻辑等。“模型”一词也有“仿真模型”“复杂网络模型”等专业性概念。所以在选择关键词时一定要具体。既代表本文的内容信息,同时又区别于其他文章。

四、正文

报告、论文的正文是核心部分,占主要篇幅,可以包括:调查对象、实验和观测方法、仪器设备、材料原料、实验和观测结果、计算方法和编程原理、数据资料、经过加工整理的图表、形成的论点和导出的结论等。由于研究工作涉及的学科、选题、研究方法、工作进程、结果表达方式有很大的差异,对正文内容不能作统一的规定。但是,必须实事求是,客观真切,准确完备,合

---

① 刘胜骥:《研究设计》,湖北人民出版社2015年版。

② 中国国家标准GB7713-87[S]科学技术报告、学位论文和学术论文的编写格式。

乎逻辑，层次分明，简练可读①。

一般来说学术论文的正文是文章的主体。主要包含引言（或绪论）、文献综述、主体与结论等部分。

论文的引言就是论文的开场白。引言（或绪论）阐述研究问题的背景、现状和必要性，同时说明研究工作的目的、范围、理论基础、研究设想、研究方法和实验设计、预期结果和意义等。引言应言简意赅，不要与摘要雷同，不要成为摘要的注释。比较短的论文可以只用小段文字起着引言的效用②。通俗地讲，读者能否对论文产生兴趣，很大程度上取决于引言。

文献综述是对各类与主题相关文献的整理、分类、合并同类项及总结的过程。回顾以往相关文献，总结各文献的思想观点，并阐述研究现状对自身研究的支撑作用。文献综述不能只停留在"综而不述"阶段，置其优劣于不顾，必须联系现实情况，指出不足，并加以剖析和批评，以便与课题建立紧密的关联。想要写一篇好的文章，文献综述的功夫一定要做足；要想写好一则文献综述，作者要培植自己的学养和学术写作能力③。文献综述是一种系统的总括性写作，不是简单的对各个文献进行介绍，而是通过文献，了解相关领域的发展脉络与现状，对文献的不足加以评述，从而确立自己文章的意义和贡献。文献综述既可以单独列出，也可以在引言中加以阐述。根据写作目的、内容规划甚至是投稿期刊要求而定。具体应用及技巧详见本书第三章第一节和第七章第二节。

主体部分，包括论点、论据、论证，着重于讨论取得研究成果所用的论证手段及所构建的推理论证，将研究结果作为客观事实呈现给读者。简单来说就是用论据去支撑论点实现研究设计的过程。研究设计是指研究者有问题或有不明确之处，经过思考、讨论、研察、探索，形成解决问题之假设，必须有系统地找寻验证之道，以严格之方法获得客观资料分析即是研究④。研

---

① 中国国家标准 GB7713-87［S］科学技术报告、学位论文和学术论文的编写格式。

② 中国国家标准 GB7713-87［S］科学技术报告、学位论文和学术论文的编写格式。

③ 贾洪伟、耿芳：《学术论文写作》，中国传媒大学出版社 2015 年版。

④ 刘胜骥：《研究设计》，湖北人民出版社 2015 年版。

究设计是对研究活动开展的全过程的设计，是确保研究质量的关键环节。主要包括以下几个方面的工作：提出研究假设、选择研究对象、明确研究变量，确定研究方法，最后形成研究方案。这里不再是简单的介绍，而是尽可能使读者明白作者的研究思路。为什么采用这种研究方法而不是其他的研究方法？使用这种研究方法能说明什么问题？以及此研究方法的原理是什么？等等，这些问题都要在研究设计部分得到阐述，才能使读者明白这篇论文使用此研究设计的合理性。因此主体部分一般是论文篇幅比例较大的部分，也是论文的核心部分。主体部分是证明文章观点的部分，尽可能地使作者的想法通过简明文字得到读者的理解。

结论是围绕论文所做的结语，研究者将研究成果进行更高层次的精确概括。是论题被充分证明后得出的结果，总结自己的观点并鲜明的陈述出来，引出新的思考①。结论体现作者对全文更深层次的认识和观点的提炼，是针对全文研究内容，经过推理、判断、归纳等逻辑分析过程而得到的学术观点和结果。可以说结论部分是全文概括性的总结，不是正文中各段结论的简单重复，因此结论应该准确、完整、明确、精炼。如果文章没有得出应有的结论，也可以没有结论而进行必要的讨论，可以在结论或讨论中提出意见、研究设想、仪器设备改进意见、尚待解决的问题等②。

结论中也可以体现出文章的不足与对未来的展望。不足是对文章中的不完善或缺憾加以说明，主要包括文章的研究方法是否还需要改进，理论支撑是否科学合理、所使用的数据是否具有时效性和限制性等方面。展望是对研究内容未来的预测与期望，主要包括对相关领域未来发展的趋势与前景，或者提出未来可做的衍生领域等为读者提供参考。

五、参考文献

按规定，在各类出版物中，凡是引用前人或他人的观点、数据和材料等，

---

① 刘胜骥：《研究设计》，湖北人民出版社 2015 年版。

② 中国国家标准 GB7713-87[S]科学技术报告、学位论文和学术论文的编写格式。

都要对它们在文中出现的地方予以标注，并在文末（或书末）列出参考文献表，这项工作叫作参考文献的著录①。

在学术论文后应列出参考文献。参考文献是为撰写或编辑论著而引用的有关图书资料②。论文在撰写的过程中，引用参考文献的地方应及时使用脚注加以表明，避免出现忘记标注而发生抄袭的情况。在论文最后，将全篇文章所使用的参考文献按顺序加以罗列。参考文献的作用，一方面是对前人知识成果的尊重，体现作者严谨的科学态度与真实的科学依据。另一方面是为了避免出现无意识情况下导致抄袭情况的发生。2005 年 3 月 23 日，国家质量监督检验检疫总局和中国标准化管委会发布了《文后参考文献著录规则》③。规定了各个学科、各种类型出版物的文后参考文献的著录项目、著录顺序、著录用的符号、各个著录项目的著录方法以及参考文献在正文中的标注法。表 5-1 是几种主要文献的著录格式。

表 5-1　参考文献格式

参考来源	格式	举例
专著（普通图书、古籍、学位论文、技术报告、会议文集、汇编、多卷书、丛书等）	序号主要责任者.文献题名：其他题名信息［文献类型标志］.其他责任者（任选）.版本项（任选）.出版地：出版者，出版年：引文页码.获取和访问路径.	［1］余敏.出版集团研究［M］.北京：中国书籍出版社，2000：179-193. ［2］PIGGOT T M.The cataloguer's way throng AACR2：from document receipt to document retrieval［M］.London：TheLibraryAssociation，1990.
连续出版物（期刊、报纸）	序号主要责任者.题名：其他题名信息［文献类型标志］.年，卷（期）报纸题名，出版日期（版次）.	［1］丁文祥.数字革命与竞争国际化［N］.中国青年报，2000-11-20（15）. ［2］陈驰.论人权的宪法保障［J］.四川师范大学学报（社会科学版），2000，27（1）：1-9.

① 陈燕，陈冠华：《研究生学术论文写作方法与规范》，社会科学文献出版社 2004 年版。

② 陈燕，陈冠华：《研究生学术论文写作方法与规范》，社会科学文献出版社 2004 年版。

③ GB/T7714—2005，文后参考文献著录规则［S］，中国标准出版社 2005 年版。

续表

参考来源	格式	举例
析出文献	序号析出文献责任者.析出文献题名[文献类型标志].析出文献其他责任者//专著主要责任者.专著题名:其他题名信息.版本项.出版地:出版者,出版年:析出文献的页码[引用日期].获取和访问路径.	[1]徐新.阿尔泰运动及相关的地质问题[M]//陈毓川,王京彬.中国新疆阿尔泰山地质与矿产论文集.北京:地质出版社,2003:1-11.
专利文献	序号专利申请者或所有者.专利题名:专利国别,专利号[文献类型标志].公告日期或公开日期[引用日期].获取和访问路径.	[1]姜锡洲.一种温热外敷药制备方案:中国,88105607.3[P].1989-07-26.
电子文献	序号主要责任者.题名:其他题名信息[电子文献/载体类型标志].出版地:出版者,出版年(更新或修改日期)[引用日期].获取和访问路径.	[1]萧钰.出版业信息化迈入快车道[EB/OL].(2001-12-19)[2002-04-15].http://www.creadercom/news/20011219/200112190019.html.

资料来源:《文后参考文献著录规则》

参考文献类型标志有以下几种:

以纸张为载体的参考文献类型标志为:M—普通图书,C—会议录,N—报纸文章,J—期刊文章,D—学位论文,R—报告,S—标准,P—专利,G—汇编。

电子文献及载体类型标志为:DB—数据库,CP—计算机程序,EB—电子公告。M/CD—光盘图书,DB/MT—磁带数据库,CP/DK—磁盘软件,J/OL—网上期刊,DB/OL—联机网上数据库,EB/OL—网上电子公告,C/OL—网上会议录,N/OL—网上报纸。

参考文献的格式并不是一成不变的,不同的期刊对于参考文献的写法要求不同。以下是分别截取自《教育研究》《管理世界》与《经济研究》期刊中的参考文献片段,可以看出三者在格式上有一定的区别。因此,在投稿时应按照期刊的要求,对参考文献的格式加以修改。

教育研究官网中对文献的要求如图 5-8 所示,图 5-9 为截取自教育研究期刊中一篇论文的参考文献格式,供大家参考。

首页 | 杂志介绍 | 各期目录 | 特别推荐 | 学术动态 | 书评 | 年度目录

位置：中国教育科学研究院 >> 教育研究 >> 杂志介绍

投稿须知

来源：教育研究　2014年11月07日

为提高刊物质量、完善学术规范，本刊对来稿实行双向匿名专家审稿制度，同时在稿件接收、文章编排等方面进行改进，请作者予以协助，来稿时请注意如下事项。

1. 本刊视通过《教育研究》在线投稿系统投到本刊编辑部的稿件为正式投稿，不接受其他形式的投稿。

2. 正文前附300～500字摘要、3～5个关键词；正文后附题目、摘要、关键词的英文译稿。

3. 文本注释及参考文献应完整、准确，参照本刊格式书写。

4. 请在本刊网页“作者中心”注册投稿时完整提供个人信息（姓名、职称、职务、工作单位、地址、邮编、电话、电子邮箱、身份证号码等），不要在稿件中出现或透露。

5. 本刊已被CNKI中国期刊全文数据库收录，其作者文章著作权使用费与本刊稿酬一次性给付。如作者不同意文章被收录，请在来稿时向本刊声明。

感谢广大作者对本刊的支持，欢迎对我们的工作提出批评和建议。

教育研究杂志社

图 5-8　《教育研究》期刊投稿须知

参考文献：

[2] 邢亮，乔万敏. 文化视阈下的高校创新人才培养[J]. 教育研究，2012，(1).

[3] Yigong Shi, Yi Rao, China's Research Culture[J]. Science, 2010, (5996).

[4] R. M. Kanter. The Change Masters: Innovations for Productivity in the American Corporation[M]. New York: Simon & Schuster, 1983; R. M. Kanter. The Change Masters: Corporate Entrepreneurs at Work[M]. Routledge, 1985; T. M. Amabile, N. D. Gryskiewicz. The Creative Environment Scales: Work Environment Inventory [J]. Creativity Research Journal, 1989, (4); T. M. Amabile, R. Conti, H. Coon, et al. Assessing the Work Environment for Creativity[J]. Academy of Management Journal, 1996, (5).

[5] 柳卸林，赵捷. 改善中国基础研究环境的七个建议——我国基础研究的环境研究之二[J]. 中国科技论坛，2002，(2)；柳卸林，赵捷. 我国基础研究环境恶化的10个方面——我国基础研究的环境研究之一[J]. 中国科技论坛，2001，(6)；翁媛媛，高汝熹. 科技创新环境的评价指标体系研究——基于上海市创新环境的因子分析[J]. 中国科技论坛，2009，(2)；朱军文，丁思嘉. 我国高校基础研究发展探析[J]. 中国高校科技，2011，(12).

[6] 吴杨，苏竣. 高校基础研究投入与产出的相关性定量研究：1991—2008[J]. 高等教育研究，2011，(3)；吴杨，等. 高校科研投入与产出的相关性分析：1991—2008[J]. 清华大学教育研究，2011，(4).

图 5-9　《教育研究》期刊中某篇文章的参考文献格式

资料来源：《大学基础研究创新文化环境问题的实证分析——基于对40多位专家学者的访谈和60所高校的问卷调查》（吴杨、张海峰等）

《管理世界》杂志官网中对于参考文献的要求如图 5-10 所示,举例如图 5-11。

文后中文参考文献的格式:

(1)一个中文作者的参考文献的格式:

戴治勇:《法治、信任与企业激励薪酬设计》,《管理世界》,2014年第2期。

(2)两个中文作者的参考文献的格式:

林乐、谢德仁:《分析师荐股更新利用管理层语调吗?——基于业绩说明会的文本分析》,《管理世界》,2017年第11期。

(3)三个中文作者的参考文献的格式:

王化成、曹丰、叶康涛:《监督还是掏空:大股东持股比列与股价崩盘风险》,《管理世界》,2015年期。

(4)参考文献为中文专著时的格式:

高琳:《分税制、地方财政自主权和经济发展绩效研究》,上海人民出版社,2016年。

(1)一个英文作者的参考文献的格式:

Weiss, D., 2010, "Cost Behavior and Analysts' Earnings Forecasts", *The Accounting Review,* vol. 85, pp.1441~1471.

(2)两个英文作者的参考文献的格式:

Kang, J. K. and Kim, J. M., 2008, "The Geography of Block Acquisitions", *Journal of Finance,* 63(6), pp.2817~2858.

(3)两个以上英文作者的参考文献的格式:

Banke, R. D., Byzalov, D. and Chen, L. T., 2013, "Employment Protection Legislation, Adjustment Costs and Cross-country Differences in Cost Behavior", *Journal of Accounting an Economics,* vol. 55, pp.111~127.

图 5-10 《管理世界》期刊参考文献格式

《管理世界》（月刊）

2019年第7期

注释

①中央人民政府官方网站，2018年10月31日，《习近平主持中共中央政治局第九次集体学习并讲话》，网址：http://www.gov.cn/xinwen/2018-10/31/content_5336251.htm。

②据Economists报道，2017年全球与人工智能相关的并购交易额达到220亿美元，超过了2015年并购交易额的26倍。网址：https://www.economist.com/leaders/2018/03/28/the-workplace-of-the-future。

③德勤：《中国人工智能产业白皮书》，2018年。

④普华永道，2017，"Sizing the price: What's the real value of AI for your business and how can you capitalize?"。另据麦肯锡，预计到2030年，人工智能将贡献约13万亿的全球经济，提高全球GDP年均增速1.2个百分点。参见麦肯锡，"Notes from the AI Frontier: Modeling the Impact of AI on the World Economy"，2018年。

⑤2017年，中国和日本分别发布《新一代人工智能发展规划》和《人工智能技术战略》；2018年，英国和德国分别发布《人工智能行业新政》和《人工智能德国制造》；2019年，美国发布《美国人工智能倡议》。

⑥新华网，2018年12月21日，《中央经济工作会议在北京举行，习近平李克强作重要讲话》，网址：http://www.xinhuanet.com/politics/2018-12/21/c_1123887379.htm。

⑦与这一视角相关，黄先海和徐圣（2009）、张莉等（2012）、陈宇峰等（2013）、王林辉和袁礼（2018）均从技术进步的偏向性角度解释了劳动收入份额变化。

⑧这些新增加的工作需求包括健康护理专业技能；工程师、科学家、分析师和高级会计师；IT和技术专家；很难被机器代替的高级管理人员；教育人员，特别是新兴经济体的儿童教育；创造性职业；建筑业、基建和房屋；复杂环境中的手工和服务业等。参见麦肯锡，"Jobs Lost, Jobs Gained: Workforce Transitions in a Time of Automation"，2017年。另据麦肯锡，人工智能将使全球要求数字信息技能的工作就业比重从当前的40%提高到2030年的50%左右。参见麦肯锡，"Notes from the AI Frontier: Modeling the Impact of AI on the World Economy"，2018年。

⑨普华永道：《人工智能和相关技术对中国就业的净影响》，2018年。

⑩World Intellectual Property Organization（WIPO），2018，"Technology Trends 2019: Artificial Intelligence".

⑪腾讯研究院：《"人工智能+制造"产业发展研究报告》，2018年。

⑫德勤：《中国人工智能产业白皮书》，2018年。

⑬Korinek和Stiglitz（2017）提出，人工智能会提高创新者的收益，使得劳动收入份额下降。

⑭关于理论分析的所有推导证明过程另有附录，如有需要，请联系作者。

⑮此外，Furman和Seamans（2019）回顾了关于人工智能的经济影响的研究，他们整理了相关实证研究发现，人工智能和机器人对劳动的影响是不确定的，特别是在短期内，既可能提高也可能降低劳动力需求。

⑯关于数值模拟的所有敏感性分析结果另有附录，如有需要，请联系作者。

参考文献

（1）曹静、周亚林：《人工智能对经济的影响研究进展》，《经济学动态》，2018年第1期。

（2）陈永伟：《人工智能与经济学：近期文献的一个综述》，《东北财经大学学报》，2018年第3期。

（3）陈宇峰、贵斌威、陈启清：《技术偏向与中国劳动收入份额的再考察》，《经济研究》，2013年第6期。

（4）黄先海、徐圣：《中国劳动收入比重下降成因分析》，《经济研究》，2009年第7期。

（5）王林辉、袁礼：《有偏型技术进步、产业结构变迁与中国要素收入分配格局》，《经济研究》，2018年第11期。

（6）张莉、李捷瑜、徐现祥：《国际贸易、偏向型技术进步与要素收入分配》，《经济学（季刊）》，2012年第11卷第2期。

（7）Acemoglu, D. and V. Guerrieri, 2008, "Capital Deepening and Non-balanced Economic Growth", *Journal of Political Economy*, Vol. 116, pp. 467~498.

（8）Acemoglu, D. and P. Restrepo, 2018, "The Race between Man and Machine: Implications of Technology for Growth, Factor Shares and Employment", *American Economic Review*, Vol. 108, pp. 1488~1542.

（9）Acemoglu, D. and P. Restrepo, 2019, "Automation and New Tasks: How Technology Displaces and Reinstates Labor", *Journal of Economic Perspectives*, Vol. 33, pp. 3~30.

（10）Aghion, P., B. F. Jones and C. I. Jones, 2017, "Artificial Intelligence and Economic Growth", Working Paper.

（11）Agrawal, A. K., J. S. Gans and A. Goldfarb, 2019a, "Economic Policy for Artificial Intelligence", *Innovation Policy and the Economy*, Vol. 19, pp. 139~159.

图5-11　《管理世界》期刊中某篇文章的参考文献格式

资料来源：《人工智能发展、产业结构转型升级与劳动收入份额变动》（郭凯明）

《经济研究》官网中对参考文献的要求如图5-12所示，举例如图5-13所示。

二、文后参考文献编排方法

（一）基本方法：每篇文献按以下顺序注明

(1)作者(们)的姓名；按姓氏拼音的第一个拉丁字母排序。

(2)出版年份；若同时参考同一作者同一年发表的几篇文章文献，在年份后加注字母a,b,c等。

(3)文献名。

(4)出版者或刊物名称；若为论文集，要注明，并注明编者。

(5)第x卷，或刊物期号。

(6)第xx－xx页。

例：张三，1989：《论市场》，《经济研究》第8期。

例：李四，1991a：《论计划》，经济出版社。

例：李四，1991b：《论计划与市场》，载于王五编《计划与市场》(论文集)，经济出版社，第59－69页。

（二）译文文献编排方法

(1)译文文献以作者的中文译名打头，再接出版年份。

(2)出版年份仅注所引文献中译本的出版年份。

例：“约翰，1978：……”。

(3)译文文献的中文标题。

(4)在文献名后可注明“中译本”。

例：“约翰，1978：《论需求》，中译本，译文出版社。”

（三）外文文献编排方法

(1)所引文献为外文原文，不论世界上是否存在该文的中译本，都可按外文原文文献处理。

(2) 以作者姓名原文打头，姓名必须首字母大写；姓在前，并用逗号与后面的名隔开；名用缩写时，必须用实心点标明。

图 5-12 《经济研究》期刊参考文献格式

经济研究 2019年第11期

参考文献

蔡昉、王美艳、曲玥，2009：《中国工业重新配置与劳动力流动趋势》，《中国工业经济》第8期。
付文林，2007：《人口流动的结构性障碍：基于公共支出竞争的经验分析》，《世界经济》第12期。
韩峰、柯善咨，2012：《追踪我国制造业集聚的空间来源：基于马歇尔外部性与新经济地理的综合视角》，《管理世界》第10期。
寇宗来、刘学悦，2017：《中国城市和产业创新力报告2017》，复旦大学产业发展研究中心。
聂辉华、江艇、杨汝岱，2012：《中国工业企业数据库的使用现状和潜在问题》，《世界经济》第5期。
宁光杰、段乐乐，2017：《流动人口的创业选择与收入——户籍的作用及改革启示》，《经济学(季刊)》第2期。
师博、沈坤荣，2013：《政府干预、经济集聚与能源效率》，《管理世界》第10期。
王小鲁，2010：《中国城市化路径与城市规模的经济学分析》，《经济研究》第10期。
吴意云、朱希伟，2015：《中国为何过早进入再分散：产业政策与经济地理》，《世界经济》第2期。
夏怡然、陆铭，2015：《城市间的“孟母三迁”——公共服务影响劳动力流向的经验研究》，《管理世界》第10期。
夏怡然、陆铭，2019：《跨越世纪的城市人力资本足迹——历史遗产、政策冲击和劳动力流动》，《经济研究》第1期。
尹静华、韩峰，2019：《市场潜力、厚劳动力市场与城市就业》，《财贸经济》第4期。
Combes P. P.，2000，“Economic Structure and Local Growth：France，1984—1993”，*Journal of Urban Economics*，47，329—355.
Da Silva，D. F. C.，J. P. Elhorst，and R. Da Mota Silveira Neto，2017，“Urban and Rural Population Growth in a Spatial Panel of Municipalities”，*Regional Studies*，51(6)，894—908.
Dauth，W.，2013，“Agglomeration and Regional Employment Dynamics”，*Papers in Regional Science*，92，419—435.
Drucker，J.，and E. J. Feser，2012，“Regional Industrial Structure and Agglomeration Economies：Ananalysis of Productivity in Three Manufacturing Industries”，*Regional Science and Urban Economics*，42(1—2)，1—14.

图 5-13 《经济研究》期刊中某篇文章的参考文献格式

资料来源：《产业集聚、公共服务供给与城市规模扩张》(韩峰、李玉双)

完整的布局是论文成功的一半。完整且系统的框架，有利于作者从整体把握论文思路与脉络，不会出现文不对题的现象。一个系统的框架会时刻提醒与约束作者，使作者按照清晰的思路进行写作。

第二节　写作中的逻辑表达

写作中使用的逻辑概念，既指文章写作中信息的合理排列，又指语言表达的合理性和学术性①。因此，写作中的逻辑表达是指论文内容符合客观现实和事物发展规律，逻辑思路合理通顺。论文写作中整体与部分是一种相互协调、相辅相成的科学性存在，其整体内容紧紧围绕主题，各部分内容“各司其职”，分工明确。

写作中的逻辑表达主要包括结构逻辑、内容逻辑、风格清晰逻辑、故事逻辑四个方面。结构逻辑使论文具有条理性与层次性；内容逻辑使论文具有可读性和专业性，其知识性更加丰富；风格逻辑使论文主线明确清晰，简单易懂；故事逻辑使论文具有趣味性和吸引力。如果论文结构性很强，使文章思路框架跃然纸上，但是内容的书写、语言的措辞缺乏可读性与专业性，就会使论文的效果大打折扣。同理，无论一篇论文的语言多么优美，如果其结构一塌糊涂，毫无章法可寻，也不会达到作者的预期，同样会大大降低文章的可读性。

一、结构逻辑

结构逻辑主要是指论文的谋篇布局是否合理，书写思路是否清晰，框架搭建是否完善。所谓结构，简单地说，就是文章的组织和构造。对于文章结构设计要求，简单地说，就是要严谨、自然、完整、统一②。论文第一眼被看到的不是内容，而是结构。学术论文的结构逻辑一般都遵循着提出问题、分析问题、解决问题的思路开展。举纲张目、条分缕析、顺“理”成“章”则成了

① 贾洪伟、耿芳：《学术论文写作》，中国传媒大学出版社 2015 年版。

② 陈燕、陈冠华：《研究生学术论文写作方法与规范》，社会科学文献出版社 2004 年版。

论说类文章最突出的结构特点。提出问题是对现状和问题的归纳与提炼；分析问题是剖析矛盾，精研事理，指明性质等过程；解决问题是对研究问题解决方案的阐述。学术论文偏重于议论说理，一般均按问题的内部规律、内在联系来划分层次，其结构表现为纲举目张、周延朗畅①。不论是科学类文章，还是人文学科的文章，其结构并不是一成不变的，都需要根据研究内容进行多次调整，使结构与内容更好地结合，从而达到行文的预期。

当每一部分都能顺理成章的进行过渡，使读者能够自然而然地读到结尾，才能称为具有合理结构和布局的文章。对于学术论文的结构，某些学科对论文的结构有着更严格的要求。科学类文章有着绝对的规范，人文学科的要求相对松散②。以一篇发表在《管理世界》期刊的学术论文《经济集聚、外部性与企业劳动生产率——来自浙江省的证据》（张海峰，姚先国 2010 年第 12 期）为例，探讨文章结构逻辑，如图 5-14 所示。

1 引言（六个段落，交代了对集聚现象的追踪；介绍了对经济集聚的已有研究；说明了本文的研究与前人研究的不同之处以及研究的主要发现与文章的结构安排。）

2 数据与变量（五个段落，介绍了数据来源以及文章分析对象的范围；对所研究的变量进行了详细的解释与控制。）

3 计量模型和估计方法（五个段落，对模型的设计与使用方法进行了详细的解释，从而揭示集聚外部性对不同特征企业的异质性影响。）

4 估计结果（九个段落，对所用模型得出的结果进行多方位多角度的分析，分别从条件均值回归结果与条件分位数回归结果两个方面加以总结，从而得出相对可靠的分析结果。）

5 结论和不足（三个段落，对文章的最终结论进行深层次的总结，并客观的提出了存在的不足。）

图 5-14　具体文章结构逻辑分析

① 陈燕、陈冠华：《研究生学术论文写作方法与规范》，社会科学文献出版社 2004 年版。

② ［美］温迪 · 劳拉 · 贝尔彻著，孙众、温治顺等译：《学术期刊论文写作必修课》，教育科学出版社 2015 年版。

之所以选择这篇文章，是因为它结构简洁清晰，循序渐进，具有很强的代表性。按照事物的发展规律一步一步深入，能将问题有理有据地解释清楚。

合理的结构使论文研究主旨明晰，也是研究成果高显示度的保障。当读者阅读一篇结构清晰的论文时，将会对此类文章内容有较深刻的印象，更好地理清读者的思路，从而更好地理解论文内容。

二、内容逻辑

论文的内容逻辑，是指文章内部之间的联系，使文章有可读性和艺术性。内容的逻辑性是对文章观点的解释、概念的梳理、理论的探讨以及数据的挖掘程度。因此内容中的逻辑展示要注意以下几点。

首先，论文要解决主要问题，保持内容逻辑的可读性。一篇论文只解决一个问题，绝对不要同时出现两个或更多的问题①。对于论文已经确定的论点，作者可以采用多种方法进行阐述，从不同的角度来证明论点，也可以采取只用一种方法将论点研究透彻。这两种选择没有孰好孰坏之分，全凭作者的偏好与能力。但是，无论采取哪种方法，不能出现多条主线的情况，这样不仅会使文章杂乱，同时还会掩盖真正的主线，不清楚作者想要表达的到底是什么。造成这种情况的原因多数情况下是作者一开始确立了一条主线，然后在后续的研究中有了新的发现，从而导致作者衍生出很多关键词和概念。

其次，用具有说服力的证据来支撑观点，保持内容逻辑的科学性。第一，论文中大部分数据都要具有时效性。在使用相关数据进行研究时，要仔细检验所使用的数据能否直接并有力的支撑观点。对于数据的采用，最重要就是考虑时效性。如果使用早期的数据，就不能有力地说明当前的现状和问题。甚至，得出的结论都是与事实不相符的。第二，所选的案例代表性要强。采用案例法进行研究时，一定要选择与论点高度相关的案例进行分析，否则得出的结论就不能有力地支撑论点，不能自圆其说。但是，不能将所

① 刘胜骥：《研究设计》，湖北人民出版社 2015 年版。

有的证据都列举出来,应对所搜集的证据加以整理再利用,对论文支撑性不强,或者代表性不强的证据就要有选择性地舍弃,避免造成证据滥用的现象。

最后,对论文中出现的新概念要加以解释。如果不进行新概念的解释,就会使读者不清楚各类新出现概念的内涵和作用。论文写作,是在阅读大量相关的文献与资料之后,提出自己的想法。因此,在一篇文章中,必然会包含被大家所熟知的常规概念与作者提出的新概念。所以,一定会有常规概念和新概念的碰撞与融合。在论文中尽量减少新概念的数量,如多个新概念的内涵相同,就统一这新概念的用词,不要让读者混淆。出现新的概念,要对其进行明确的解释,甚至要解释与之相似的概念的区别。

本论作为论文的核心部分,需要多加思考。这部分的要求主要是主线清晰不模糊,不会被埋没;证据充足,代表性强,观点和材料相统一;结构严谨,行文流畅,可读性强。

三、风格的逻辑

作者撰写的大部分内容都属于抽象表达,风格逻辑使论文主线明确清晰。有时很多学术文章模糊,冗长,浮夸,沉闷。美国学者 Greene,Anne E 在她的《Writing science in plain English》①一书曾指出学术写作风格的重要性。她认为,"风格体现的是作者对自己、写作主题和读者的态度。从傲慢到轻蔑,从胆怯到自信,从精力充沛到迟钝,从愤世嫉俗到乐观。选择恰当的风格会影响读者对你和你的主题的感受。"

《综合与比较生物学》的编辑哈罗德·希特沃勒总结道:"就糟糕的语法和不精确的表达而言,当前科学期刊的写作标准已经达到历史最低点。"②许多资深科学家也认为学术写作没有必要枯燥、难以阅读、晦涩难懂、含糊不清③。不清晰、不易懂的写作风格已经引起广泛的重视,主要原

---

① Greene,Anne E:《Writing science in plain English》[M].Printed in the United States of America.2013.

② Heatwole,H.:《A plea for scholarly writing.Integr》[J].Comp.Biol.(2008)48,159-163 .

③ Porush,D.:《A Short Guide to Writing about Science》[M]Longman,1995.

因是它阻碍了学科间的思想交流。随着科学变得越来越专业化,写作也越来越复杂,不同领域的专家都在努力相互理解。这种交叉融合在过去推动了科学发现,但是糟糕的写作风格使一个领域应用到另一个领域变得更加困难。就像一位科学家最近指出不清楚的写作阻碍了科学过程本身。

在学术写作中,研究者试图保持态度中立,但由于科学工作者的大部分写作都很有说服力,因为他们想说服读者接受特定的观点或假设,因此研究者应该采用一种可以表达自信而不是怀疑的风格。在学术写作中,自信和热情是最重要的。考虑以下两段写作风格的不同之处,其中一段摘自一份对国家科学基金会的成功资助提案。

1. 角甲虫可以提供一个机会,将性状发育的研究与观察性别选择和扩大雄性武器(角)进化意义的实验结合起来。经过近十年的研究,如果获得资助,太平洋岛屿发展中国家现在可能有机会整合研究项目中不同的部分,提供机会来培训年轻科学家,并可能提供一幅不寻常动物形状演变的图片。

2. 角甲虫提供了一个不寻常的机会,将性状发育的研究与探索性选择和扩大雄性武器(角)进化意义的实验结合起来。通过建立在近十年来针对这一目标的研究基础上,太平洋岛屿发展中国家现在有机会进行真正的综合研究。该项目为激励和培训年轻科学家提供了独特的可能性,并提供了一些自然界最奇异动物形态演变的全面图景。

图 5-15 写作风格差异性比较

资料来源:《Writing science in plain English》(Greene,Anne E.)

第一个例子的语气是无力的和试探性的。动词,如:可以提供,可能有,可能提供等词组合使用,会让作者的观点听起来不确定。用诸如"如果获得资助"这样的短语来表达怀疑,并把研究描述为有不同的部分是没有用的。

在第二个例子中,作者传达了一种兴奋和自信的感觉。注意单词和短语的细微变化是如何改变语气的。形容词和副词,如"不寻常的、真正完整的、独特的、全面的和最奇异的"等词,使这篇文章令人信服。作者也给读者一种紧迫感，当他说经过十年的研究，他现在有机会打造一个真正的综合性研究项目。这一节选来自资助的提案，毫无疑问，语气对其成功起了重要作用。

四、故事性逻辑

在学术界中作者与作品之间是一个微妙关系，作者一方面要表明自己是作品的生产者，另一方面又要表达作品的客观性即学术性，即非个人情感所为①。用格尔兹②的话来说，作者通常扮演两个互为矛盾的角色，既是宗教信徒又是地图绘制者，既有主观信仰又要客观公正，这是一个两难的处境。处理得当，两者相得益彰；处理不当，互为拆台。

讲故事是人类的一个独特特征。用故事来表达人们对世界的感觉，即它的过去、现在和未来，以及人们在其中的位置。许多研究者认为他们的学术写作和讲故事之间没有什么联系。他们认为故事是虚构的，而科学是基于事实的。因此作者很少以有趣和容易理解的故事方式来叙述研究主题。许多作者选择抽象名词，而不是选择具体的人物作为主题，因为抽象名词让作者的表达言简意赅，否则需要很多单词来解释。例如，进化、促进和突变是公认的抽象名词，它们将更大的概念浓缩成一个词。然而，很多作者使用抽象名词使他们的写作听起来更复杂，而且专业高深，但是对读者来说，抽象名词令人困惑，尤其是当抽象词汇像主语一样扮演重要角色时，读者就很难读懂它们，最后他们只有困惑或者错过重要且精彩的内容。

因此，“故事”是一种向读者更好传递信息的方式。最近的研究表明，我们的大脑天生就能识别具有特定结构的故事，这种结构以人物及其行为为特征，如果信息以这种方式呈现会变得引人注目和令人难忘。科学家可以用这些相同的故事元素——人物和动作——来描写真实世界，并获得同

---

① Clifford Geertz：《Works and Lives：The Anthropologist as Author》[M].Stanforcl Oniversity Press，1988.

② 克利福德·格尔兹（Clifford Geertz），美国人类学家，解释人类学的提出者。代表作品《仪式与社会变迁：一爪哇案例》《文化的诠释》《追寻真实：两个国家、四个十年、一个人类学家》等。

样的理想结果。写关于科学的故事并不意味着编造或贬低。相反，作者可以把复杂的想法用故事情节描述，让读者像作者一样对科学保持激情和兴趣①。先看一个故事案例②，如图 5-16 所示。

> 一位男士走进了一家宠物店，说道："我想要一只会说话的鹦鹉。"
>
> 老板说："好的，先生。我们有两只会说话的鸟儿。这只绿色的大鹦鹉特别爱说话。"他敲了敲笼子，那只鸟便说："耶和华是我的牧者，我必不至缺乏。""他背得出一整本《圣经》。我还有只红色的鹦鹉，尽管是只小鹦鹉，不过也正在学舌。"提示鹦鹉说："波利想要块饼干。"小鹦鹉重复道："波利想要块饼干。"
>
> 那顾客说："你教我怎么训练鹦鹉说话，我就买了那只小鹦鹉。"
>
> 宠物店老板说："没问题。"他和男顾客坐下了，花了几个小时教男顾客训练鹦鹉的方法。之后，老板把鹦鹉放到了笼子里，收了钱，男顾客回家后开始训练鹦鹉说话。
>
> 一周后，顾客怒气冲冲地跑到了宠物店。
>
> "你卖给我的那只鸟根本不会说话。"
>
> "真的？你有没有按照我的方法去做？"宠物店老板问道。
>
> "有啊，一点不差。"顾客回答道。
>
> "哦，那只鹦鹉可能有点寂寞，跟你说吧，我卖给你一个小镜子，你把它放在笼子里。小鹦鹉看着它自己的影子一定很快就会开口说话的。"
>
> 一周之后，男顾客又回到了店里，比前几次更加生气了。他冲进店里，手里拿着一个鞋盒。"你卖给我的那只鹦鹉死了。"他打开了鞋盒，里面就是那只可怜的小鹦鹉，"你把钱退给我。"
>
> 宠物店老板感到十分惊讶！"实在抱歉，我不知道怎么会这样。但是，你能告诉我……这只鹦鹉到底有没有试着说话？"
>
> "嗯，"顾客说，"它确实说过一个字，就在它死前说的。"
>
> "它说了什么？"老板问道。顾客说："它说吃——"
>
> 可怜的鹦鹉，它是被饿死的。

图 5-16　故事性方式叙事举例

资料来源：《你的团队需要一个会讲故事的人》（西蒙斯著，尹晓虹译）

---

①　Greene，Anne E.：《Writing science in plain English》[M].Printed in the United States of America.2013.

②　[美]西蒙斯（Simmons，A）著，尹晓虹译：《你的团队需要一个会讲故事的人》，江苏凤凰文艺出版社 2016 年版。

这是一个很有趣的小故事，环环相扣，引人深思。这就是故事的可读性。一篇论文同样也需要这样的可读性。就像那只鹦鹉一直没有说话一样，牵引着读者的好奇心，让读者迫切知道不说话的原因和最后的结局。论文写作中同样也需要故事元素，吸引读者的注意力，使其对后续的结论产生兴趣和关注度。

通过故事与科学研究的比较，我们将更清楚科学论文写作与故事写作的相似性，如图 5-17 所示。

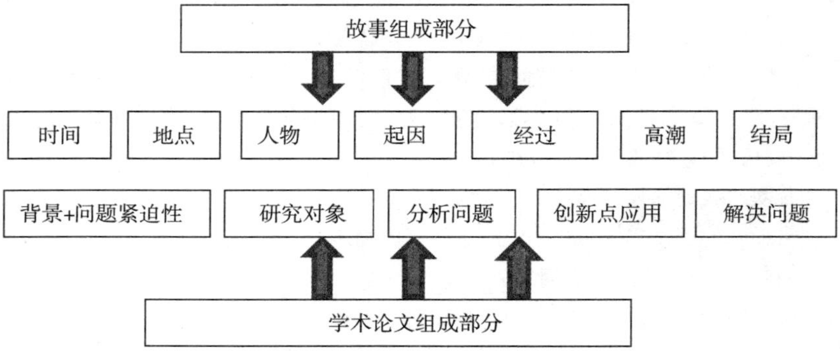

图 5-17　故事要素与学术论文组成要素对比

背景和提出问题是指在什么样的社会环境或者客观需求下进行的科学研究，相当于故事发生的背景或原因；研究对象是指文章的研究主体，也相当于故事中的主人公；分析问题是当前问题进行剖析和分解，也可阐释文章的研究目的，相当于故事发展的过程和细节；创新点的应用与故事高潮部分比较相似，也就是整篇文章的最难点或者技术含量最高的部分，通常是采用恰当的理论或模型算法，创新性的解决目前的难题，是一篇论文的核心部分；解决问题是论文的结论，总结研究的结果，也是故事的结局。

写论文的目的在于使读者读懂、看懂作者所要表达的是什么，所以，文章中的故事逻辑就显得尤为重要。学术论文写作过程和元素，与故事发生、发展有相似之处。学术论文通过故事逻辑去进行叙述，具有一个清晰的脉络与思维，会更加通俗易懂，引人入胜。

第六章

语言的修炼与准备

学术论文写作中,语言的修炼是作者的必修课,是在写作过程必要的学习过程。通过语言的修炼,作者可以通过言简意赅的语句进行摘要和结论的提炼;通过语言的修炼,作者可以通过明晰的语句,阐述复杂丰富的论点和论据。

第一节 力求精简的学术写作

达·芬奇[①]曾说简单是终极的复杂。萨姆·霍恩[②]也说过我们进入了信息超负荷的时代,精简表达是一种新式武器,可以让我们从迷丛披荆斩棘,脱颖而出。精简是大脑不停思考的过程,不是简单的减少字数的操作。精简在《现代汉语词典》[③]中解作:去掉不必要的,留下必要的。

---

① 莱昂纳多·迪·皮耶罗·达·芬奇,意大利著名的画家、数学家、解剖学家、天文学家,欧洲文艺复兴时期的代表之一。

② 萨姆·霍恩(SamHorn),美国作家,著有《活出你的自信》《成功的产品包装》等。

③ 中国社会科学院语言研究所词典编辑室著:《现代汉语词典》,商务印书馆2016年版。

一、什么是精简

东晋道教学家、化学家、医药学家葛洪①在《抱朴子·崇教》②中写道："朋友师傅，尤宜精简，必取寒素德行之士，以清苦自立。"也就是说，在选择朋友老师时，尤其要精心选择，要选择有德行的人加以交往。此处精简，指精心选择；精练简要。

歌德③在给他朋友的信中写道"如果我还有多余的时间，这封信本可以再简短一些。"可见，精简并不是简单的同义词，也不是省时省力的代名词，而是要花费大量的精力与时间，高度提炼和概括才能完成。精简是去除冗杂多余而保留其必要的。让那些浮如飘絮思绪，转化为清晰的思路和简单的文字。

本书引用 Greene，Anne E.《Writing science in plain English》一书中的例子来说明精简的具体形式，如图 6-1 所示。

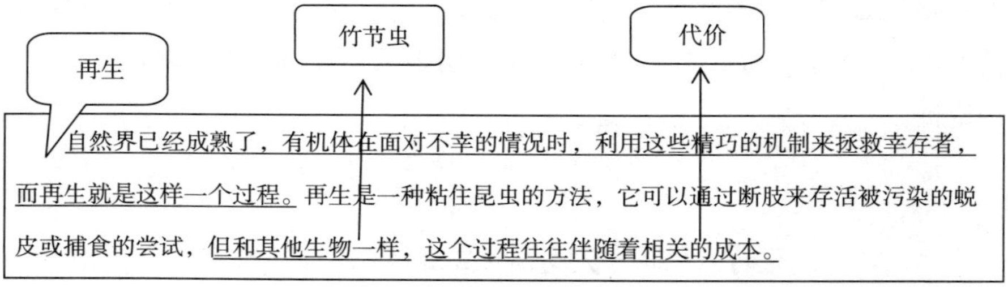

通过精简，我们得到了下面这段话：

> 许多生物通过一个叫做再生的过程来再生失去的肢体。在竹节虫中，再生允许个体在捕食尝试或弄脏蜕皮后存活，但需要付出代价。

图 6-1 段落精简举例

---

① 葛洪（公元 284—364），字稚川，自号抱朴子，是中国古代极具传奇色彩的人物，也是神仙道教中最杰出的代表和集大成者。道教学者（东晋百家讲坛特约讲师）；炼丹家（诺贝尔化学奖人气候选人）；医药学家（大中华医药协会常任理事）。著有《肘后方》《抱朴子》。

② 《抱朴子》是晋代葛洪编著的一部道教典籍。抱朴子内外篇共有 8 卷，内篇 20 篇论述神仙吐纳符篆勉治之术；外篇 50 篇论述时政得失，人事臧否，词旨辨博，饶有名理。

③ 约翰·沃尔夫冈·冯·歌德（1749—1832），德国著名思想家、作家、科学家，他是魏玛的古典主义最著名的代表。而作为诗歌、戏剧和散文作品的创作者，他是最伟大的德国作家之一，也是世界文学领域的一个出类拔萃的光辉人物。

两段话的目的都是解释再生，前者用了 102 个字，而后者只用了 54 个字就将“再生”解释得清清楚楚。

二、为什么要精简

约瑟夫.麦科马克[①]特别指出，我们越是在信息爆炸的时代，患有注意力缺失症的几率就越大，也就越来越迫切地需要精简的表达方式。大多数夸大科学写作的不必要的词语都是多余的，这些词语可以在不损害信息的情况下被删减。科学研究是一项大工程，我们都面临一个艰巨的任务，那就是用一篇学术论文将我们的科研成果展现出来。而冗杂会使情况变得更加糟糕。我们应当用最简洁的语言来准确地表达目的与思想。

精简的反面是模糊不清，连篇累牍，反复絮叨。之所以会出现这种情况，是因为在写作之前没有将可预见的问题解决掉。因为内心矛盾而含糊不清，因为过度的控制欲，才会导致思维混乱。下面通过两个句子的对比，观察一下句子中精简的例子，如图 6-2 所示。

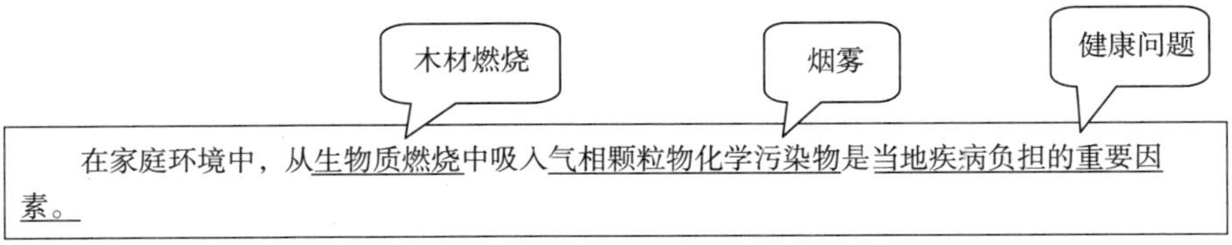

生物质燃烧意味着木材燃烧，气相颗粒物化学污染物意味着烟雾，是当地疾病负担的重要因素意味着健康问题，所以上面一句话我们通过去除冗杂得到了：

家用木材燃烧烟雾问题。

图 6-2 句子精简举例

资料来源：《Writing science in plain English》（Greene, Anne E.）

---

① 约瑟夫·麦科马克，Sheffield Marketing Partners 公司的创始人和 CEO。Sheffield Marketing Partners 公司主要研究信息和叙事发展，也向客户提供视频制作和营销沟通服务，帮助客户包装适合特定人群的故事。他有 20 多年的高级市场营销主管经历，主要帮助企业构建沟通策略，使企业在充满挑战的市场脱颖而出。

可见,第一句话到第二句话,从 37 个字缩短到 10 个字,却具有同样的表达效果。不得不说第二句话更加让读者心情舒畅,一目了然。

第二节　清晰的思路与简练的语言

学术论文中的精简,总体上是去除冗杂,“不说废话”,减少不必要的字词,每一句话都是经过反复斟酌与凝练而成,言简意赅。我们应该把精简的表达看作一种责任,是对他人的一种理解和尊重,并努力成为一个精益的沟通者①。因此,作者应该在写作中刻意训练清晰的思路与简练的语言,使读者快速掌握论文的中心思想。

一、减少重复

1. 精确的表达

精确而细腻的表达出自己的意思是润饰语言的基本要素之一②。精确的表达对于作者来说是一种考验,对于读者来说是一种享受。从作者的角度来看,精确的表达要求作者删减不必要的文字,要求简单、准确、不冗杂,要求作者对内容进行反复推敲。需要作者几经修剪而得,不仅考验作者的文字功底,同时考验作者思维的严谨性与逻辑性。从读者的角度来说,读者可以用最简单的方式接收最有用的信息,使读者的阅读效率大大提高,能够节省读者思考的时间。相比于表达复杂冗长的文章来说,读者需要在一大段的文字中提取有用的信息,对于读者来说,精确的表达何尝不是一种享受。有些作者经常用稍微不同的词重复自己的话,而不是用一个精确的句子。这浪费了语言,掩盖了要点。用一个例子进行说明如何减少重复,如图

---

① ［美］约瑟夫·麦科马克著,何莹译:《精简:言简意赅的表达艺术》,中国人民大学出版社 2017 年版,第 96 页。

② ［美］卡耐基著,王剑译:《最强沟通术:如何掌控你的话语权》,安徽人民出版社 2012 年版。

6-3 所示。

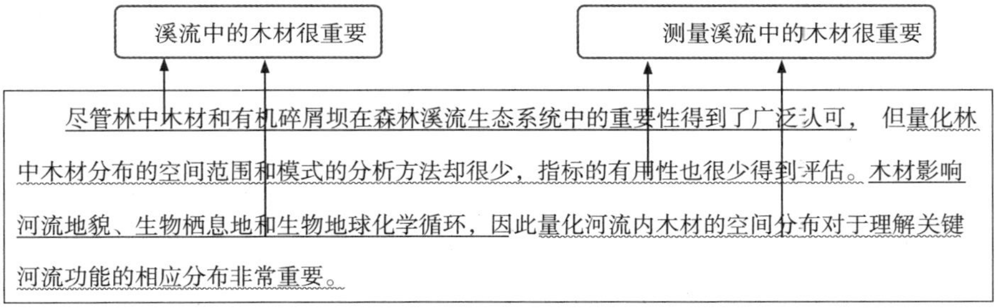

我们对上述信息进行整理如下：

1.溪流中的木材很重要。

2.在溪流中测量木材的方法很少，而且很少被评估。

3.因为它影响溪流的功能，溪流中的木材很重要。

4.因为它影响溪流的功能，测量溪流中的木材很重要。

现在更容易看到重复。一个要点“溪流中的木材很重要”被重复，另一个要点“测量溪流中的木材很重要”也被重复。稍加重组和简化，就可以消除重复，结果清晰简洁。

> 木材和它们产生的水坝会影响河流地貌、生物栖息地和生物地球化学循环。尽管如此，测量溪流中木材的方法很少，也很少进行评估。

图 6-3　精简的过程举例

资料来源：《Writing science in plain English》(Greene, Anne E.)

通过上述举例，可以很清晰地看到减少重复的修改过程。首先，对信息进行整理；其次，将重复的要点加以整合；最后，将句子重组。通过这样一个过程，就可以达到精简的目的。可见减少重复是使文章精简最直接也是最有效的办法。重复不仅仅是简单的词语重复，还包括语义重复。大部分人的文章都存在重复的状况，因此，在修改初稿时要尽量减少重复。写作中要用最精简的语言来阐述观点，传递思想，表明结果。

2. 让谓语(动词)尽可能靠近主语

选择正确的动词不仅很重要,把动词放在正确的地方也很重要。一旦读者将某主语确定为文章中的关键词或专业术语,他们就会立即寻找描述这个主语在做什么的谓语或动词。谓语或动词越靠近主语,句子就越清晰。在这个表达很好的例子中,作者用谓语紧跟着主语,如图6-4所示。

> 创新是引领发展的第一动力,强化基础研究,实现前瞻性基础研究、引领性原创成果重大突破。加强应用基础研究,突出关键共性技术、前沿引领技术、现代工程技术、颠覆性技术创新,加强国家创新体系建设,强化战略科技力量。可见,加强基础研究是增强原始创新能力、强化自主创新成果源头供给的根本途径,同时,也是实施创新驱动发展战略、加快推进创新型国家和世界科技强国建设进程的重要保障。

图6-4 动词靠近主语举例

资料来源:《中国基础研究创新效率的区域差异性评估》(吴杨、蔡青)

在这三个句子中,动词都紧跟着主语:引领、强化、实现、加强、突出、加强、加强。读者确切知道主语是谁,他们在做什么。

另一方面,如果读者不得不费力地通过超过六七个单词找到动词,他们通常会忘记主语是什么,不得不再回头找。他们也倾向于忽略那些中间的词。如果主语和动词之间有超过六七个单词,请修改以减少中间词的数量,使读者的理解不中断。

二、用图代替语言

图可以化繁为简,具有较高显示度。戴尔·卡耐基①在《最强沟通术:如何掌握你的话语权》②中提道:"如果你想让听众迅速而清楚明了地理解

---

① 戴尔·卡耐基(Dale Carnegie,1888年11月24日—1955年11月1日),美国著名人际关系学大师,美国现代成人教育之父,西方现代人际关系教育的奠基人,被誉为是20世纪最伟大的心灵导师和成功学大师。

② [美]卡耐基著,王剑译:《最强沟通术:如何掌控你的话语权》,安徽人民出版社2012年版。

你表达的意思，那么你最好是把自己谈话的要点画出来，使听众能够看见。”同理，在论文的写作中，很多逻辑思维较强的作者，通常习惯用图和表来代替大段的语句，展示数据间的意义，这样更能精简的表达主要元素的关系。图比数据更能展现出事件全貌与整体趋势，能发现数据间所隐含的内部关系以及数据间的相互比较。采用图的形式比单纯数据更容易让人理解，图表能将繁复的数据，用简单的可视化方式呈现①。

一般人对于图与表格之间的关系是模糊的，他们不清楚相同的数据，何时应以图的形式展现，何时要以表格方式呈现。也就是说用户几乎全凭感觉进行选择。实际上，区分两者运用时机的最佳比喻即：希望“看树”还是“见林”。当作者必须让观众知道每个精确数值时，应采用表格；当希望显现出整个数据的趋势、轮廓、走向、全貌时，应采用图②。统计图与表格有些作用比较相似，这里我们只阐述图的分类和在论文的应用。

对于图与语言在论文中的选择，多数情况下是根据作者的写作风格。但是，对于要素关系复杂，数据庞杂的情况，我们提倡用图来代替语言，将主要内容用图的形式加以表达，从而使读者更加直观的关注到主要内容，以方便读者快速了解数据间的关系和预测趋势。

图表种类繁多，图形主要分为统计图和非统计图两种。如图 6-5 所示。作者应尽可能多的掌握图的类型与特点，便于撰写论文时能够根据图的特征和优势，得心应手的将各类图形用得恰到好处。统计图又分为由点、线段、线条、面积构成的图形。由点组成的图形，如散点图、圆点图、气泡图等；由线段组成的图形，如柱状图、条形图等；由线条组成的图形，如折线图等；由面积组成的图形，如饼状图、圆环图等。非统计图主要是用于说明，解释的作用，对于文字描述比较复杂的内容，可以用非统计图加以辅助，便于读者理解，增强文章的可读性。后续我们将会对一些常用图形进行举例讲解。

---

① 韩明文：《图表说服力——Excel 与 PowerPoint 的图表终极活用术》，清华大学出版社 2011 年版。

② 韩明文：《图表说服力——Excel 与 PowerPoint 的图表终极活月术》，清华大学出版社 2011 年版。

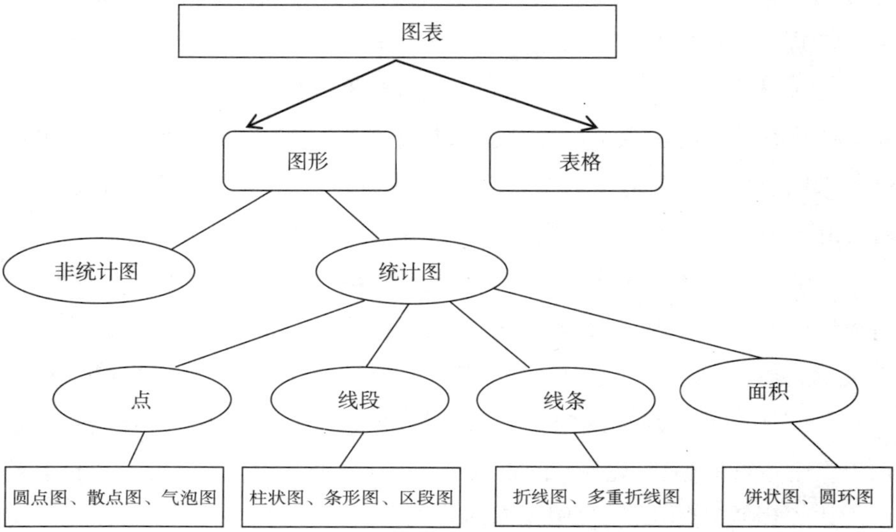

图 6-5 图表的全貌

1. 统计图

统计图是以各种图形表现统计数字大小和变化的一种描述手段，这是一种最简单的利用空间图像的方法，能给人以直观感觉，便于理解①；统计图形式多种多样，认识的图的种类越多，就能更好地加以运用。这里列举论文中几种常用的图，加以解释说明。

(1)饼状图

饼状图是将一个圆划分为若干个扇形，根据扇形的角度与面积代表数据的图形，可用于呈现部分与整体的关系，它以整个圆为数据总和，各个扇形代表单个数据②。饼状图主要用于显示每一数值所占总数值的百分比，强调的是比例。饼状图通过数据标签把内容说清楚，简单明了、吸引力强，比表格、条形图更具有视觉效果，如图 6-6 所示。

---

① 陈燕、陈冠华:《研究生学术论文写作方法与规范》,社会科学文献出版社 2014 年版。

② 韩明文:《图表说服力——Excel 与 PowerPoint 的图表终极活用术》,清华大学出版社 2011 年版。

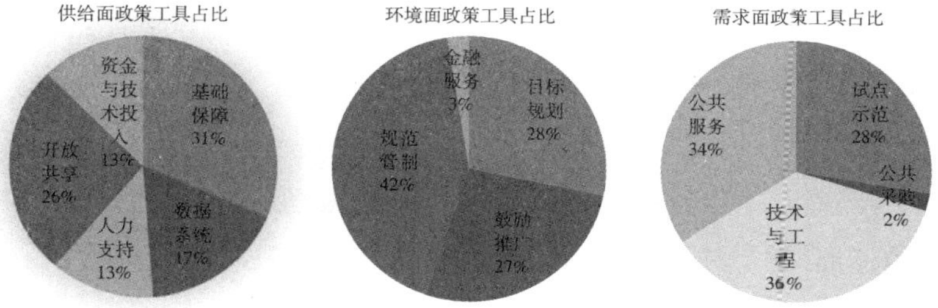

图 6-6　饼状图举例

资料来源:《大数据政策文本与现实的偏差及完善路径研究》(吴杨)

图 6-6 中可以直接地看到供给面政策工具、环境面政策工具、需求面政策工具中不同要素的占比情况。这种图形将比例信息直观地传递给读者,能够增强读者的接受度与理解度。

(2)柱形图和条形图

柱形图和条形图是图形类型中最常用的。柱形图用来显示一段时间内数据的变化,或描述各项目之间数据的比较,强调的是一段时间内,不同数据值的变化。数据经过排序之后,展现出来更多的意义,最大值、最小值、中间值,以及任意两个数据之间的差距等关系都能显现出来①,如图 6-7 所示。

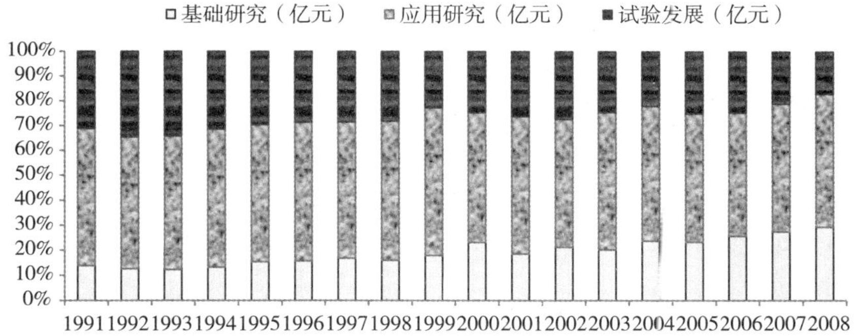

图 6-7　柱形图举例

资料来源:《高校基础研究投入与产出的相关性分析:1991—2008》(吴杨,苏竣)

① 韩明文:《图表说服力——Excel 与 PowerPoint 的图表终极活用术》,清华大学出版社 2011 年版。

图6-7中可以清晰地看出1991—2008的18年间，基础研究、应用研究及试验发展三类科学研究经费占R&D比例的差距，以及随着时间经费占比的变化趋势与走向。

条形图用于描述各项目之间数据的差异，条形图可以看作是顺时针旋转90°的柱形图，与柱形图相比，条形图不太中重视时间的因素，而主要强调在特定时间点上分类轴和数值的比较，①如图6-8所示。

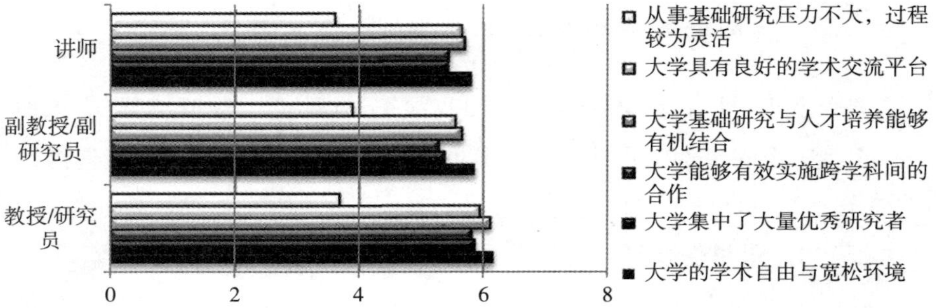

图6-8 条形图举例

资料来源:《投资国家未来-大学基础研究的理论与实证研究》(苏竣,何晋秋等)

通过图6-8条形图，可以清晰地看到讲师、副教授、教授三个不同职称的群体，针对每一个相同问题的不同均值结果。条形图不能通过时间进行规律说明或趋势分析，但却可以针对研究对象中不同群体进行差异性分析。

(3)折线图

折线图显示的是一段时间内相关类别数据的变化趋势，它以等时间间隔显示数据的变化趋势，强调的是时间性与变动率，而非变动量，常用于描绘连续的数据，折线图可以用不同颜色、线性或标志来区分这些折线②，折线图以表达数据的整体样貌特征为主。折线图节省空间，可以容纳大量的数据，因此，当柱状图无法有效处理大量数据时，可尝试折线图。如图6-9所示。

---

① 朱万双、奚晶:《Excel公式、函数与图表》，机械工业出版社2008年版。

② 朱万双、奚晶:《Excel公式、函数与图表》，机械工业出版社2008年版。

图 6-9　折线图举例

资料来源:《高校基础研究投入与产出的相关性分析:1991—2008》(吴杨,苏竣)

图 6-9 中折线图分别用“正方形、三角形、菱形”节点来代表人均投入科研时间比例、高校基础研究人均经费与高校应用研究人均经费,用三条折线来展示三者的对比与趋势发展,可以使读者更好地进行比较与理解。

(4)雷达图

雷达图主要用于显示数据系列对于中心点及彼此数据类别间的变化,雷达图的每一个分类轴拥有自己的数字坐标轴①。雷达图主要应用于收益性、生产性、流动性、安全性和成长性的评价。上述指标的分布组合在一起非常像雷达的形状,因此而得名。

雷达图可视为一种头尾相连的折线图,这种图表类型具有视觉效果,但却无法有效表达出意义性。雷达图以距离中心点的长短来衡量数值的大小,分布在不同角度上的数据点通过线条连接起来,配以可视化图像,根据其外形轮廓来传递出其意义。雷达图的多边形可视化对象可以显示出极端

① Wz 工作室:《Excel 函数/图表应用技巧与综合案例操作》,中国铁道出版社 2008 年版。

值,但却不利于数值之间的相互比较①,如图 6-10 所示。

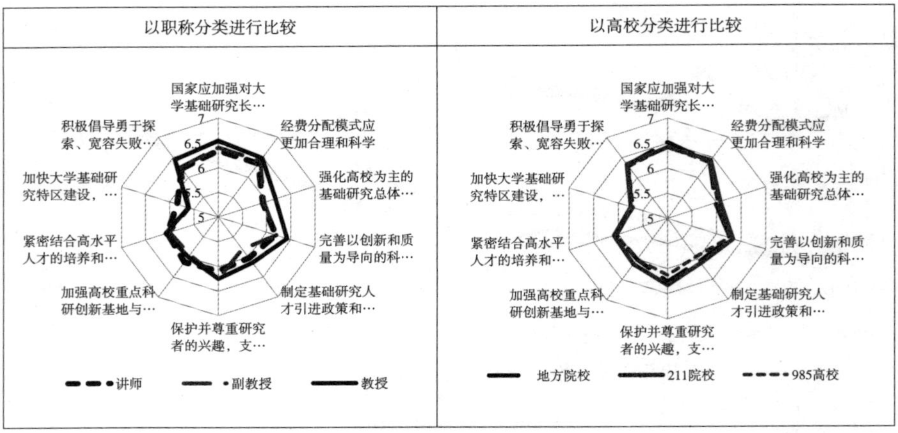

图 6-10 雷达图举例

资料来源:《投资国家未来——大学基础研究的理论与实证研究》(苏竣,何晋秋等)

图 6-10 中,两个图中的雷达图分别以距离中心点的长短来衡量数值的大小,两个雷达图分别以职称分类和高校层次分类进行相同问题的数据对比。这种对比并不像条形图(见 6-8)那样,突出不同研究对象对相同问题的差异性,雷达图一般能够展示各个问题(选项)之间的数值差距。

(5)散点图

散点图又称为 XY 散点图,主要用于展示成对的数据之间的关系。将每一对数字中的第一个数字绘制在垂直轴上,另一个数字绘制在水平轴上②。散点图表示因变量随自变量而变化的大致趋势,据此可以选择合适的函数对数据点进行拟合。用两组数据构成多个坐标点,考察坐标点的分布,判断两变量之间是否存在某种关联或总结坐标点的分布模式,如图 6-11 所示。

---

① 韩明文:《图表说服力——Excel 与 PowerPoint 的图表终极活用术》,清华大学出版社 2011 年版。

② Wz 工作室:《Excel 函数/图表应用技巧与综合案例操作》,中国铁道出版社 2008 年版。

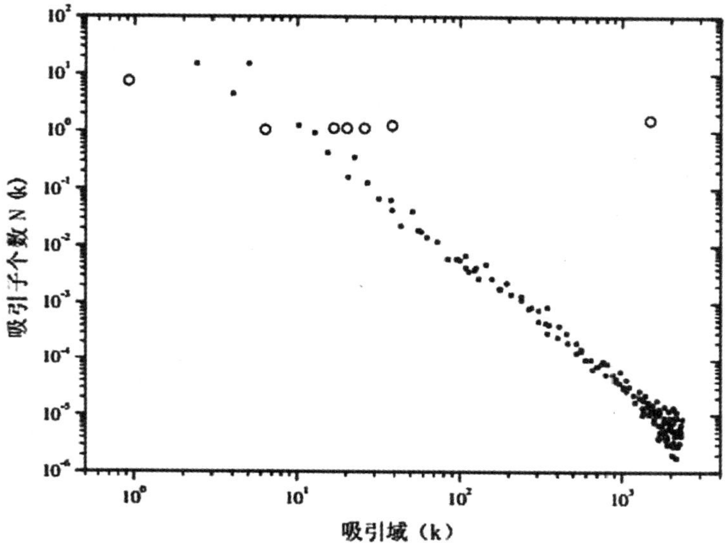

图 6-11 节点动力学性质散点图举例

资料来源:《团队知识创新过程及其管理研究》(吴杨)

散点图使用目的在于显现出两个变量之间的关联性。这种图形普遍应运用于学术领域。散点图主要探讨两个数值变量之间是否正相关、负相关或不相关三种关系,从散布的数据点中可以看出整体趋势。散点图仿佛给读者提供了一个从高空鸟瞰地面的视角,将众多数据点聚合起来形成一个整体印象。散点图的意义不在于突显数据间的差异,而是为了发掘全体数据点所共同呈现出的接近性①。

2. 非统计图

非统计图指不是用数字来表明研究对象的图形,主要有说明图(示意图)和流程图以及各种模型图②。

---

① 韩明文:《图表说服力——Excel 与 PowerPoint 的图表终极活用术》,清华大学出版社 2011 年版。

② 陈燕、陈冠华:《研究生学术论文写作方法与规范》,社会科学文献出版社 2014 年版。

(1)说明图或示意图

说明图或示意图形式多种多样,是说明某一事物或描述某一概念、现象的图①。如图 6-12,对于知识创新的过程来说,是一个隐性的、难以用语言来清晰描述的过程,使用说明图,就可以将复杂的过程清晰地呈现在读者眼前,增强可视化的效果,便于读者理解复杂的知识。

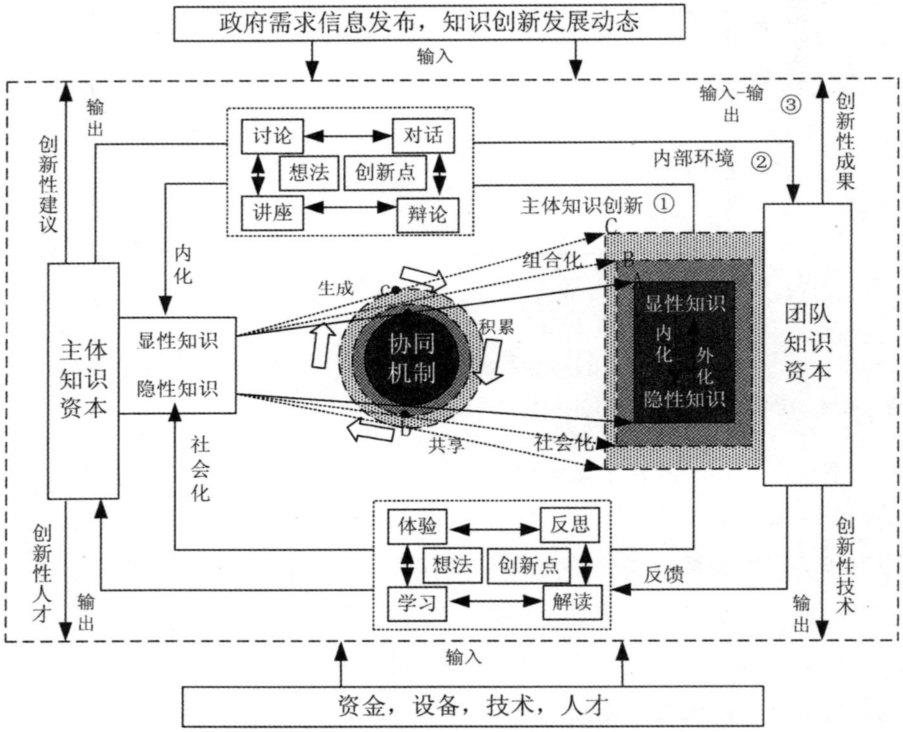

图 6-12 知识创新系统的协同效应图举例

资料来源:《科研团队知识创新系统的复杂特性及其协同机制作用机理研究》(吴杨,苏竣)

再如图 6-13,采用系统动力学的因果图,说明了沟通管理在知识创新过程中的正反馈与负反馈机制。清晰地展示了沟通管理在创新过程中各个要素间的作用。

① 陈燕、陈冠华:《研究生学术论文写作方法与规范》,社会科学文献出版社 2014 年版。

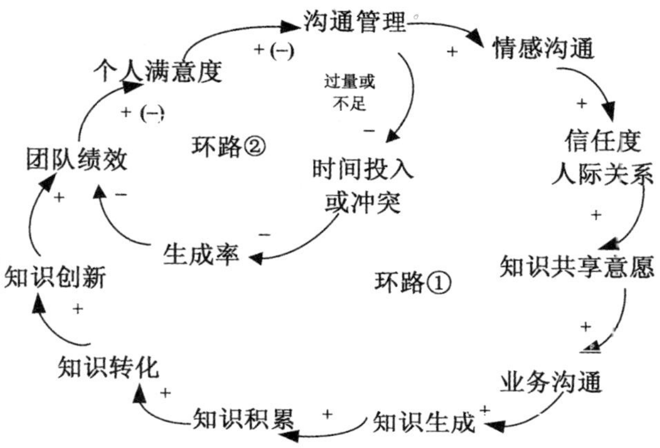

图 6-13　系统动力学因果反馈关系图举例

资料来源：《沟通管理在科研团队知识创新过程中的反馈机制研究》（吴杨，李晓强等）

（2）流程图

流程图也叫作“网络图”“统筹图”或“工序流线图”，是把一个工作的先后次序照流程方向自始至终以箭头形式画成的网络图①。如图 6-14 显示了科学研究中问题分析的过程，使科学研究与问题分析过程的每一步展示在读者眼前。使读者清晰准确地掌握了其研究过程。

图 6-14　问题分析流程图举例

（3）模型图

模型是一种具有解释力和尝试性的系统及结构，并与实物、单个事件或一类实物相对应②。主要有物理模型、数学模型、仿真模型、结构模型、思维模型等多种形式，模型图能够显示作者想要表达的问题与解释的内容。如

① 陈燕、陈冠华：《研究生学术论文写作方法与规范》，社会科学文献出版社 2014 年版。

② ［美］国家研究理事会，戢守志译：《美国国家科学教育标准》，科学技术文献出版社 1999 年版。

图 6-15 是一类仿真模型图。

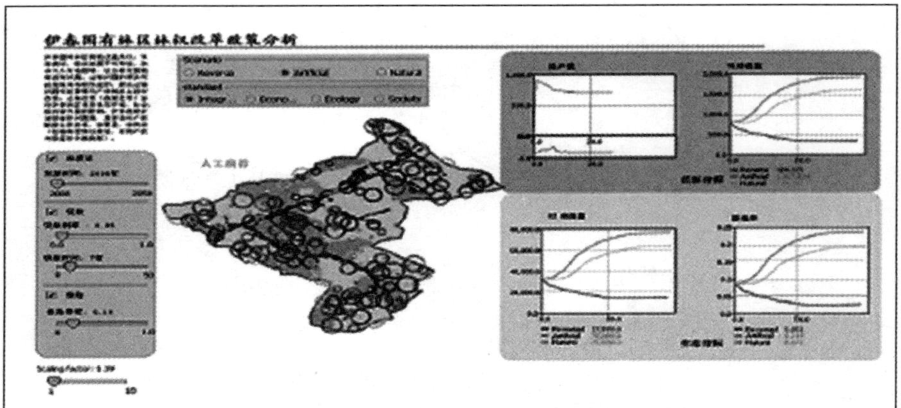

图 12 伊春国有林权制度改革政策仿真模型的可视化界面

图 6-15 仿真模型图举例

资料来源:《公共政策仿真方法:原理、应用与前景》(李大宇,米加宁等)

文中通过对东北地区林木生长以及林户行为的多范式政策仿真,观测到不同林权政策组合下林户的反应及对生态环境的影响,通过仿真显示出不同政策组合下的经济效益和环境效益的直观效果,为地方政府的政策选择和群决策提供了某种可视性参考依据。

(4)组合使用

多种图形的组合使用在论文中是比较常见的表达形式,因为图的运用是灵活多变的,作者可以根据研究主题的需要进行综合应用。当单独一种图的形式,不能呈现作者想要表达的内容时,可以考虑多种图形的综合运用以达到作者预期的目的。

非统计图中,各类图形的相互配合与融合,丰富多彩,不断创新。如示意图和流程图、示意图和仿真图等都可以根据实际情况进行巧妙的组合,给读者具体翔实、清新明了的感受。统计图中,多种图形的组合可以同时展现不同类型数据的趋势、状态、变化等情况,也可以展现各类型数据间的相似性、相异性及相关性等关系。如柱状图和折线图、柱形图和散点图等都是论文中常见的组合形式。如图 6-16 所示，由柱形图和折线图组合而成，将整体数量和比例这两类数据 18 年的趋势、变化、差别等信息直观地呈现在读者眼前。

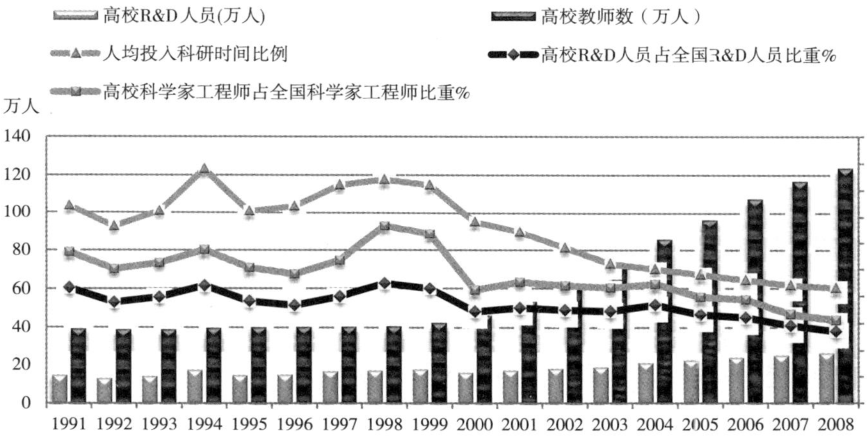

图 6-16　柱形和折线的组合图举例

资料来源：《高校科研投入与产出的相关性分析：1991—2008》（吴杨，何光荣等）

柱形图与折线图的组合是比较常见的。两个相关但不同类别的时间序列数据，以共享时间轴的方式同时呈现于同一图表中。上图 6-16 所示，高校研究人员、高校教师数、人均投入科研时间、高校研究人员占全国研究人员比重、高校科学家工程师占全国科学家工程师比重，各信息之间具有相关性，因此采用共享 X 轴的方式，显示各信息之间的比较关系。视觉效果更加明显，更能突出作者想要表达的内容。

大多数的初学者只利用图表进行同级数据的比较。想象一下目标数据集位于一个 3D 空间中，除了同级数据之外，还有多种情况需要进行比较。图的组合可以从不同方面展示数据间的关系或呈现数据的意义。

总之，每种图都有自己擅长处理的数据范围与特性，饼状图是最具视觉比例性的图表类型；柱形图和条形图则具有普遍应用性；折线图可以包含大量的历史数据；而散点图则可以比较有效的鸟瞰全局；组合图是不同数据数值的组合，可以用不同图表类型共同呈现数据效果。

因此图的表达形式，可以使得复杂的过程简单化，隐性的内容可视化。无须多余的语言，可以大篇幅简化文字，使文章简洁清晰、内容明快地展现在读者眼前。既便于读者以直观的形式加以理解，又能帮助作者进行直观、简洁的表达。

第三节　平实与精准的表达

语言是论文的媒介，它将作者头脑中的想法、观念转变成显性的文字加以表达。写作中语言平实而精准的表达可以将作者的观点清晰地呈现在读者眼前，使读者与作者之间产生共鸣。平实简单的语言，将更加拉近读者与文章的距离，甚至拉近读者与作者的关系。

一、凝练每一段的中心句

首先，保证每个段落的第一句都应该是中心句，每句中心句都应该是简单句。中心句不用过多的修饰，简单的主谓宾，适当的定状补加以补充说明即可，不用太过华丽的语言。这样，在读者时间很紧张的情况下，只需要看懂文章每个段落的第一句，就可以掌握文章的大致内容。不仅省时省力，可读性也会大大提升。

其次，保证每个部分的第一段都是中心段。论文中的各个部分各司其职，都有各自的作用与目的。因此，写作时要对每一部分的内容加以概括、总结成中心段，使读者第一眼就能看到最重要的内容。否则，文章杂乱，中心思想不明确，读者阅读许久，就会大大地降低文章的可读性。如果每个部分的第一段都是中心段，使最重要的内容以最简单直接的方式呈现在读者眼前，那么就会给读者“耳清目明”的感觉。

学术论文的写作，要求语言通俗易懂，简洁明了。将内容表达清楚即可，不需要太多华丽的辞藻。论文最大的目的在于使读者读懂，理解文章内容，因此，平实的语言对于论文来说才是最美的语言。

二、尽量避免否定语句

否定的陈述通常比肯定的陈述要冗长。在肯定的陈述中，主语是在对其他事物做某事，而在否定的陈述中，主语不是在对其他事物做某事。否定陈述更加不透明，因为这种不明确的陈述，很难说明主语应该发生什么。肯定陈述语句则可以直接地表明主语的动作，因此将许多否定换成肯定会更加平实和精炼①。这里列举了一些例子，见表 10-1。

表 6-1　肯定词与否定词的转换

否定陈述	肯定陈述
不接受	拒绝
不考虑	忽视
没有	缺乏
不允许	阻止

资料来源：《Writing Scionee in plain English》(Greene, Anne E.)

通过下面的例子，可以更清晰的比较肯定与否定之间的不同。作者如何使用否定的陈述来表达他们的观点，如图 6-17 所示。

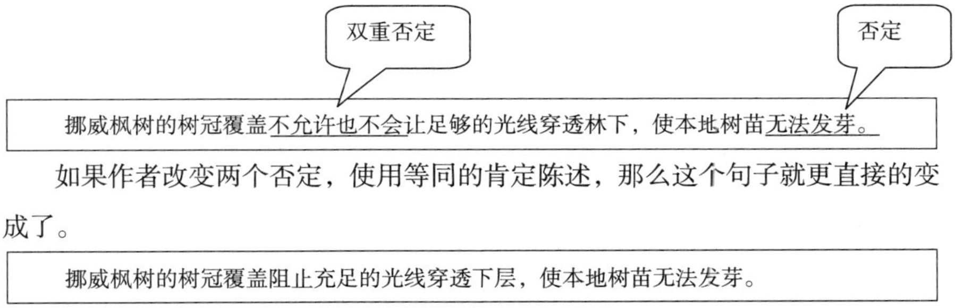

图 6-17　否定句式变换为肯定句式举例

资料来源：《Writing Scionee in plain English》(Greene, Anne E.)

---

①　Greene, Anne E.:《Writing science in plain English》[M].Printed in the United States of America.2013.

通过上述简单的例子可以看出，尽可能地使用肯定句来代替否定句，会使句子清晰明了，不那么冗杂。

三、用词语代替短语

很多作者习惯使用简洁的词语表达冗长的句子。有些期刊编辑会把他们一一列出来。用词语来代替短语，是进行精简的直接有效的方法①。这些短语很常见，如表 6-2 所示。

表 6-2 短语与词语的转换

短语	替代
通过这个研究我们认为	我们认为
进行一个调查	调查
责任归咎于	因为
是…角色	是
是以下原因	因为
在这个过程中	在…期间

资料来源：《Writing Scionee in plain English》（Greene，Anne E.）

用一些同义词来代替字数较多的短语，可以使文章更加简洁。学术论文的写作和其他形式的文章有所不同，要求简洁、明快、通俗易懂。过多的修饰反而会适得其反。木下是雄②在其《报告的写作技术》③中谈道："明快的文章是指内容合乎情理，读一遍就能立刻明白，没有一个句子可以理解成两层意思的文章。所谓的明确的表达是指没有模棱两可的地方，直截了当的表达。"也就是说，清晰准确的语言对于论文来说才是最美的语言。

---

① Greene，Anne E.：《Writing science in plain English》[M].Printed in the United States of America.2013.

② 木下是雄：1917 年出生于日本东京。曾先后担任名古屋大学副教授、学习院大学教授、学习院大学校长。主要著作有《物理的散步路》《物质的世界》《日语的思考方法》等。

③ ［日］木下是雄著，奚望监译，日艳智库翻译组译：《报告的写作技术》，海洋出版社 2014 年版。

四、保持专业术语不变

有经验的作家通常用两三句话来打开他们的段落，提出了一个准确的专业术语。许多作家认为，在一篇学术论文中重复相同的专业术语会使他们的文章乏味或重复，因此会选取多种多样的专业术语。但这样做的话，读者就有可能混淆相似的专业术语，以为每个专业术语代表了不同的意思和含义，反而会扰乱读者对文章的理解。对读者来说，一致的专业术语对于引导新的复杂信息至关重要。

笔者研究生期间曾经写过一篇关于“知识创新管理机制”的文章，为了追求文章的“丰富性”“专业性”和“复杂性”，笔者在文章中特意写了很多相同意思，但看起来不一样的关键词，如“知识创新管理”“知识管理”“创新管理机制”“知识创新管理过程”。文章初稿形成，笔者饶有兴趣和一位理工科背景的老师一起讨论其中数学模型问题，老师一脸懵的提问：“文章中怎么会出现这么多的关键词？都代表了什么？”笔者才意识到，专业术语对于相同领域或不同领域的读者，都是很难领会和理解的，应该统一使用，不要轻易变化。专业术语的一致性的确与无聊乏味无关，是对读者最好的向导。

五、把旧信息放在段落的开头

有经验的作者总是按顺序将每句话排列起来，这些顺序会形成合理的段落，这需要用一些技巧对句子进行布局。每个句子有明确的首尾处，读者期望在每个句子中找到具体的信息。如果作者把正确的信息放在句子的开头和结尾，这将符合读者的阅读习惯和学习的难易顺序，同时每个段落也将有较好的连贯性。

有些主题或关键词是读者所熟知的，被称为“旧信息”或常规概念。作者通常会围绕一个主题或想法组织段落，所以在一个句子中，尽量让旧信息或常规概念放到段落的前面，让读者先看到比较熟悉的内容。也就是把常规的概念放在句子的开头，把新的概念放到句子的结尾，将满足读者的期望,提高文章的可读性①,这样能使读者更加专注于作者所想表达的主题或关键词。例如,如果一篇文章的主题是关于“量子力学”,那么在引言部分,就将“量子力学”来做开头段落的主题。在文章后续每个段落,读者看到“量子力学”,就会判断作者在说“量子力学”的哪些方面,快速了解作者在说什么,如图 6-18 所示。

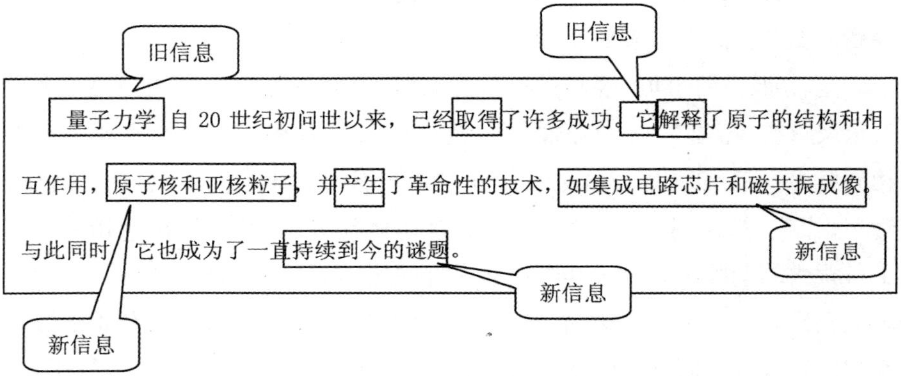

图 6-18 旧信息放在段落前面举例

资料来源:《Writing science in plain English》(Greene, Anne E.)

如图 6-18 所示,作者在句子开头放置了“旧信息”:“量子力学”。后面紧紧跟着动词:取得。第二句分成两个从句,每个从句都有自己的动词:解释和产生。在第二句和从句中的结尾处都是关于量子力学的“新信息”:即它的成功(原子核和亚核粒子),它的用途(如集成电路芯片和磁共振成像术)和它的困惑(持续至今的谜题)。

由于在段落的开头用了熟悉的名词“量子力学”,在段落的结尾处就可以放置与量子力学相关的读者还没有听到的“新信息”。值得注意的是,不是所有段落中的主题会被读者熟悉,图中作者认为“量子力学”是本领域读者非常熟悉的内容,所以没有解释。但是对于一般的专业术语或者主题信

① Greene, Anne E.:《Writing science in plain English》[M].Printed in the United States of America.2013.

息,应该在文章开头或者最能引起读者注意的地方,用一两句话进行描述和解释,让不同领域的读者都能了解主题信息的意义。

再举一个例子,如图 6-19 所示。

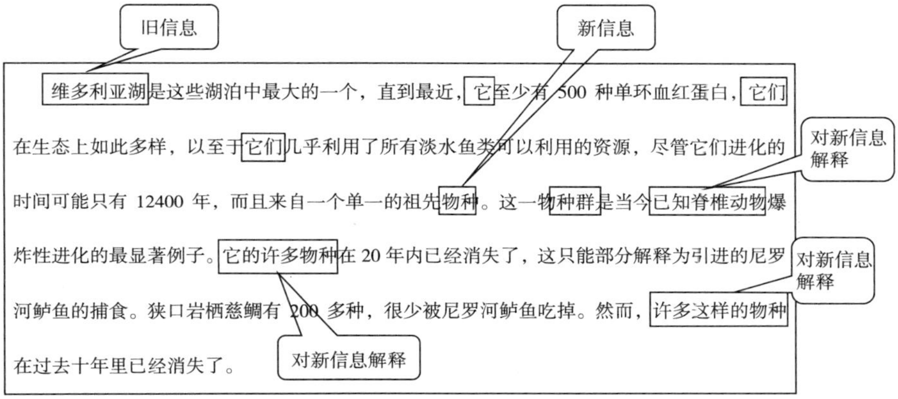

图 6-19　文章中新概念的处理举例

资料来源:《Writing science in plain English》(Greene,Anne E.)

作者通过把主要概念“物种”这个“新信息”放在一句的末尾或附近来介绍他们。句中以主题“维多利亚湖”为句首,将新信息“物种”放在末尾。一旦读者很好地意识到它们,类似的术语,如它、它们、物种等就是剩余句子开头的主语,这样可以循序渐进的引导读者接受他们所不熟悉的概念。

读者看懂了段首的“旧信息”,也会注意句子末尾的“新信息”,如果读者顺其自然将段尾和段首的新旧信息联系起来,这种段落安排就能让读者循序渐进地了解“主题”的相关信息,使得读者更加清晰的了解文章后续的知识脉络。

第三部分

学术论文框架设计

第七章
定量分析论文的框架

定量分析方法就是指用数学方法对自然界和人类社会中存在的各种现象进行研究，并用数学变量来描述和刻画其中客观规律的方法①。社会科学中定量研究的论文，是从提出问题，分析问题，解决问题的逻辑顺序进行研究的。在这一章，我们主要讨论数学模型类文章的框架设计。数学建模类型的文章一般包括五个部分。第一部分为引言，其主要内容为研究背景和问题的提出。第二部分是文献综述，主要涉及国内外相关领域的研究现状。第三部分是模型设计，包括指标的设计、数据来源、模型构建等内容。第四部分是数据分析，主要包括数据结果的阐述。第五部分是结论，是对全文整体结论的概括与抽象。

第一节　引　言

引言作为论文的开头，阐述写作背景和目的、研究主题的必要性和迫切性、当前的研究热点、存在的问题及作者的工作意义，引出论文的主题为读者进行引导。很多引言中也介绍相关领域内他人所做的工作和研究的概

① 徐晓东：《定量分析方法》，中华科技大学出版社 2008 年版。

况,说明论文与前期文献的关系以及论文的贡献。引言也可点明论文的理论依据、实验基础和研究方法,简单阐述其研究内容;三言两语预示论文的结果、意义和前景,但不必展开讨论。因此,引言在内容上应明确阐述为什么要进行这项研究,语句要简洁、开门见山。如果研究的主题是他人从未开展过的,这时创新性是显而易见的,要说明研究的特色与贡献。但大部分情况下,研究主题是前人开展过的,这时一定要说明此研究与彼研究的不同之处和本质上的区别,而不是单纯的重复前人的工作。

本书认为引言部分主要有三种类型,即问题导入型、政策导入型及案例(故事)导入型。这三种类型去叙述引言,风格各不相同。

第一种引言类型:问题+数据

问题+数据这种方式,往往是明确的阐述所在领域中比较尖锐的、影响范围较大的现实问题,问题一般有两到三个,问题提出来以后,最好是能有数据或证据的支撑。一旦有了数据的支撑,证据就会很充分,论点就会更加的鲜明。

所以一般在这种引言写作类型上,一般采用总—分—总或者总—分的结构。段首:中心句,即概括性语句;段中:解释句,即阐释性语句+数据。值得注意的是数据要用官方公开发表的数据,如:OECD、《中国统计年鉴》等。

以《大学基础研究人力资源瓶颈问题的影响因素:基于 Ordered Logit 模型分析》文章中的引言为例,引言中阐述了国内基础研究人力资源两个突出的现实问题,即基础研究领军人才匮乏问题以及人力资源水平与经济水平不匹配问题。在阐述这两个突出问题的同时,通过数据作为有力的证据进行支撑和进一步的证明。文章中首先通过当时我国学者获得诺贝尔奖情况,如"占世界四分之一人口的中国大陆至今没有一位科学家问鼎该奖项",说明当时基础研究领军人才严重匮乏的情况;其次通过我国国内生产总值占世界经济总量比例,与中国大陆科学家在《Nature》和《Science》两大期刊上发表论文占其总数比例进行对比,说明我国基础研究人力资源水平与经济水平不匹配问题,如图 7-1 所示。

就 2012 年的实际情况来说，并未有获得诺贝尔奖的学者。就我国当前情况来讲，仍可以说基础研究领军人才严重匮乏，因为只有一位学者屠呦呦老师获得了基础研究方面的奖项。这两个情况都可以比较真实反映问题（1）。

公共管理学报

74

1　引言

基础研究水平是决定一国综合国力和长期经济增长的根本，人力资源则是基础研究最宝贵的战略资源，大学人力资源是我国基础研究的核心力量。然而，我国基础研究人力资源状况总体上不容乐观，与发达国家相比还存在较大的差距。我国政府已经关注实施人才强国战略，《我国国民经济和社会发展十二五规划》提出以高层次创新型科技人才为重点，造就一批世界水平的科学家、科技领军人才、工程师和高水平创新团队。目前我国基础研究人力资源问题主要体现在两个方面：

(1) 具有国际影响力的基础研究领军人才严重匮乏。以诺贝尔奖这个基础科学界最能代表创新水平的奖项为例，占世界近四分之一人口的中国大陆至今仍没有一位科学家问鼎该奖项，从一个侧面说明我国基础研究顶尖科学家的匮乏。

(2) 基础研究人力资源的整体水平与我国综合经济实力的发展极不相符。1998—2011 年间，美国科学家在世界两大期刊《Nature》和《Science》上发表的科技论文总数为 32260 篇，占 42.8%；同期，中国大陆科学家在两大期刊上发表的科技论文总数为 977 篇，占 1.3%，在此期间，我国 38 所大学以第一作者单位在两大期刊上发表 147 篇论文①，占其总量的 0.195%。而以 2010 年为例，我国的国内生产总值为 58791 亿美元，仅次于美国已跃居第二，约占世界经济总量的 9.5%②，美国的国内生产总值约占世界经济总量的 25%③。这一年，中国大陆科学家在两大科技期刊上发表的科技论文总数为 131 篇，占两大期刊发表总量的 1.38%。相比之下，美国科学家在两大期刊的发表总量为 2233 篇，占 23.48%④。可见，我国基础研究人力资源产出水平及国际影响力较低，不符合我国经济实力及国际经济总量的占有率。

在这样的情况下，厘清大学基础研究人力资源

收稿日期：2012-06-10
基金项目：国家自然科学基金青年项目（71103107，70903044）
教育部人文社科青年基金项目（10YJC630349）
作者简介：吴杨（1979-），女，毕业于哈尔滨工业大学，博士，北京理工大学教育研究院讲师，研究方向：高等教育，创新管理，科技政策，E-mail：wuyang2014@163.com；张海峰（1979-），男，毕业于浙江大学，博士，浙江大学公共管理学院讲师，研究方向：教育经济，劳动经济。

①数据来源：http://www.huaue.com。2012.1.9
②数据来源：http://www.gov.cn/gzdt/2011-03/24/content_1831096.htm。
③2010 年美国的国内生产总值约占世界经济总量的 25%。
④数据来源：作者根据 ISI Web of Knowledge 数据库检索计算获得。

我国国内生产总值 2010 年就已经占据世界经济总量的 9.5%，而中国大陆科学家在两大期刊杂志上发表的科技论文数仅占其总数的 1.38%。数据支撑论点，在一定程度上反映了问题(2)。

图 7-1　问题导向的引言举例

资料来源：《大学基础研究人力资源瓶颈问题的影响因素：基于 Ordered Logit 模型分析》（吴杨，张海峰等）

这种问题+数据的模式，应该注意以下几个问题。第一，问题具有广泛性或是共识性，且符合实际情况。最好是经过调研或者访谈获得，甚至是亲身经历收获的问题。第二，问题要有实时效应。过去的已经被探讨的很深刻的问题也许已经被解决，再提也没有意义。同时，数据也要尽可能地更新，以当年的数据最佳。第三，问题不可重叠。要注意每一条问题之间的性质应该是互斥的，不能重叠，也不能是包含的关系，所说的每个问题是独立的。当然如果现存的问题是很明显，是大家耳熟能详的，或者能产生共鸣的问题，也可以没有数据支撑。

第二种引言类型:政策+数据

从政策引入的引言应该揭示最新政策导向和国家战略对相关研究领域的影响和需求。这部分的引言应该具有以下几个特点。

首先,政策的颁布和实施应具有较大的影响力,被社会各界广泛关注。政策发布的机构层次级别比较高,最好是国家部委的一些政策文件,而且政策最好是能够涉及国家战略性发展,或者未来五年十年战略性布局。例如说“十三五规划”“双一流”建设大学名单,由几个国家部委联合发布的,具有很高的权威性。

其次,政策发布的时效性要求最新。政策发布时间最好是近期的,甚至当月的才好,由于论文发表在时间上是不确定的,有一些论文会在投稿—修改—重新投稿的过程中往复,耗费时间较长,而政策越新则越好,为了追求政策的“新”,作者可以完成论文初稿之后,再去重新关注有没有最新发表的高层次文件。如果是在投稿之前有一个最新的政策比较符合文章的需求,也可以将其加上去。最新的政策代表最紧迫的国家需求,与其他文章相比,有了时间上的优势。其他的作者还没有来得及动笔写,而自己已经完成论文初稿,或是正处于投稿阶段,对于作者来说无论怎样都是一大加分项。

以《中国基础研究创新效率的区域差异性评估》文章①为例,我们完成初稿时大约是 2018 年 1 月初,初稿完成开始了多次的细致修改和润色阶段。在 2018 年的 1 月 19 号,国务院发布了一个和文章主旨比较相关的政策,就是“关于全面加强基础科学研究的若干意见”,它里面最新明确了“基础科学研究的三步走发展战略”。这个战略提出了“优化技术研究的区域布局”等的要求,对于我们的文章来说,这是一个非常关键的文件,而且与文章内容、题目,甚至是结论都比较契合,如图 7-2 所示。

---

① 吴杨、蔡青:《中国基础研究创新效率的区域差异性评估》,《北京师范大学学报(社会科学版)》2018 年第 3 期,第 57—68 页。

北京师范大学学报(社会科学版)2018年第3期(总第267期)　57

中国基础研究创新效率的区域差异性评估

吴　杨,蔡　青

(北京理工大学 教育研究院,北京 100081)

一、引言

基础研究是指认识自然现象、揭示自然规律,获取新知识、新原理、新方法的研究活动。党的十九大报告指出:"创新是引领发展的第一动力,强化基础研究,实现前瞻性基础研究、引领性原创成果重大突破。加强应用基础研究,突出关键共性技术、前沿引领技术、现代工程技术、颠覆性技术创新,加强国家创新体系建设,强化战略科技力量。"可见,加强基础研究是增强原始创新能力、强化自主创新或果源头供给的根本途径,同时,也是实施创新驱动发展战略、加快推进创新型国家和世界科技强国建设进程的重要保障。2018年1月19日国务院印发《关于全面加强基础科学研究的若干意见》(以下简称《基础研究若干意见》),明确了基础科学研究"三步走"发展目标,并提出"优化基础研究区域布局,聚焦国家区域发展战略,构建各具特色的区域基础研究发展格局。加强基础研究顶层设计和统筹协调,建立完善符合基础研究特点和规律的评价机制。"因此,基础研究创新绩效的测量与评估以及基础研究的区域布局和资源优化已成为我国科技发展战略的关键。

此政策在作者完成初稿时发布,对基础研究领域有着重要意义,且具有很好的时效性,且能在一定程度上反映文章主题和国家战略需求。

图 7-2　政策导向的引言举例

资料来源:《中国基础研究创新效率的区域差异性评估》(吴杨,蔡青)

投稿后,文章部分有一些修改意见,但是引言部分修改意见较少,而且分别被《新华文摘》摘编转载和《中国社会科学》全文转载。可以说这是很难得的一次比较顺利的投稿经历。

第三种引言类型:从案例或故事导入

从案例或是故事引入引言的方式是比较考验作者写作功底和对时事敏感度把握的。案例或者故事应该具有以下几个特点。

第一,时效性要求较高。事件或案例应该是最近发生的。在写作过程中,可能会觉得和第一种类型问题+数据的方式比较相似,但是两者最大的不同是"案例引言"具有故事性。这种案例的引入会更加吸引读者的兴趣，对于作者来说具有更大的挑战，因为这类案例没有其他文本可以借鉴和参照，需要作者对一手资料进行敏锐的判断和诠释。

第二，案例影响力较强。此类事件或者案例应该是引起大众深入思考的，或者是社会影响力较大的。比如说“中兴事件”和“华为事件”，都是引发我们对我国原始创新深入思考的典型案例。以《大学基础研究创新文化环境问题的实证分析——基于我国40多位专家访谈和60所高校问卷调查结果》①为例，如图7-3所示。

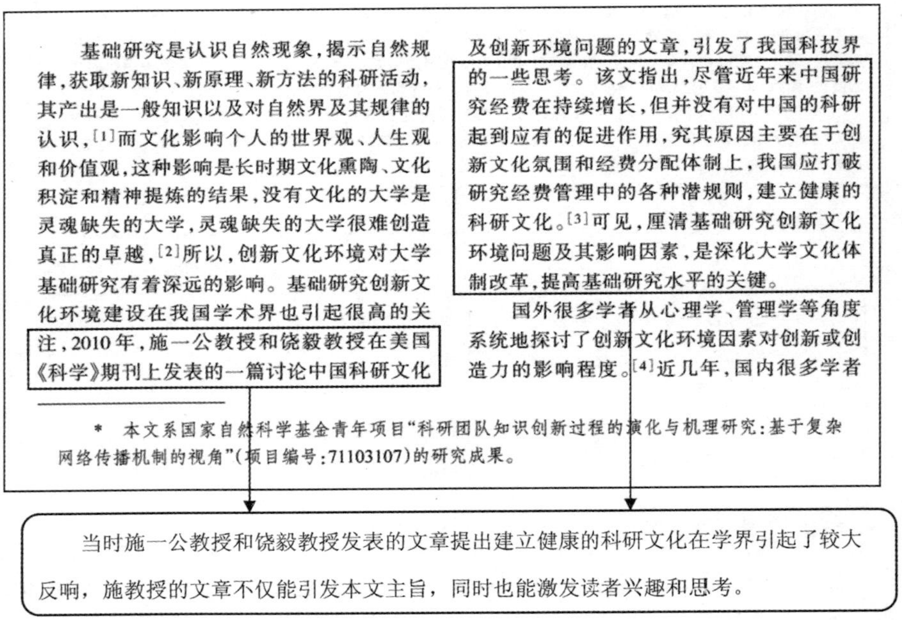

基础研究是认识自然现象，揭示自然规律，获取新知识、新原理、新方法的科研活动，其产出是一般知识以及对自然界及其规律的认识，[1]而文化影响个人的世界观、人生观和价值观，这种影响是长时期文化熏陶、文化积淀和精神提炼的结果，没有文化的大学是灵魂缺失的大学，灵魂缺失的大学很难创造真正的卓越，[2]所以，创新文化环境对大学基础研究有着深远的影响。基础研究创新文化环境建设在我国学术界也引起很高的关注，2010年，施一公教授和饶毅教授在美国《科学》期刊上发表的一篇讨论中国科研文化及创新环境问题的文章，引发了我国科技界的一些思考。该文指出，尽管近年来中国研究经费在持续增长，但并没有对中国的科研起到应有的促进作用，究其原因主要在于创新文化氛围和经费分配体制上，我国应打破研究经费管理中的各种潜规则，建立健康的科研文化。[3]可见，厘清基础研究创新文化环境问题及其影响因素，是深化大学文化体制改革，提高基础研究水平的关键。

国外很多学者从心理学、管理学等角度系统地探讨了创新文化环境因素对创新或创造力的影响程度。[4]近几年，国内很多学者

* 本文系国家自然科学基金青年项目“科研团队知识创新过程的演化与机理研究：基于复杂网络传播机制的视角”(项目编号：71103107)的研究成果。

图7-3 案例导向的引言举例

资料来源：《大学基础研究创新文化环境问题的实证分析——基于我国40多位专家访谈和60所高校问卷调查结果》(吴杨，张海峰等)

---

① 吴杨、张海峰、何海燕：《大学基础研究创新文化环境问题的实证分析——基于对40多位专家学者的访谈和60所高校的问卷调查》，《教育研究》2013年第34卷第8期，第30—36页。

2010年施一公教授和饶毅教授在美国的*Science*[①]上发表了一篇《中国科研文化》的文章，当时引起了我国学术圈的关注，使国内的科研环境问题又一次被热议，当时我们正在撰写关于"大学基础研究创新文化"的文章，开头正好引入这个案例，作为探讨我们国家的基础研究的创新环境的引言部分，增加了故事的可读性和共鸣性。

可见，无论是政策导入型引言还是案例导入型引言，都对时效性和社会效应要求比较高，也就是对时间宽度和影响力广度要求很强。而问题导向的引言，问题不仅要尖锐，而且造成的影响力甚至破坏力较高，得到了广泛共识，但是问题可以是刚刚出现，也可以存在已久。案例导入型引言和问题导入型引言有时比较相似。但它们最大的区别是，案例形式的引言更侧重于故事性和情节性，一般会有具体的人和事件，为读者引入个人体验，产生共鸣，并引起读者的兴趣；而问题形式的引言更侧重客观性和启示性。有的问题客观存在，没有引起重视，或者问题存在很久没有解决的方案，这时将引起读者对后续问题解决方案的关注和猜想。

第二节 文献综述

一、选用文献的特点

文献综述的写作方式是针对文章研究主题来探讨国内外学者的相关的研究现状。在本书第三章第二节已经阐述，这里不再赘述。在学术写作中，文献综述主要注意三点。

第一，分类依据。文献尽量不再以"国别"作为分类的依据。文献综述主要是针对文章主题，把国内国外的研究现状综合在一起进行分类

---

① Yigong Shi, Yi Rao:《China's Research Culture》[J]. Science 2010. Vol. 329. no. 5996, p.1128.

阐述。

第二,时效问题。除了特殊经典文献著作,中文期刊建议参考五年之内,国外期刊发表时间可以五年以上。

第三,有效的表达。我们可以将已有的文献资料分类地说,也可以综合地说。在文献不是很丰富或是学者们持有不同观点的时候,可以一个一个的分别说明。若文献资料比较丰富,许多学者的研究从不同角度可以找到相似点,可以合并同类项,综合起来写一个包含好几篇参考文献的语句,如图 7-4 所示。

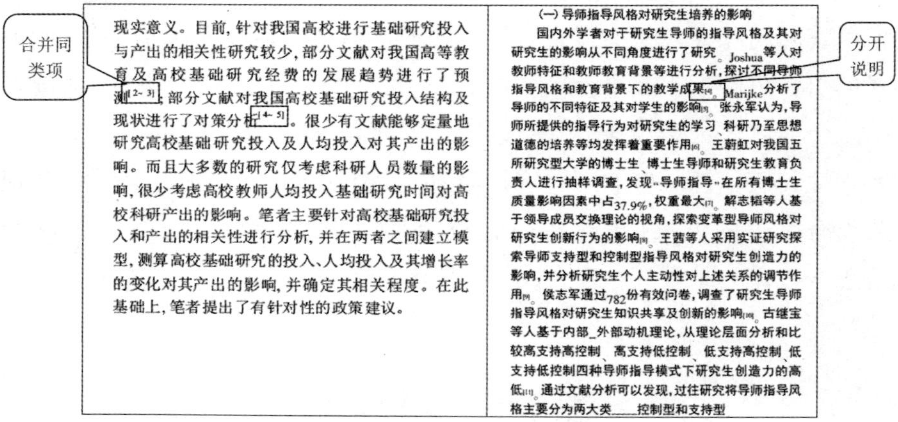

现实意义。目前,针对我国高校进行基础研究投入与产出的相关性研究较少,部分文献对我国高等教育及高校基础研究经费的发展趋势进行了预测[2-3];部分文献对我国高校基础研究投入结构及现状进行了对策分析[4-5]。很少有文献能够定量地研究高校基础研究投入及人均投入对其产出的影响。而且大多数的研究仅考虑科研人员数量的影响,很少考虑高校教师人均投入基础研究时间对高校科研产出的影响。笔者主要针对高校基础研究投入和产出的相关性进行分析,并在两者之间建立模型,测算高校基础研究的投入、人均投入及其增长率的变化对其产出的影响,并确定其相关程度。在此基础上,笔者提出了有针对性的政策建议。

(一) 导师指导风格对研究生培养的影响

国内外学者对于研究生导师的指导风格及其对研究生的影响从不同角度进行了研究。Joshua等人对教师特征和教师教育背景等进行分析,探讨不同导师指导风格和教育背景下的教学成果[4]。Marijke分析了导师的不同特征及其对学生的影响[5]。张永军认为,导师所提供的指导行为对研究生的学习、科研乃至思想道德的培养等均发挥着重要作用[6]。王蔚虹对我国五所研究型大学的博士生、博士生导师和研究生教育负责人进行抽样调查,发现"导师指导"在所有博士生质量影响因素中占37.9%,权重最大[7]。解志韬等人基于领导成员交换理论的视角,探索变革型导师风格对研究生创新行为的影响[8]。王茜等人采用实证研究探索导师支持型和控制型指导风格对研究生创造力的影响,并分析研究生个人主动性对上述关系的调节作用[9]。侯志军通过782份有效问卷,调查了研究生导师指导风格对研究生知识共享及创新的影响[10]。古继宝等人基于内部_外部动机理论,从理论层面分析和比较高支持高控制、高支持低控制、低支持高控制、低支持低控制四种导师指导模式下研究生创造力的高低[11]。通过文献分析可以发现,过往研究将导师指导风格主要分为两大类____控制型和支持型

图 7-4 文献综述表达方式举例

资料来源:《高校基础研究投入与产出的相关性定量研究:1991—2008.高等教育研究》(吴杨,苏竣);《主动性不同条件下导师指导风格对研究生创新能力差异性影响研究——基于九所大学的数据调查》(吴杨,韦艳玲等)

当然,选择一个一个进行描述或者合并同类项的方式进行描述时,我们还需考虑投稿期刊的偏好,这一点我们将在接下来的第九章第二节做出详细介绍。

二、文献综述的核心目标

文献综述部分的作用,不仅要回顾已有文献现状,还要展现已有文

献对论文具体方面的支撑,更重要的还要突出作者所撰写论文的特点和价值。因此文献综述的部分有三个核心目标。

第一个核心目标是对已有文献进行回顾和现状分析,并对论文研究内容的支撑或启示作用。

前期文献研究对论文所研究内容的支撑应该写的更加具体详细。前期文献对现有论文无论是理论上的支撑、内容上的支撑、研究视角上的支撑或者是结论上的启发等,都是文献综述部分的切入点。例如,他人文献的哪一个观点,哪一个结论,哪一种方法,对写作论文的哪一部分有较好的帮助,是要在文献综述里面展示出来的。不能草草地说,应当具体且明确。比如说前期文献中采用的是效率测量二次评价的经济学的方法,而正在撰写的论文研究的是管理学或教育学的问题,虽然应用领域不同,但是前期文献的研究方法对作者撰写论文所使用的效率测量的方法产生了较好的支撑作用。

第二个核心目标是前期文献研究细节部分的补充或解释。

在文献综述部分,不要用"某领域的研究比较匮乏"或是"某领域研究刚刚起步"这样的语句。因为国内很多领域的研究都是刚刚起步,这样比较含糊笼统的语义表达,可以用在很多学术文章中,不能体现所撰写论文的特色和独特性。所以本书更建议在撰写论文时,比较详细的阐释众多前期文献中的哪个部分研究比较单一或欠缺,需要后续研究内容填补空白或者继续深入研究。

第三个核心目标是本书认为最重要的目标,即揭示撰写论文的价值、贡献、特色。

在描述前期文献的某些方面的不足,或者从不同的角度出发研究问题之后,提出了本篇论文的特色和创新之处,这样过渡的顺理成章,让读者容易接受的同时也阐明了此篇论文的价值和贡献。所以文献综述的核心目标,不仅仅是别人的对论文的支撑,更多的是要展示出来所撰写论文的特色,这种阐释的过程润物细无声地向读者阐述所写论文的优点,这也是作者进行论文撰写时的一个比较理想的状态。进行特点的描述时,作者可与文献综述特点一一对应,补充不足。但是需要注意的是作者尽量做到补充和客观阐述,并非批判,如图7-5所示。

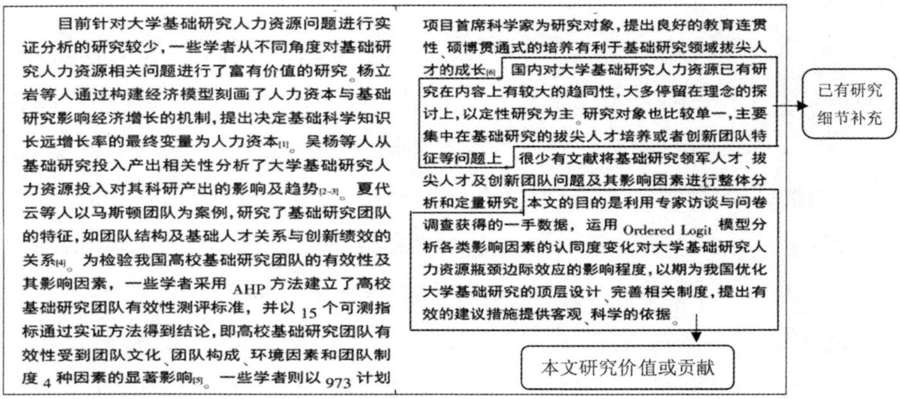

图7-5 文献综述写作目标举例

资料来源:《大学基础研究人力资源瓶颈问题的影响因素:基于Ordered Logit模型分析》(吴杨,张海峰等)

第三节 模型与设计

"模型与设计"部分在学术论文中没有固定的标题,可以称为"模型与设计"或是"数学建模"等其他名称都可以,无论什么标题,在这个部分里应包含三个方面的内容。

第一,数据获取途径。

这个部分应该介绍论文采用的数据、数据获取的途径或数据来源,在这个部分中数据获取途径或者数据来源描述得越详细,数据的内容越丰富,可信度就越高,读者对一手数据质量和准确性的质疑才会越少。尤其是问卷和访谈获得的数据,根据调查过程的实际情况,进行具体的、详细的描述和表达。

以《教师融合教育多维态度量表的中文版修订》①一文为例，文章从问卷中获取的数据，对问卷选取的量表、研究对象及其获取的数据来源进行了详尽的解释。如图 7-6 所示。

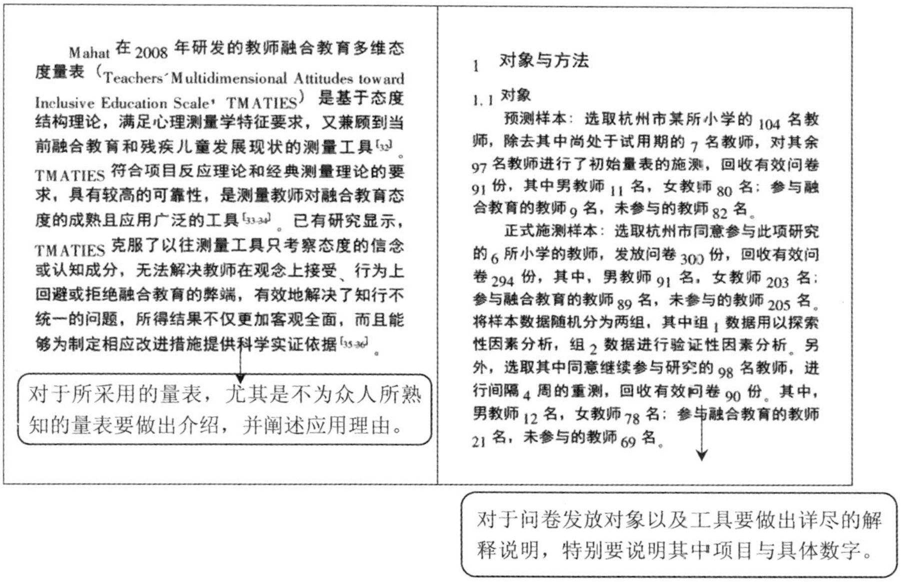
Mahat 在 2008 年研发的教师融合教育多维态度量表（Teachers' Multidimensional Attitudes toward Inclusive Education Scale，TMATIES）是基于态度结构理论，满足心理测量学特征要求，又兼顾到当前融合教育和残疾儿童发展现状的测量工具[32]。TMATIES 符合项目反应理论和经典测量理论的要求，具有较高的可靠性，是测量教师对融合教育态度的成熟且应用广泛的工具[33-34]。已有研究显示，TMATIES 克服了以往测量工具只考察态度的信念或认知成分，无法解决教师在观念上接受、行为上回避或拒绝融合教育的弊端，有效地解决了知行不统一的问题，所得结果不仅更加客观全面，而且能够为制定相应改进措施提供科学实证依据[35-36]。

1　对象与方法

1.1 对象

预测样本：选取杭州市某所小学的 104 名教师，除去其中尚处于试用期的 7 名教师，对其余 97 名教师进行了初始量表的施测，回收有效问卷 91 份，其中男教师 11 名，女教师 80 名；参与融合教育的教师 9 名，未参与的教师 82 名。

正式施测样本：选取杭州市同意参与此项研究的 6 所小学的教师，发放问卷 300 份，回收有效问卷 294 份，其中，男教师 91 名，女教师 203 名；参与融合教育的教师 89 名，未参与的教师 205 名。将样本数据随机分为两组，其中组 1 数据用以探索性因素分析，组 2 数据进行验证性因素分析。另外，选取其中同意继续参与研究的 98 名教师，进行间隔 4 周的重测，回收有效问卷 90 份。其中，男教师 12 名，女教师 78 名；参与融合教育的教师 21 名，未参与的教师 69 名。

图 7-6　问卷中数据来源说明举例

资料来源：《教师融合教育多维态度量表的中文版修订》（贾婵娟，杨琪等）

以《青少年自杀倾向量表测评大学生样本的效度和信度》②为例，文章从访谈中获取一手数据，针对访谈的方式、访谈量表进行详细说明，以说明数据获取的可靠性和真实性，如图 7-7 所示。

---

① 贾婵娟、杨琪、刘春玲：《教师融合教育多维态度量表的中文版修订》，《中国心理卫生杂志》2020 年第 34 卷第 1 期，第 74—79 页。

② 陆双鹤、张又文、隋晓爽、钟杰：《青少年自杀倾向量表测评大学生样本的效应和信息》，《中国心理卫生杂志》2020 年第 34 卷第 1 期，第 66—73 页。

本研究使用简明国际神经精神访谈（Mini-International Neuropsychiatric Interview，M. I. N. I.）中的自杀模块作为检验量表敏感性和特异性的标准。M. I. N. I. 是针对 DSM-IV 和 ICD-10 中 16 种轴 I 精神疾病的简短的结构式访谈[16]，经过信效度检验[17]并广泛用于临床药物研究和临床实践[18]，其中的自杀模块可用于帮助量化当前自杀风险[19]。本研究使用司天梅等翻译的中文版[20]。

本研究的目的是在大学生群体中修订青少年自杀倾向量表，检验其测评大学生群体的效度和信度。隋晓爽等开发了大学生自杀风险评估及心理咨询管理系统（下称“自杀风险评估体系”），包含一级评估（自杀倾向性筛查）、二级评估（当下的风险评估）和三级评估（一对一访谈）。二级评估使用的即青少年自杀倾向量表，自杀倾向在此定义为“个体想要进行自杀的动机，它包括认知的、情绪的和行为上的表现”，该量表适用于中学生及大学生被试，并且已在中学生群体中检验了信效度[21]。该量表的优点在于测查了认知、情绪、行为三个方面的因素，仅 20 条目，花费时间短，结果简便。但由于在大学生群体中的数据不足，限制了量表的推广使用。基于以上原因，本研究选取大学生群体，修订青少年自杀倾向量表，检验其在大学生群体中的效度与信度、敏感性与特异性。

访谈方式多种多样，包括但不限于：结构化访谈、半结构化访谈；直接访谈、间接访谈、个别访谈、集体访谈。

图 7-7　访谈中数据来源说明举例

资料来源：《青少年自杀倾向量表测评大学生样本的效度和信度》（陆双鹤，张又文等）

以《大学基础研究创新文化环境问题的实证分析——基于我国 40 多位专家访谈和 60 所高校问卷调查结果》为例，文章采用问卷和访谈相结合的方式进行数据获取。对访谈和问卷数据获取过程、访谈对象、问卷发放回收率等数据获取进行了详尽的介绍。文章的数据获得主要有两个途径，并分为两个阶段。第一个阶段是对 40 余人进行访谈，第二个阶段进行问卷发放与回收。两个阶段都比较具体而细致的介绍研究对象选取和数据获得过程，使读者一目了然，增强文章的严谨性，如图 7-8 所示。

2013 年第 8 期
（总第 403 期）
教育研究
EDUCATIONAL RESEARCH
No. 8, 2013
General, No. 403

大学基础研究创新文化环境问题的实证分析*
——基于对 40 多位专家学者
的访谈和 60 所高校的问卷调查

一、数据与研究变量

（一）数据

本文使用的数据主要来自实证调查。调查分为实地访谈和问卷调查两阶段。第一阶段，课题组前往清华大学、北京大学、浙江大学、复旦大学、上海交通大学、哈尔滨工业大学、哈尔滨工程大学、南京大学、东南大学、华中科技大学、武汉大学、宁夏大学、北方民族大学等 13 所大学进行实地调研，访谈 40 余人，包括负责科研的副校长、基础研究学科的院士、教授、年轻教师、科研管理者。

↓

访谈对象设计应考虑如下个人属性：地域属性、所属单位、职务、职称、性别、年龄、学历背景等。

第二阶段，根据初步调研访谈的结果，结合相关文献分析，设计基础研究创新文化环境的因变量与自变量。调查问卷发放时，对样本发放范围进行设计和布局。样本学校的选择兼顾区域平衡、专业均衡和学科均衡。所选高校分布在东北、华北、华中、华南、西北等地区；大学类型的选择充分考虑了理、工、医、农、林等学科布局，分别包括部属大学、省属大学及其他类型大学。课题组向 60 所高校发放问卷 1 200 份，最终回收 816 份问卷，回收率为 68%。本文将多数选项未填写或者出现大面积雷同的问卷视为无效问卷，

↓

采取问卷发放方式应考虑地域、专业、学科、机构、调查对象属性的均衡性。报告问卷回收率、无效问卷、有效问卷等数据。

图 7-8　访谈与问卷相结合的数据来源说明举例

资料来源：《大学基础研究创新文化环境问题的实证分析——基于我国 40 多位专家访谈和 60 所高校问卷调查结果》（吴杨，张海峰等）

第二，构念形成过程。

这个部分主要是变量的选取和解释说明。在这个部分，作者要解释说明自变量、因变量的选取原因以及自变量、因变量的概念和内涵。这也是在解释作者构念形成的过程。此部分仍然以《大学基础研究创新文化环境问题的实证分析——基于我国 40 多位专家访谈和 60 所高校问卷调查结果》为例，文章对因变量的选取原因和内涵进行了细致的说明，如图 7-9 所示。

(二)研究变量

1. 因变量的选取

在访谈中,很多被访者都谈到了大学基础研究创新文化环境存在的问题,通过对具体问题的归纳,本文认为主要包括三方面的内容:大学缺乏创新精神和宽容创新失败的科研环境;基础研究者科学道德和科研诚信不断下降;基础研究团队内部缺乏沟通与协作。选取这三个方面的原因如下。

第一,由于在我国以创新为主导的价值观尚未形成,科研评估体制也不利于个体的创造性思维,这些都导致我国大学基础研究者缺少创造力和创新精神。大学基础研究的经费有限,一旦竞争或项目申请失败,则很难得到经费支持,因此大学很难允许创新失败,也缺乏潜心研究的宽松环境。第二,抄袭他人的研究成果、实验数据造假及伪造个人学历和成果等学术道德败坏事件不断发生,科研工作者急功近利的思想和不规范的评价机制导致基础研究中科学道德及诚信不断下降。第三,基础研究中许多探索未知的领域需要多年的研究和积累,需要一支稳定的队伍进行不断的跟踪和持续的研究。大学基础研究者工作方式比较分散,很难形成科研团队,已有的团队缺乏组织性,成员之间缺少沟通与协作。因此,本文因变量分别是大学缺乏基础研究创新精神和宽松氛围,大学中违反科学道德及科研诚信不端行为日益严重,大学基础研究团队内部缺乏协作氛围。

因变量选取、产生及形成过程,以及因变量选取原因及其含义或现象解析。

2. 自变量的选取

参照已有的研究成果,结合专家访谈,本文认为大学基础研究文化环境问题的影响因素主要涉及三个方面:大学基础研究经费投入,大学基础研究评价机制,大学基础研究创新氛围。对于这三个因素,很难进行指标的测量,我们在调查问卷中设计了二级因素量表进行相关问题的测量和分析。(见图1)

自变量选取、产生、形成

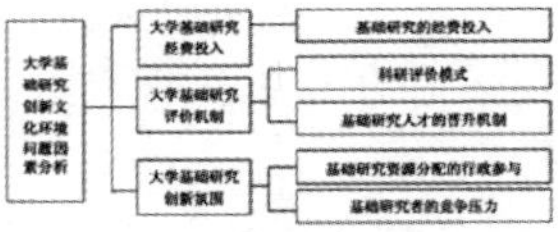

图1 大学基础研究创新文化环境因素自变量等级层次分析

自变量二级因素构建

(1)大学基础研究的经费投入

我国大学基础研究的经费投入虽然逐年增加,但总体来说投入不足,分配结构也不合理。1991—2008年,我国高校基础研究、应用研究、试验发展占高校R&D经费的平均比例分别为23.5%、53.0%、23.4%,应用研究经费占高校科研经费的比例一直处于最高位置,平均比例超过一半以上。[6]因此,我们用二级变量表示为:基础研究的经费投入。

自变量选取原因以及含义或现象解析

(2)大学基础研究评价机制

当前科研评价机制的设计违背了基础研究周期长、风险高的特性,也导致大学基础研究工作者很难发挥自由探索性研究的潜力,同时基础研究人才选拔与任用的考核机制设计不合理,很难将所需的、恰当的人才选拔到基础研究的重要岗位上,严重制约了大学基

图7-9 自变量与因变量选取原因及具体解释举例

资料来源:《大学基础研究创新文化环境瓶颈问题的实证分析——基于我国40多位专家访谈和60所高校问卷调查结果》(吴杨,张海峰等)

如图7-9所示,文章中三个自变量(大学缺乏创新精神和宽容创新失败的科研环境、基础研究科研工作者科学道德及诚信不端行为日益严重、科研团队内部缺乏沟通与协作)的选取途径是通过多位高校基础研究相关人员的访谈,三个因变量(基础研究经费投入、基础研究评估模式、大学基础研究创新环境)的选取途径是通过已有的研究成果和访谈结果。同时对因变量进行了进一步的层次逻辑分析,并对因变量和自变量概念进行详尽解释。

第三，选择模型的原因。

在模型设计部分应着重说明论文所选取的模型的功能和用途，能够解决哪些问题？结合作者的研究目的或者数据的特征，阐述选择此模型的原因，应用此模型的优势。除此之外，采用的模型哪些特点符合文章主旨，能实现研究目的。

在模型设计中，某些领域比较专业，有时需要通过原始公式去展现数据模型。很多情况下，对于比较专业的、复杂的模型，部分读者不一定能读懂，但选择此模型的原因和优势是读者能够看懂并且比较关注的。所以作者要尤为注意在这部分论述的语言要更加简洁，并具有普适性，以满足不同领域的学者都能看懂模型运用的初衷。

仍然以《大学基础研究创新文化环境问题的实证分析——基于我国40多位专家访谈和60所高校问卷调查结果》为例，如图7-10所示。

以简短的文字对读者不易理解的模型或公式部分进行普适性解释说明。

二、模型设定与分析

（一）参数值的确定

本文因变量和自变量指标采用5级打分法，“5”表示被访者对此项的描述非常认同，即该因素对于基础研究创新文化环境有着非常大的影响，“1”表示非常不认同，即该因素对于基础研究创新文化环境没有影响。本文的因变量（y_1, y_2, y_3）均为评级分值1～5的有序分类变量，故而我们采用Ordered Logit模型作为计量分析框架，分别估计各因素对因变量的取值概率的影响。Ordered Logit模型可表述如下。

$$y^*=X\beta+u, u \mid X \sim Logit(0,1) \quad (1)$$

的每一个响应概率，

$$\begin{cases} p(y=1 \mid X)=P(y^* \leqslant \alpha_1 \mid X)=P(X\beta+u \leqslant \alpha_1 \mid X)=\Phi(\alpha_1-X\beta) \\ p(y=j \mid X)=P(\alpha_{j-1}<y^* \leqslant \alpha_j \mid X)=\Phi(\alpha_j-X\beta)-\Phi(\alpha_{j-1}-X\beta) \\ p(y=5 \mid X)=P(y^*>\alpha_4 \mid X)=1-\Phi(\alpha_4-X\beta) \end{cases}$$

（j=2，3，4；$\Phi(\cdot)$为分布函数）

（二）自变量对因变量的边际影响

表2的参数估计给出的是各个自变量对潜变量的影响，不过我们更关心的是这些因素对观察到的因变量各个取值（认同度）概率的影响，即x对y的边际影响。利用表2的估计值，我们可以计算各个因素对各个因变量认同度的边际影响，公式如下。

$$\begin{cases} \frac{\delta p_1}{\delta x_k}=-\hat{\beta}_k\Phi(\hat{\alpha}_1-X\hat{\beta}) \\ \frac{\delta p_j}{\delta x_k}=-\hat{\beta}_k[\Phi(\hat{\alpha}_j-X\hat{\beta})-\Phi(\hat{\alpha}_{j-1}-X\hat{\beta})] \\ \frac{\delta p_3}{\delta x_k}=-\hat{\beta}_k\Phi(\hat{\alpha}_3-X\hat{\beta}) \end{cases} \quad (3)$$

（j=2，3，4；k=1，2，3，4，5）

表3报告了以表2的第1列参数为基础，计算获得的各变量对y_1的边际影响，即自变量x_1～x_5的选择值（认同程度）在它们的均值处对因变量y_1选择值（认同程度）的边际影响。从表3的第2行和第3行可以看出，自变量x_2和x_3对因变量y取值概率有显著影响。

图7-10　模型与设计部分举例

资料来源：《大学基础研究创新文化环境问题的实证分析——基于我国40多位专家访谈和60所高校问卷调查结果》（吴杨，张海峰等）

文章运用“Ordered Logit 模型”，简练清晰的阐述了应用此模型的原因，即“因变量（y_1，y_2，y_3）均为评级分值从1~5的有序离散变量，故而我们采用 Ordered Logit 回归模型作为计量分析框架分别估计各因素对因变量的取值概率的影响”。

第四节　数据分析

数据分析部分主要细致刻画客观存在的数据分析结果。无论表格和图形里面出现什么样的数据情况和结论，只需如实地、清晰地描述出来即可。数据结果阐述可以根据以下原则。

第一，复杂的数据结果，分成若干简单的表。建议在遇见复杂的数据结果时，将它分成若干个表，就算是在一个表当中，也可在论述的时候分成几段去论述。这样的话，通过简单的逻辑和层次的划分，或是简单的合并同类项，都会使得数据部分简单易懂了。

第二，以某一个变量为依据进行整体阐述。可以针对同一个自变量 X 客观描述数据，即同一个自变量 X 对不同的因变量 Y（y_1，y_2，y_3…）产生影响的差异性描述。或者对同一个因变量 Y 进行整体叙述，即不同自变量 X（x_1，x_2，x_3，…）对同一个因变量 Y 的产生的影响程度的差异性描述。这部分描述数据结果，要有依据，要有逻辑层次，这样作者在描述客观数据结果的时候，才会更清晰，更直观，更容易被读者接受。

第三，数据分析部分建议只进行单纯的数学描述，不要同时挖掘产生数据结果的原因。建议数据背后的原因部分进行单独分析或者在结论里面进行大篇幅的独立讨论。因为数据分析部分对数据结果的描述本来就比较繁杂，需要分层次建立逻辑，而且篇幅较大，不宜在此部分再进行原因挖掘，会干扰主线，建议单独分析。

以《大学基础研究人力资源瓶颈问题的影响因素：基于 Ordered Logit 模型分析》为例，数据分析模块中，部分数据描述是根据同一个自变量"国家基础研究经费投入(x_1)"对于因变量 Y"基础研究领军人才缺乏(y_1)"的不同认同度的显著程度的差异性描述，如图 7-11 所示；部分数据描述是根据不同自变量 X(x_1,x_2,x_3,…)对同一个自变量"基础研究团队缺乏建设(y_3)"显著程度进行的整体描述，同时对不同表的数据结果进行整体比较，如图 7-12 所示。

表 3　解释变量对"基础研究领军人才缺乏"认同度的边际影响

	因变量：基础研究领军人才缺乏(y_1)				
	y_1=1	y_1=2	y_1=3	y_1=4	y_1=5
x_1	-0.009^{***}(−3.60)	-0.029^{***}(−4.27)	-0.037^{***}(−4.22)	0.010(1.83)	0.065^{***}(4.57)
x_2	−0.005(−1.91)	-0.014^{*}(−2.00)	-0.018^{*}(−1.99)	0.005(1.41)	0.031^{*}(2.03)
x_3	-0.006^{*}(−2.32)	-0.018^{*}(−2.51)	-0.023^{*}(−2.51)	0.007(1.59)	0.041^{*}(2.56)
x_4	−0.004(−1.64)	−0.013(−1.67)	−0.017(−1.66)	0.005(1.31)	0.029(1.68)
x_5	−0.003(−1.14)	−0.011(−1.15)	−0.014(−1.16)	0.004(1.00)	0.024(1.16)
x_6	−0.002(−0.68)	−0.007(−0.68)	−0.008(−0.68)	0.002(0.65)	0.015(0.69)
Observations	765	765	765	765	765

注：括号内为 t 统计量。***、** 和 * 分别表示系数在 1%、5%和 10%水平上统计显著。

从表 3 的第 1 行可以看出，影响因素"国家基础研究经费投入(x_1)"对"基础研究领军人才缺乏(y_1)"认同程度的边际影响是很高的。对"非常不认同基础研究领军人物缺乏(y_1=1)"的边际影响是−0.009；对"一般认同基础研究领军人物缺乏(y_1=3)"的边际影响是−0.037；对"非常认同基础研究领军人物缺乏(y_1=5)"的边际影响是 0.065。这些参数都至少在 1%水平上显著异于 0。因素 x_1 对 y_1 取值(非常不认同和不认同)的概率的边际影响都为负值，也就是说在均值处对 x_1 的认同程度每增加 1(也即更认同 x_1 这一因素)，非常不认同或不认同 y_1 的概率下降 0.9%、2.9%。相反地对于选择认同和非常认同 y_1 的概率的边际影响为正值，也即对 x_1 的认同程度每增加 1，非常认同 y_1 的概率上升 6.5%。

客观详细的描述表 3 中大部分数据结果。阐述同一个自变量 X，即影响因素"国家基础研究经费投入(x_1)"对于 Y"基础研究领军人才缺乏(y_1)"不同认同度(y_1=1、y_1=3、y_1=5)的边际影响的不同显著程度。结论显示可以看出，影响因素"国家基础研究经费投入(x_1)"与"基础研究领军人才缺乏(y_1)"的认同度之间是显著相关的。

值得注意的是，数据分析模块部分只是客观描述数据结果，没有对于运算结果的现实原因进行解释。

图 7-11　以相同自变量 X 对因变量 Y 的不同认同度的显著程度为依据进行数据分析举例

资料来源：《大学基础研究人力资源瓶颈问题的影响因素：基于 Ordered Logit 模型分析》(吴杨，张海峰等)

表2 大学基础研究人力资源瓶颈的影响因素分析

	(1) 基础研究领军人才缺乏(y_1)	(2) 基础研究拔尖人才流失严重(y_2)	(3) 基础研究团队缺乏建设(y_3)
x_1	0.394***(4.59)	0.327***(3.70)	0.353***(4.06)
x_2	0.192*(2.03)	0.315**(3.21)	0.203*(2.13)
x_3	0.249*(2.56)	0.297**(2.92)	0.168(1.72)
x_4	0.179(1.69)	0.022(0.19)	0.224*(2.08)
x_5	0.147(1.16)	0.224(1.74)	0.392**(3.14)
x_6	0.090(0.69)	0.124(0.92)	0.031(0.23)
Cutoff point 1	1.335**(3.00)	1.366**(2.91)	1.754***(3.82)
Cutoff point 2	2.931***(6.69)	3.099***(6.76)	3.070***(6.77)
Cutoff point 3	3.958***(8.82)	3.834***(8.24)	4.355***(9.35)
Cutoff point 4	6.374***(13.20)	6.677***(13.10)	6.947***(13.73)
Observations	765	765	765

注：括号内为t统计量；***、** 和 * 分别表示系数在1%、5%和10%水平上统计显著。

表2和表5的统计结果与表3、表4有所差异。“大学聘用标准和职称评选机制(x_3)”对于大学基础研究团队建设没有产生显著的影响，导致大学基础研究团队建设不完善的因素除了“国家基础研究经费投入(x_1)”、“资源分配的行政参与(x_2)”两个因素以外，还突出了“基础研究人员的人均收入水平(x_4)”和“基础研究者竞争压力(x_5)”两个因素。可见，基础研究人员的收入水平及团队中的竞争关系是大学基础研究团队建设缺失的重要原因。

表5 解释变量对“基础研究团队缺乏建设”认同度的边际影响

	因变量：基础研究团队缺乏建设(y_3)				
	y_3=1	y_3=2	y_3=3	y_3=4	y_3=5
x_1	-0.007**(-3.24)	-0.017***(-3.67)	-0.037***(-3.85)	0.005(0.99)	0.057***(4.05)
x_2	-0.004*(-1.98)	-0.010*(-2.08)	-0.022*(-2.10)	0.003(0.93)	0.033*(2.13)
x_3	-0.004(-1.64)	-0.008(-1.69)	-0.018(-1.71)	0.002(0.88)	0.027(1.73)
x_4	-0.005(-1.97)	-0.011*(-2.03)	-0.024*(-2.05)	0.003(0.93)	0.036*(2.07)
x_5	-0.008**(-2.73)	-0.019**(-2.91)	-0.042**(-3.05)	0.005(0.97)	0.063**(3.14)
x_6	-0.001(-0.23)	-0.002(-0.23)	-0.003(-0.23)	0.000(0.23)	0.005(0.23)
Observations	765	765	765	765	765

注：括号内为标准误差。***、** 和 * 分别表示系数在1%、5%和10%水平上统计显著。

这部分数据描述是根据不同自变量X(x_1，x_2，x_3，x_4，x_5)对同一个自变量“(y_3)”显著程度差异性进行的整体描述，同时对不同表的数据结果进行比较。

表5客观描述有的不同影响因素“国家基础研究经费投入（x_1）”、“资源分配的行政参与（x_2）”、大学聘用标准和职称评选机制（x_3）、“基础研究人员的人均收入水平（x_4）”和“基础研究者竞争压力（x_5）”五个因素对同一个自变量“基础研究团队缺乏建设(y_3)影响的不同显著程度。

同时，可以看到这里不仅只是客观描述表2和表5中的数据运算结果。同时比较表2和表5的统计结果与表3、表4有所差异，并最后得出综合结论。

同样，在这里还是只是客观描述数据结果，没有对于运算结果的现实原因进行解释。

图7-12 以不同自变量X对同一个Y的显著程度为依据进行数据分析举例

资料来源：《大学基础研究人力资源瓶颈问题的影响因素：基于Ordered Logit模型分析》（吴杨，张海峰等）

第五节　结　论

论文最后一部分就是结论，结论是本书认为整个文章当中可能最耗费时间、精力，也是最“烧脑”的部分，因为学术论文中比较受读者欢迎的结论应该有一个共同的特点，就是要统揽全文，通俗易懂，言简意赅，清晰明确。

首先，结论要统揽全文，提取精华。作者在撰写结论的时候，是将全文的提出问题、分析问题、解决问题的过程在大脑中复习一遍，要把整篇文章中每一个观点、数据分析结果、创新点、未来发展趋势、预测等方面融合起来，贯穿到结论中阐述，从而精炼出全文的研究主旨以及研究结果，既是最锻炼逻辑思维的时候，也是提炼全文精华的过程。

其次，结论要清晰明确，每个结论只说一类问题或者只说一件事。一篇论文的结论有时有 2—3 个，那么每一个结论之间的关系应该是互斥的。结论之间应当是完全不相关，不包含的关系。这样总结思路会比较清晰。

再次，结论要通俗易懂，善待读者。在结论部分，如何做好高度概括和整体布局，对作者来说已是实属不易，但还要考虑读者的感受。因为很多读者来自不同研究领域，如果对专业模型或数据分析的理解不深入，可在结论中获得较多的知识资源。因此结论部分作者需要下一番功夫，将比较专业的理论转化为普适性的语言，同时要言简意赅，不啰嗦冗长，让每个领域的读者都能较好的理解。

最后，结尾部分有很多种写作形式，根据文章主旨和希望解决的问题而定。一般而言，结尾部分可以是单纯对全文总结的结论、可以说具体有效的政策建议、也可以是展望或者本文的不足。这些形式除了根据文章要达到的目标而定，也要考虑投稿期刊的风格。见图 7-13。

结论式结尾	**三、结论** 本实证研究发现,“基础研究的经费投入”、“基础研究资源分配的行政参与”、“基础研究人才的晋升机制”、“基础研究者的竞争压力”等四个因素与基础研究创新文化环境问题在统计上有显著的相关性。 第一,“基础研究资源分配的行政参与”和“基础研究人才的晋升机制”是影响大学基础研究创新文化环境问题的主要因素。这个数据分析结果与专家访谈结果比较一致,很多基础研究者认为基础研究的资源分配权力主要掌握在行政机构,同时大学聘用标准、职称评选机制不合理。在访谈中很多学者提出担任大学高级行政职务的研究者,其所在的研究团队资源汇聚较多。这种资源的流向并没有体现真正的公平与透明,长此以往,导致	基础研究者的创新动力不足和道德诚信缺失。所以,行政权力在大学基础研究资源分配中的作用,以及大学基础研究人才考核的公平性和指标的合理性是进行基础研究创新文化环境建设过程中需要关注的问题。 第二,“基础研究的经费投入”因素影响大学基础研究的创新精神和宽松氛围。这与访谈结果一致,很多学者认为国家资助偏向应用研究。基础研究的产出,是大量思想性的产出,需要长期积累。缺乏长期、稳定的经费投入,缺乏鼓励创新和允许创新失败的创新氛围,会滋长基础研究者急功近利的心态,也就很难发挥基础研究者的创新精神。 第三,“基础研究者的竞争压力”因素的认同度变化对大学基础研究团队内部缺乏协作氛围的影响较大。这与访谈结果也比较相似,很多基础研究工作者表示研究者争取研
政策建议式结尾	**五、政策建议** **1. 高校基础研究总体设想:更开放、更自由、更前沿** 基础研究活动本身是一个创新过程,在这个过程中需要培养开放意识、自由思想以及前沿的创新行为。开展高校基础研究必须有一个新的总体设想和目标构建,那就是更开放、更自由、更前沿。国家及高校基础研究相关负责部门需要有更开阔的视野、灵活的管理体制和运行机制,以更开放、更包容的战略思想去支持基础研究的发展;从事基础研究工作的学者需要在更自由、更宽松、更稳定的工作氛围中去安排科研时间;基础研究的内容在国际相关领域中应有领先位置。 **2. 建立以高校为主的基础研究总体布局:整合资源,增加高校基础研究投入** 目前我国高校开展研究的经费投入和人力投入都以应用研究为主,高校经费投入结构一直处于不合理的状态。政府应增加高校经费和人力的投入,有组织、有系统地整合现有学科资源,充分发挥高校群体优势,形成经费和人力资源的有效凝聚,建立全新的以高校为主的基础研究的总体布局。	**3. 丰富基础研究资助基金种类,增加资助强度:增加人均经费投入** 我国对基础研究资助的基金种类少,投入强度低。尤其我国纵向基金申请比较困难,投入强度不足。2010年,国家自然科学基金面上项目资助率为20.00%,平均资助强度为34.72万元/项;青年科学基金项目资助率为23.02%,平均资助强度为19.71万元/项。政府应增加基础研究基金种类,增加基金申请的成功几率,提高申请者获得资助比例。同时建议相关部门加大研究生和博士后的奖助资金及年轻教师创新基金的支持力度,使青年学者能有一定的条件在最宝贵的年龄段潜心投入学术研究。 **4. 在高校培养和建立一批高水平的优秀科学家研究小组:提高基础研究人均投入时间比例** 高校要大力支持和培育一批训练有素、长期从事基础研究工作的科研团队,通过团队建设,真正选拔出从事基础研究的学术带头人和创新人才。同时赋予每个成员较大的自由度,充分发挥成员的创造性,提高基础研究人员科研投入的时间比例。对优秀科研团队采取确定方向、稳定支持、自由选题、重点突破的做法,在科研群体中充分发挥个人的聪明才智,保持科研团队的综合创造力。
展望或不足式结尾	**4 结语** (1)在“双一流”大学评价指标设计过程中本质价值与外显指标关系的思考。“双一流”大学作为我国科研创新主体,以创新为导向、以知识生产为己任。任何科研成果的本质价值都要根据其思想性、创新性、前沿性、实效性及发展潜力进行判断,科研创新成果评价既不能简单地用数量和表格数据等外显评价指标进行判识,也不能只参考科研成果当前的知识价值。科研评价的首要任务与基本规则就是考察科研成果的创新程度和潜力价值。 (2)在“双一流”大学科研评价过程中贯彻始终的评价宗旨同与时俱进的科研评价管理制度关系的思考。“双一流”大学评价体系构建的宗旨是为了激发科研工作者的创新动力,营造一个鼓励自由探索、支持原始创新、允许失败的良好科研氛围。科研评价既不能遵循行政原则,也不能过份侧重于科研管理规范。科研评价管理制度应不断地进行动态调整和实时更新,以适应创新规律、学科发展、大学战略定位和学术生态环境建设。	不足: 第四,“科研评价模式”因素对大学基础研究创新文化环境的影响相对不大,这个结果与访谈结果不一致。访谈中很多学者认为强调短期成效的科研评价模式使基础研究者难以潜心研究。现行科研评价机制不符合基础研究特点和研究规律,不利于基础研究者潜心治学,我国应建立一套完善合理的基础研究评价模式。这种问卷数据统计结果和访谈结论不一致的具体原因,我们将在今后的研究中进一步探讨。

图 7-13 文章结尾的写作方式举例

资料来源:《高校基础研究投入与产出的相关性分析:1991—2008》(吴杨,苏竣),《大学基础研究创新文化环境瓶颈问题的实证分析——基于我国40多位专家访谈和60所高校问卷调查结果》(吴杨,张海峰等),《“双一流”大学科研创新评价体系建设的国际视野—基于英国、澳大利亚、日本、韩国的经验与启示》(吴杨)。

第八章
定性分析的学术论文

定性研究目前还没有明确的定义，多指研究者本人对问题的思考和看法，多从思辨的角度对研究问题进行描述，如哲学思辨、个人见解、政策宣传和解释等。在研究方法论中，几乎所有非定量的研究均可纳入“定性”的研究范畴。

由于写作思路与作者个人的学习背景、知识结构、学科领域等方面息息相关，而写作风格与作者成长经历、性格特征、兴趣偏好等方面联系紧密，因此定性研究论文的写作框架多种多样，写作思路与风格也是因人而异千差万别。可以说除了引言、文献回顾和结论部分是定性研究文章不可缺少的，其正文部分，很难像定量研究论文一样，总结出一致或统一的内容框架，因此本章内容以举例的方式分析两类定性文章。

第一节　比较研究类的论文

比较研究类论文，多指国际比较类论文。此类论文，通篇以国际比较为主要方法，展示和分析他国某一问题（事件）的特点、现状、过程等可供比较的内容，以揭示问题的本质并阐述对我国相关问题的启示或预测。国际比较类论文在比较方式上主要分为两类,单国别比较,多国别比较。

一、单国别比较

单国别比较是针对某一问题,通过单独一个国家的特点、现状等情况分析,揭示其本国的特色和问题,并阐述对我国的参考价值。进行单个国家的比较分析时,往往从其整体发展以及卓越特征方面进行详细的刻画和特色的挖掘,并对此国家可供借鉴的内容有着深刻的见解。以《澳大利亚卓越研究评价的宗旨、方法与运行机制》①为例,通过对澳大利亚2010—2015年科技评价实施方案的梳理,详细深入的分析其评价标准、评估机构等问题,以及对我国的启示,如图8-1所示。

图8-1 单国别比较文章举例

资料来源:《澳大利亚卓越研究评价的宗旨、方法与运行机制》(陈洁修,马春梅等)

---

① 陈洁修、马春梅、朱军文:《澳大利亚卓越研究评价的宗旨.方法与运行机制》,《复旦教育论坛》2015年第13卷第2期,第94—99页。

二、多国别比较

在进行多国别国际比较时,写作方式上主要有两种:整体综合比较和先单独后综合的比较方式。

(一)整体综合的多国别比较

整体综合的多国别比较就是针对某一个问题,进行多个国家同时的综合比较。在整体综合比较的过程中,需要注意几个方面。

第一,选择几个国家的原因。在选择几个不同国家进行某一问题的比较之前,需要说明选择这几个国家的原因。可以从文章研究主旨、国家特点、具体问题实施、区域位置等几个角度阐释,这种原因的解释让读者了解:为了使研究内容更加有说服性和代表性,论文中进行综合比较的几个国家,是经过作者精心选择和设计的。

国别选择和设计时,应综合考虑多方面的原因,可以在引言部分阐述,也可以在进行综合比较之前,单独一段进行阐述。阐述要做到具体明了,使读者能够直接地领悟到作者所传达的观点。以《"双一流"大学科研创新评价体系建设的国际视野——基于英国、澳大利亚、日本、韩国的经验与启示》①文章为例。文章中详细解释了选择英国、澳大利亚、日本、韩国这四个国家的原因,主要是因为四个国家的大学科研评价机制的历史发展、评价方式、评价指标,都各具特色,具有一定的代表性。例如英国的科研评价体系以提高"科研质量"为宗旨,是很多国家学习的榜样。澳大利亚科研评价体系通过一系列改革日趋完善,其"准入制度"值得思考。日本以"自我评价"方式考察大学科研整体实力。韩国在评估体系中纳入了"产学研结合"等指标,对大学和企业的合作具有很好的推动作用。同时这四个国家拥有数量众多的世界一流大学和一流学科,其评价体系对其科研水平提升具有较大影响,其中很多方面值得我国学习和借鉴,如图 8-2 所示。

---

① 吴杨:《"双一流"大学科研创新评价体系建设的国际视野——基于英国、澳大利亚、日本、韩国的经验与启示》,《科技进步与对等》2018 年第 35 卷第 15 期,第 126—131 页。

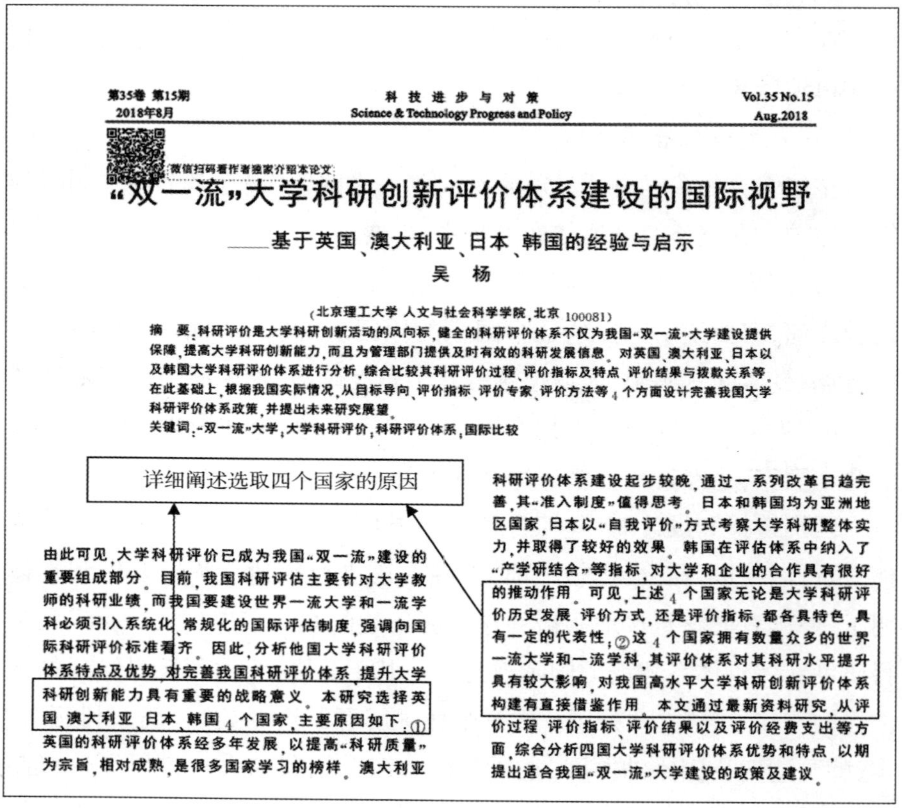
第35卷 第15期
2018年8月
科技进步与对策
Science & Technology Progress and Policy
Vol.35 No.15
Aug.2018

微信扫码看作者独家介绍本论文

"双一流"大学科研创新评价体系建设的国际视野
——基于英国、澳大利亚、日本、韩国的经验与启示

吴 杨

（北京理工大学 人文与社会科学学院，北京 100081）

摘 要：科研评价是大学科研创新活动的风向标，健全的科研评价体系不仅为我国"双一流"大学建设提供保障，提高大学科研创新能力，而且为管理部门提供及时有效的科研发展信息。对英国、澳大利亚、日本以及韩国大学科研评价体系进行分析，综合比较其科研评价过程、评价指标及特点、评价结果与拨款关系等。在此基础上，根据我国实际情况，从目标导向、评价指标、评价专家、评价方法等4个方面设计完善我国大学科研评价体系政策，并提出未来研究展望。
关键词："双一流"大学；大学科研评价；科研评价体系；国际比较

由此可见，大学科研评价已成为我国"双一流"建设的重要组成部分。目前，我国科研评估主要针对大学教师的科研业绩，而我国要建设世界一流大学和一流学科必须引入系统化、常规化的国际评估制度，强调向国际科研评价标准看齐。因此，分析他国大学科研评价体系特点及优势，对完善我国科研评价体系，提升大学科研创新能力具有重要的战略意义。本研究选择英国、澳大利亚、日本、韩国4个国家，主要原因如下：①英国的科研评价体系经多年发展，以提高"科研质量"为宗旨，相对成熟，是很多国家学习的榜样。澳大利亚科研评价体系建设起步较晚，通过一系列改革日趋完善，其"准入制度"值得思考。日本和韩国均为亚洲地区国家，日本以"自我评价"方式考察大学科研整体实力，并取得了较好的效果。韩国在评估体系中纳入了"产学研结合"等指标，对大学和企业的合作具有很好的推动作用。可见，上述4个国家无论是大学科研评价历史发展、评价方式，还是评价指标，都各具特色，具有一定的代表性；②这4个国家拥有数量众多的世界一流大学和一流学科，其评价体系对其科研水平提升具有较大影响，对我国高水平大学科研创新评价体系构建有直接借鉴作用。本文通过最新资料研究，从评价过程、评价指标、评价结果以及评价经费支出等方面，综合分析四国大学科研评价体系优势和特点，以期提出适合我国"双一流"大学建设的政策及建议。

图 8-2 多国别比较文章中选择国别原因举例

资料来源：《"双一流"大学科研创新评价体系建设的国际视野——基于英国、澳大利亚、日本、韩国的经验与启示》（吴杨）

第二，多个国别综合比较中，尽量选择图表展示。对于采用比较的研究方法的质性文章，作者应考虑论文的研究目的和读者的需求。进行多个国别综合比较，并对某一问题进行深入说明，单纯依靠文字，容易混乱冗长，使读者失去兴趣，因此可以考虑用图表进行规划和布局。仍以《"双一流"大学科研创新评价体系建设的国际视野——基于英国、澳大利亚、日本、韩国的经验与启示》文章为例，此文在进行多国比较时，无论是对四国的"大学科研评估过程"还是"大学科研评价指标体系"，都避免大篇幅的长文叙述，而是采取图和表的方式进行直观的刻画。如图 8-3 所示。

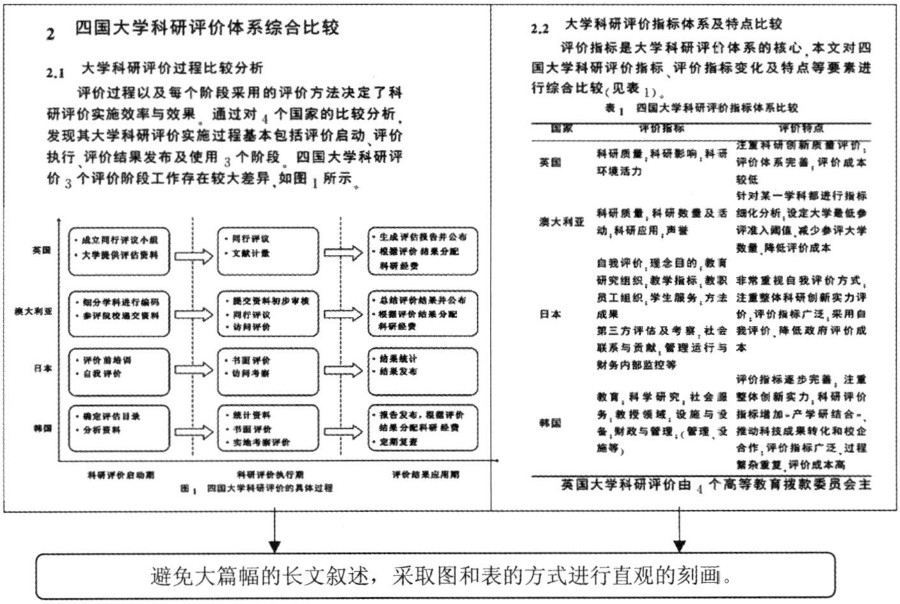

2　四国大学科研评价体系综合比较

2.1　大学科研评价过程比较分析

评价过程以及每个阶段采用的评价方法决定了科研评价实施效率与效果。通过对 4 个国家的比较分析，发现其大学科研评价实施过程基本包括评价启动、评价执行、评价结果发布及使用 3 个阶段。四国大学科研评价 3 个评价阶段工作存在较大差异，如图 1 所示。

图 1　四国大学科研评价的具体过程

2.2　大学科研评价指标体系及特点比较

评价指标是大学科研评价体系的核心，本文对四国大学科研评价指标、评价指标变化及特点等要素进行综合比较（见表 1）。

表 1　四国大学科研评价指标体系比较

国家	评价指标	评价特点
英国	科研质量，科研影响，科研环境活力	注重科研创新质量评价；评价体系完善，评价成本较低
澳大利亚	科研质量，科研数量及活动，科研应用，声誉	针对某一学科都进行指标细化分析，设定大学最低参评准入阈值，减少参评大学数量，降低评价成本
日本	自我评价，理念目的，教育研究组织，教学指标，教职员工组织，学生服务，方法成果 第三方评估及考察，社会联系与贡献，管理运行与财务内部监控等	非常重视自我评价方式，注重整体科研创新实力评价，评价指标广泛，采用自我评价，降低政府评价成本
韩国	教育，科学研究，社会服务，教授领域，设施与设备，财政与管理，（管理、设施等）	评价指标逐步完善，注重整体创新实力，科研评价指标增加"产学研结合"，推动科技成果转化和校企合作，评价指标广泛，过程繁杂重复，评价成本高

英国大学科研评价由 4 个高等教育拨款委员会主

避免大篇幅的长文叙述，采取图和表的方式进行直观的刻画。

图 8-3　多国别综合比较时图表的利用效果举例

资料来源：《"双一流"大学科研创新评价体系建设的国际视野——基于英国、澳大利亚、日本、韩国的经验与启示》（吴杨）

在确定所采用的质性研究方法时，作者往往有多种选择，应要根据已有的研究资料确定自己的研究策略，根据已定的研究策略逐步设定理论生成和推广的假定，确定每一层次需要进行的步骤，这也就是遵循其基本逻辑。

（二）先单独说明后综合比较

先单独说明后综合比较形式，在国际比较类论文中尤为常见。通常是先单独的一个一个叙述某个国家的相关内容，再综合比较。以文章《美英日高校科研质量评价比较研究及其对我国的启示》①为例，如图 8-4 所示。

---

① 陈慧颖、刘在州：《美英日高校科研所是评价比较研究及其对我国的启示》，《中国农业教育》2015 年第 1 期，第 10—14 页，62 页。

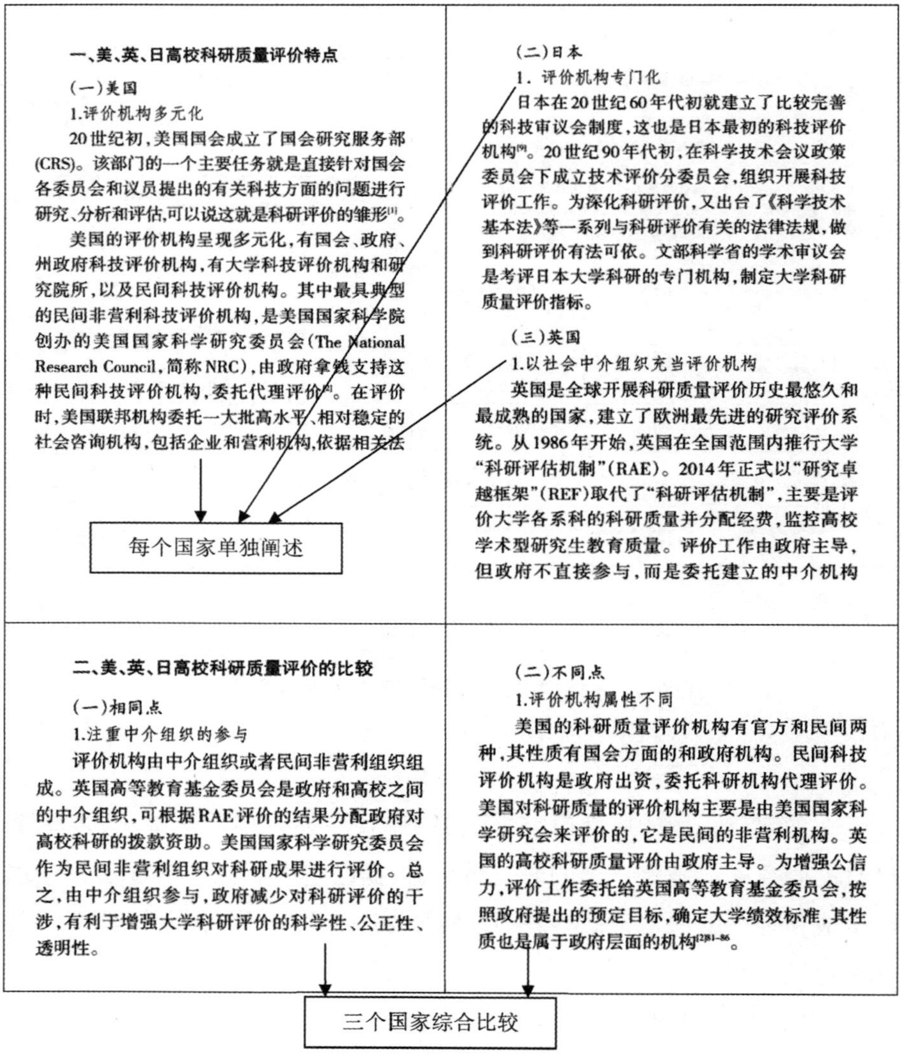

一、美、英、日高校科研质量评价特点

(一)美国

1.评价机构多元化

20世纪初,美国国会成立了国会研究服务部(CRS)。该部门的一个主要任务就是直接针对国会各委员会和议员提出的有关科技方面的问题进行研究、分析和评估,可以说这就是科研评价的雏形[1]。

美国的评价机构呈现多元化,有国会、政府、州政府科技评价机构,有大学科技评价机构和研究院所,以及民间科技评价机构。其中最具典型的民间非营利科技评价机构,是美国国家科学院创办的美国国家科学研究委员会(The National Research Council,简称NRC),由政府拿钱支持这种民间科技评价机构,委托代理评价[2]。在评价时,美国联邦机构委托一大批高水平、相对稳定的社会咨询机构,包括企业和营利机构,依据相关法

(二)日本

1. 评价机构专门化

日本在20世纪60年代初就建立了比较完善的科技审议会制度,这也是日本最初的科技评价机构[9]。20世纪90年代初,在科学技术会议政策委员会下成立技术评价分委员会,组织开展科技评价工作。为深化科研评价,又出台了《科学技术基本法》等一系列与科研评价有关的法律法规,做到科研评价有法可依。文部科学省的学术审议会是考评日本大学科研的专门机构,制定大学科研质量评价指标。

(三)英国

1.以社会中介组织充当评价机构

英国是全球开展科研质量评价历史最悠久和最成熟的国家,建立了欧洲最先进的研究评价系统。从1986年开始,英国在全国范围内推行大学"科研评估机制"(RAE)。2014年正式以"研究卓越框架"(REF)取代了"科研评估机制",主要是评价大学各系科的科研质量并分配经费,监控高校学术型研究生教育质量。评价工作由政府主导,但政府不直接参与,而是委托建立的中介机构

二、美、英、日高校科研质量评价的比较

(一)相同点

1.注重中介组织的参与

评价机构由中介组织或者民间非营利组织组成。英国高等教育基金委员会是政府和高校之间的中介组织,可根据RAE评价的结果分配政府对高校科研的拨款资助。美国国家科学研究委员会作为民间非营利组织对科研成果进行评价。总之,由中介组织参与,政府减少对科研评价的干涉,有利于增强大学科研评价的科学性、公正性、透明性。

(二)不同点

1.评价机构属性不同

美国的科研质量评价机构有官方和民间两种,其性质有国会方面的和政府机构。民间科技评价机构是政府出资,委托科研机构代理评价。美国对科研质量的评价机构主要是由美国国家科学研究会来评价的,它是民间的非营利机构。英国的高校科研质量评价由政府主导。为增强公信力,评价工作委托给英国高等教育基金委员会,按照政府提出的预定目标,确定大学绩效标准,其性质也是属于政府层面的机构[2]81-86。

图 8-4 先单独后综合的多国别比较举例

资料来源:《美英日高校科研质量评价比较研究及其对我国的启示》(陈慧颖,刘在州)

此文章先对美国、日本和英国的评价机构单独阐述,再对三个国家在科研评估机构的相同点和不同点进行综合分析。

第二节　文献计量类的论文

人们对文献定量化的研究,可以回溯到20世纪初。1917年F.J.科尔和N.B.伊尔斯首先采用定量的方法,研究1543—1860年所发表的比较解剖学文献,对有关图书和期刊文章进行统计,并按国别加以分类。随着研究的深入,研究人员发现了表征词频分布的齐普夫定律、表征文献作者分布的洛卡特定律、确定某一学科论文在期刊中分布的布拉德福定律,并逐渐建立了围绕这三大规律的学科——文献计量学①。一篇文献计量类文章一般包括三部分内容,每个部分不一定要同时出现在一篇文章中。第一部分为主题领域共现分析,第二部分为科研合作网络分析,第三部分为共被引和耦合网络分析

一、主题领域共现网络分析

在科学计量研究中,可以按照学科领域建立词频词典,从而对科学家的创造活动作出定量分析。依据共词分析方法在文献信息中提炼能够表达文献核心内容的关键词,或是根据主题词词频的高低分布,来研究该领域的发展动向和研究热点。本部分以《基于知识图谱的水资源承载力研究的文献计量分析》②为例。如图8-5所示。论文作者以"水资源承载力"作为关键词,选取CNKI和WOS两个常见的科技文本数据库,将该领域的文献数量、学科分布、期刊分布、发表时间进行深入分析,综述了水资源承载力的研究进展。同时,该论文作者运用VOSviewer工具绘制水资源承载力领域的研究热点图,得到"水资源承载力"研究领

① 邱均平:《文献计量学》,科学技术文献出版社1988年版。

② 金菊良、陈鹏飞、陈梦璐等:《基于知识图谱的水资源承载力研究的文献计量分析》,《水资源保护》2019年第35卷第6期,第14—24页。

域中的 6 大关键词类簇，并根据关键词提炼出 6 个研究主题和 3 个研究重点。

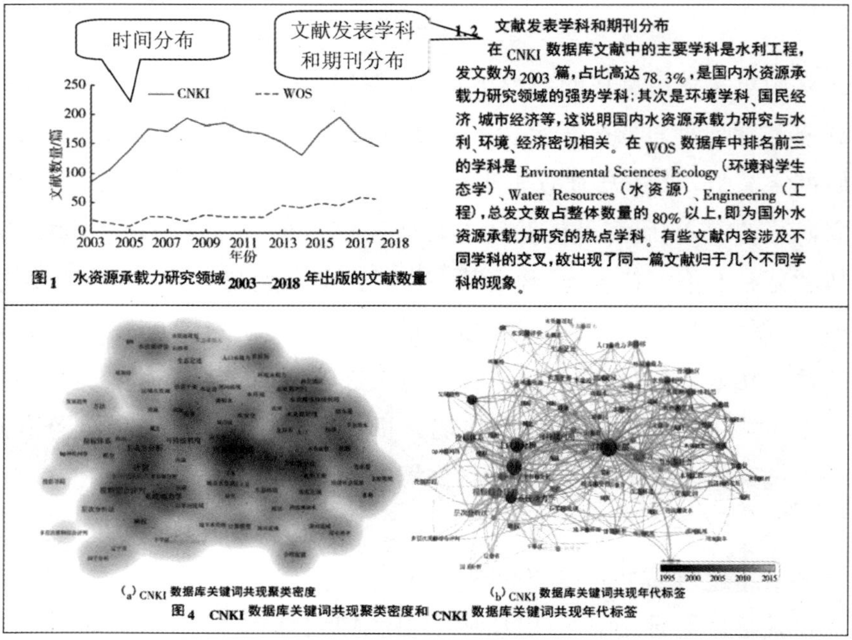

原文解释：

图(水资源承载力、水资源、承载力这 3 个关键词频次过高，影响可视化图谱的可读性，故在图中可视化节点处理时未予显示)。由图 4(a) 可知:这 6 个聚类之间存在一定的混合部分，如主题 5"水安全"夹在了主题 1"水资源管理"和主题 3"可持续发展"之间，说明各研究主题之间存在相互交叉、重合、渗透的部分，这是学术研究中普遍存在的现象，这也有助于水资源承载力研究的深入发展。由图(b) 可知:可持续发展、主成分分析等蓝色字体的关键词是学者们很久以前研究的热点，随着时代的变化，研究重点越来越偏向层次分析法、熵权法、生态足迹等。

图 8-5 主题领域共现网络分析文章举例

资料来源:《基于知识图谱的水资源承载力研究的文献计量分析》(金菊良，陈鹏飞等)

二、科研合作网络分析

早在 20 世纪 60 年代，被誉为科学计量学之父的 Price 就开始对科研合作进行计量分析①。科研合作是指研究者基于共同的研究目的进行合作,并充分交流本身所拥有的资源或能力②。不同的学者、科学家,基于相同的研究规范开展合作,交换信息和相互沟通,形成科学共同体③。常见的科学合作网络分析有三种:微观的学者合作网络、中观的科研机构合作网络、宏观的国家或地区的合作④。

本部分同样以《基于知识图谱的水资源承载力研究的文献计量分析》为例。本论文主要针对微观的学者合作网络作出研究。文章中作者依据普赖斯定律,通过科技文本数据统计与分析,研究得出我国"水资源承载力"领域的研究虽经历了近 30 年的发展,但尚未形成核心作者群和稳定的研究方向的结论。另外作者利用 VOSviewer 软件探究了作者的合作情况,不仅得出国内在关于"水资源承载力"的研究中已经开始形成多个产量较高的作者群的结论,而且通过知识图谱直观呈现了该研究领域的早期开拓者和新近活跃者。此外,作者利用赖斯定律并在取整原则的指导下,圈定 45 位国外的高产作者,其中固定作者较少,大部分属于临时性作者,缺乏对学科的持久研究和深入系统探讨。且国外该领域研究队伍整体规模与国内相比较小,一些高产作者的影响力没有得到充分发挥。核心作者的缺乏表现在国外并无活跃在这一研究领域的代表性学者。总体而言,在该研究领域中,无论是国内还是国外的都已经呈现了明显的网络特征,说明水资源承载力研究已经开始形成了多个产量较高的作者群,如图 8-6 所示。

---

① 李杰、陈超美:《Citespace:科技文本挖掘及可视化(第二版)》,首都经济贸易大学出版社 2016 年版。

② D.deBBeaver, R. Rosen:《Studies in scientific collaboration》[J]. Scientometrics . 1978 (1).

③ 崔鹤、王丹:《中国高等教育研究领域个体、机构及地域科研合作情况研究——基于 2016 年 18 家教育类中文核心期刊的合著文献分析》,《中国高教研究》2017 年第 4 期,第 48—55 页。

④ 李杰、陈超美:《Citespace:科技文本挖掘及可视化》,首都经济贸易大学出版社 2016 年版。

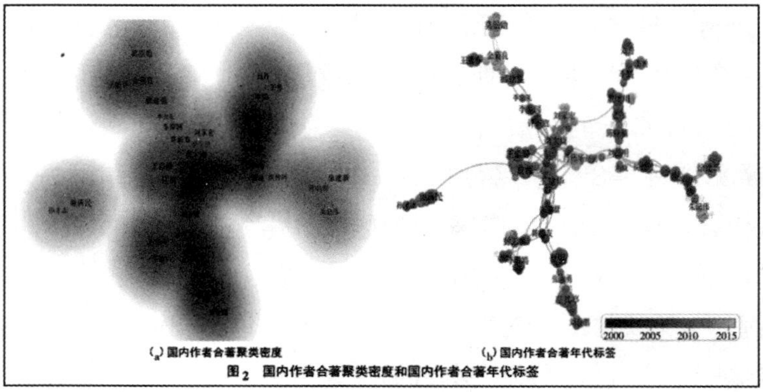

原文解释：

若作者所处位置颜色越浓、字体越大，则说明作者发表论文数量越多；若作者的姓名标签靠得越近，则代表合作越密切。由图 2(a) 可见，发文量较多的作者呈现出明显的网络特征，说明国内在关于水资源承载力的研究中已开始经形成多个产量较高的作者群。图 2(b)呈现了这些主要作者在时间上的分布，标签颜色越接近蓝色，说明该作者发文时间越久远且有的发文持续至今，是该研究领域的早期开拓者；标签颜色越接近黄色，说明该作者发文时间越近，是该研究领域的新近活跃者。

图 8-6　科研合作网络分析文章举例

资料来源：《基于知识图谱的水资源承载力研究的文献计量分析》（金菊良，陈鹏飞等）

三、共被引和耦合网络分析

在进行文献计量分析时，作者常用引文分析的方法。引文分析是运用数学、统计学和逻辑学的方法，对论文、专著等各种文献的相互引用现象进行分析，以揭示出其数量特征和内在规律的一种研究方法。在进行引文分析时，经常采用的计量指标有：引文率、被引用率、自引率、被自引率、影响因子、引文耦合、共被引。引文分析是文献共被引及耦合分析的基础。① 这些计量指标从不同的侧面体现了文献之间的内在联系，并在更深的层次上反映了文献所代表的事物运动规律。科学文献之间的引

① 陈悦、宋刚、郑刚、陈劲：《中国创新管理研究的知识结构分析》，《科研管理》2011 年第 32 卷第 2 期，第 10—19 页。

证关系说明:科学文献之间不是孤立存在的,而是相互联系,不断延伸的系统;科学文献的相互引证不仅反映了科学发展的客观规律,还体现了科学知识的积累性、连续性、继承性以及学科之间的交叉渗透。本部分将主要介绍共被引和文献耦合分析。

1. 文献共被引分析

文献共被引分析是进行有关学科结构和相关学科分析的较为客观的方法,是引文分析的一个重要内容,日益受到国内外学者的重视。共被引分析是指如果两篇论文 A 与 B 同时被其他文章引用,那么 A 与 B 之间就存在着共被引关系,同时引用 A 与 B 文章的数量称之为共被引度。共被引度越大,说明 A 与 B 之间的关系越密切,二者的学科背景越相似。共被引分析的主要对象是文章,它可以展示科学知识交流的情况以及科学共同体的状况。如果将共被引分析的对象延伸至作者、文献、学科或期刊,就形成相应的作者共被引分析、文章共被引分析、学科共被引分析和期刊共被引分析。目前共被引分析的技术手段已经比较成熟,在国内外,共被引分析多用于作者共被引分析和期刊共被引分析。①

2. 文献耦合分析

文献耦合的概念最早是由美国学者 Kessler. M. 提出的②,他发现越是学科或者专业内容相近的论文,它们的参考文献中包含的相同文献数量就越多。于是他把两篇论文同时引用一篇论文的论文(即共同的参考文献)称为耦合论文,并把它们之间的这种关系称为文献耦合。③ 所以文献耦合是指两篇文献共通引用的参考文献的情况④。2 篇文献共同引

---

① 陈悦、宋刚、郑刚、陈劲:《中国创新管理研究的知识结构分析》,《科研管理》2011 年第 32 卷第 2 期,第 10—19 页。

② Kessler. M.:《Bibliographic coupling between scientific papers》[J]. American Documentation .1963,24:123-131.

③ 陈远、王菲菲:《基于 CSSCI 的国内情报学领域作者文献耦合分析》,《情报资料工作》2011 年第 5 期,第 6—12 页。

④ 丁玉飞、王曰芬、刘卫江:《基于主题模型的科技监测方法及应用研究》,《情报学报》2015 年第 34 卷第 8 期,第 854—865 页。

用了 1 篇文献,那么这 2 篇文献存在文献耦合关系,且耦合强度为 1。当 2 篇文章引用 3 篇相同的文章,耦合强度为 3。以此类推,共同引用的文章数量越多,耦合强度越大,研究主题越是相近。文献耦合网络是静态网络,常用于分析作者、机构及期刊的相似性。①

从以上的例子与分析中可以看出,对于某一专业领域运用文献计量学的知识和技术来呈现知识图谱的研究方法来分析相关的论文,如它的被引用率最高的文章及其作者和发表时间,实际上,这只是其中最简单的统计功能。除了一些基本的统计功能之外,作者还可以在软件形成的图谱上看出来近期研究的高频词汇,进而观测出来整个领域的研究热点,亦可以通过进一步的分析,预测未来研究的重点。除此之外,作者也可利用文献数据库来做一些热点观测和未来展望,其中文献计量的方法发挥着重要的作用。

---

① 陈远、王菲菲:《基于 CSSCI 的国内情报学领域作者文献耦合分析》,《情报资料工作》2011 年第 5 期,第 6—12 页。

第四部分

投稿也是一种艺术

第九章

投稿准备

学术论文的发表过程是作者学术成果公开展示，并发挥学术交流作用，促进学科发展的关键环节。公开发表的科研成果会得到同行的关注和讨论，通过思想的碰撞，对学者后续的相关领域研究起到极大的促进和启发。

一篇学术论文初步完成后，还需要做大量的修改、完善工作，不断地对比先进成果、交流反思，在此基础上，对论文进行精心的修改和润色，保证论文的真实性和原创性，再予以投稿。本章主要讨论学术论文投稿前的准备工作。

第一节　关注期刊的动态与分布

一、人文社科类学术期刊

学术期刊是经过同行严格评审，以学术论文为主的期刊类型。学术期刊刊发的文章通常涉及特定学科，对不同研究领域的科研成果进行展示，文章内容主要以原创研究、综述文章、书评等形式为主。

2014 年，国家新闻出版广电总局组织有关专家严格审定，确定了第一批认定学术期刊名单，含 5756 种①；2017 年，国家新闻出版广电总局确定产

① 关于第一批认定学术期刊名单公示，国家新闻出版广电总局。

生了第二批学术期刊名单，共 712 种①。

社科类的学术期刊包括科技核心期刊（统计源期刊）、中文核心期刊、CSSCI、CSCD、双核心期刊，内容涉及哲学，语言学，文学，历史学，考古学，经济学，政治学，法学，社会学，民族学，新闻学与传播学，图书档案、情报与文献学、教育学、统计学、管理学，心理学等。出版类别主要有综合性社科期刊，专业性人文期刊，高校综合性社科学报三大类。

二、选择投稿期刊

学术论文初稿撰写过程中，作者就应该有目的的考虑投稿期刊，完成初稿后应该大体确定 2—3 个适合投稿的期刊。因此锁定投稿期刊是论文进入投稿阶段的第一步，影响着整个投稿过程，因此精准选择投稿期刊也是一门重要的学问。这就需要作者对本领域重要的期刊及其影响因子、审稿周期等进行全面的了解，对自己文章研究内容、具体领域、文章类型有一个比较清晰的判断。

1. 初定预投稿期刊范围

论文投稿前，需要先选定合适的投稿期刊，这一步间接决定了我们论文发表的概率、文章修改的方向等重要内容，可以说是学术论文发表的关键步骤。

学术期刊 2—3 个月的审稿期使得作者精准选择期刊范围变得非常重要，通常来说，向哪些刊物投稿，作者在写作之前或者写作过程中就会有一个大致范围。具体到投稿期刊的选择，有三个基本步骤。

首先，作者需要根据论文选题、同类题目的发表情况、文章学术水平和自己发表需要，拟定一个期刊清单。其次，研读清单中的期刊，了解其文章风格、栏目设置、近期选题、学术影响力等，据此进一步缩小欲投期刊的目录范围。最后，依据文章的学术水平、期刊的影响因子、发表周期等对期刊进行先后排序，选定投稿期刊。在这个过程中，作者可以很方便地在网上查到不同期刊的投稿经验，作为参考。

---

① 关于第二批认定学术期刊认定情况的公示，国家新闻出版广电总局。

2. 明确期刊栏目

投稿之前一定要仔细研究已经选定期刊是否有与你自己所写文章具有强关联性的栏目。以《管理世界》期刊为例，此期刊明确解释了其每一年的栏目设置和关注重点，可以给予投稿的作者很好的指引作用，见图 9-1。

2019 年《管理世界》栏目设置及关注重点

一、本刊专稿。重要研究报告及约稿。

二、庆祝新中国成立七十周年。围绕庆祝新中国成立七十周年主题，征集经济和管理领域的相关政策研究与学术研究论文，组织举办系列学术研讨会。

三、理论经济学。包括政治经济学、经济思想史、经济史、西方经济学、世界经济、人口、资源与环境经济学等学科。重点关注习近平新时代中国特色社会主义经济思想、中国特色社会主义政治经济学。

四、应用经济学。包括国民经济学、区域经济学、财政学（含税收学）、金融学（含保险学）、产业经济学、国际贸易学、劳动经济学、统计学、数量经济学、国防经济等学科。

五、农业·农村·农民。

六、公共管理。包括行政管理、社会医学与卫生事业管理、教育经济与管理、社会保障、土地资源管理等学科。重点关注国家治理体系和治理能力现代化问题，涉及政治学、社会学相关内容。

七、工商管理。包括会计学、企业管理（含财务管理、市场营销、人力资源管理）、旅游管理、技术经济及管理等学科。含工商管理理论与实践（案例）研究。

八、理论述评。问题由来，研究现状问题、评价判断、未来研究方向。

九、管理科学与工程。重点关注国之重器与重大工程中的管理学问题。包括：1. 国之重器（如两弹一星、航母、神舟飞船、C919 大飞机、北斗卫星导航系统、“蛟龙号”载人深潜器）中的管理学问题；2. 重大工程（如三峡工程、高铁、港珠澳大桥、青藏铁路、华龙一号）中的管理学问题；3. 大科学装置（如正负电子对撞机、FAST 天眼、散裂中子源、“墨子号”量子科学实验卫星、大洋一号）中的管理学问题。

图 9-1　《管理世界》栏目设置

如对于教育学专业来说,“效率测量”相关的文章可能需要定位到“教育经济”栏目,进而可以初步考虑《教育研究》或《清华大学教育研究》;“国际比较”相关的文章可能需要定位到“比较研究”相关栏目,进而初步锁定《比较教育研究》《外国教育研究》或《全球教育展望》;对于管理学专业来说,“技术创新”相关的文章可能需要定位到“科学技术”相关栏目,进而初步考虑投稿到《科研管理》或《科技进步与对策》期刊等。“重大项目管理和协作”可以考虑“管理科学”栏目或者“项目管理”栏目,因此可以考虑投稿《管理世界》。另外,需要着重关注前几期的重要领域,关注期刊的动态变化、热点问题、栏目调整等重要信息,这些都是可以提高我们论文发表成功几率的关键点。

3. 分析撰写文章的类型和风格

作者应该对自己文章的类型和风格有一个明确的定位,以此来判断文章更适合投稿到哪个类型的期刊。首先,作者应从文章类型、风格、内容、篇幅等角度,将自己的文章与多个初选期刊做一个合理的匹配,从而从众多的期刊中划定自己的投稿范围。其次,通过初定范围,进一步从这些期刊内寻找自己文章可投的栏目。

概括而言,在分析自己所撰写文章的基础上,初定期刊范围,初选期刊栏目,是每一位作者投稿的前提条件。

第二节 解读期刊的类型与风格

一、解读期刊写作风格

期刊风格是指期刊在内容、版式、领域等多方面呈现出的个性化特征,包括学术风格和版面布局风格。学术风格是期刊特定的学术领域、研究趋势、研究方法等风格特性。即使同一学术领域的期刊在学术风格上也会出现很大差异。这时候需要作者对自己所选择期刊学术风格进行解读,进而明确自己论文的修改计划和修改方向。版面布局风格指期刊在排版、格式、布局等整体设计上的风格，也被认为是版式要求。影响力高的期刊会影响论文的“被引率”，所以作者对期刊风格的解读应该是全方位的，既要考虑期刊学术风格也要考虑版面布局风格。期刊学术风格偏好应该是作者关注的重点，对于社会科学研究者而言，期刊的计量分析、实证研究、质性研究等风格偏好，是作者需要了解的。确定自己论文的研究方法和文章类型与期刊风格的匹配度，有针对性的投稿，文章被录用的概率一定会有所提高。

1. 解读期刊“投稿须知”

大多数期刊都有相应的投稿须知，对期刊定位、专注领域、字数要求、参考文献格式、投稿方式、版权问题、稿件查询等信息提出明确要求，以《管理世界》、《公共管理学报》两个期刊投稿须知为例，可以看出两个期刊的投稿要求有相同之处，也各有侧重的提出明确要求，见图 9-2，9-3 所示。

《公共管理学报》投稿须知

(1) 文稿著作权属于作者，文责作者自负。作者若不允许本刊对文稿做删改，请在来稿中声明。

(2) 我刊已许可中国学术期刊电子杂志社等单位以数字化方式复制、汇编、发行、信息网络传播本刊全文。该项著作权使用费将用作本刊编辑出版纸质期刊，本刊目前不向作者收取任何形式的版面费及审稿费，也不向作者支付稿酬。作者向我刊提交文章发表的行为即视为同意我刊本条声明。

(3) 文稿请附中文摘要（体现“研究问题、应用方法、得出结论”），作者简介（作者姓名、出生年、性别、毕业院校、学位、职称、研究方向）；注明通讯作者的 E-mail、电话。

(4) 来稿如获得某种研究基金或课题资助，请在论文首页左下角注明课题的名称和编号。

(5) 参考文献标注采用顺序编码制，根据国家标准《文后参考文献著录规则》(GB/T 7714-2005) 的要求在论文中进行标注。

(6) 投稿方式：电子信箱投稿，作者投稿 30 日后，可通过电子邮件或电话查询审稿信息。

图 9-2　《公共管理学报》投稿须知

《管理世界》投稿须知

一、研究中国问题,讲好中国故事。文章应主要围绕中国的现实经济和管理问题展开分析,力求资料翔实、逻辑严谨、行文规范。文章须在系统阐述相关典型事实的基础上展开研究。不鼓励简单以中国数据重复国外已有研究的文章。

二、坚持原创性,严禁一稿多投。作者所投稿件须是自己完成的原创作品,且与该稿件内容无实质差别的作品,未曾被其他报纸、期刊、网络平台等公开发表或通知即将公开发表。对于"一稿多投"的情形,一经发现,本刊将在10年内不接收其投稿。

三、投稿的文章每篇不应超过5位作者,每篇文章的署名作者及署名单位只允许做一次更改,并向编辑部提供有每位作者亲笔签名的书面及电子版更改声明后(各一份),署名更改方能生效。

四、文章应对已有文献进行学理性梳理和评述,并在正文中明确说明其对本学科的学术贡献,需注重文献评述的逻辑性。

五、倡导研究方法多样化,包括定性与定量研究方法,但所有的研究方法都须遵循严谨的学术规范。如果是实验研究,我们一般不接受以本科生作为实验对象的研究,除非该实验样本相对于其研究问题是合适的。

六、编辑部在审稿过程中,若向作者索取文章所用的研究数据,作者应提供这些数据。为了促进知识传播,在文章发表后,若读者向作者索取文章所用的研究数据,作者也应配合提供这些数据;若作者出于合理原因无法提供研究数据时,应详细说明获取这些数据的途径。

七、鼓励作者在投稿文章中阐述该项研究的背景(学术研究背景与政策、现实背景),以及未来研究的可拓展方向。

八、请作者在投稿前按照本刊的投稿格式要求对投稿文章进行核对,并仔细校对文章内容,避免出现语句、词语和文法等常见的错误。投稿文章的格式和文法内容,也将作为审稿依据。

九、投稿方式《管理世界》实行网络在线投稿。请作者注册时用实名注册,方便投稿后编辑审稿。作者注册并通过系统审核后,即可上传自己的稿件,稿件上传后,系统自动生成唯一的稿件编号,此后作者可以通过作者在线投稿系统查询到已投稿件的实时处理状态。

十、版权

(1)请勿一稿多投。

(2)《管理世界》杂志不收取任何费用,不支付稿费。

(3)文章在《管理世界》发表后,其版权归《管理世界》杂志社所有。文章发表后,作者仍可以在正常的教学和研究活动中继续使用其文章,但若作者希望将文章用于商业用途,例如以书籍或网络形式重新出版其文章,则需获得《管理世界》杂志社的书面许可。

十一、稿件查询

作者注册投稿后,可在《管理世界》官网(http://www.mwm.net.cn/)点击"作者在线投稿"进入投审稿系统,输入您的姓名与密码进入系统,查看稿件情况。进入匿名审稿程序的文章,如超过60个工作日可以打电话咨询(010-62112235)。

十二、特别声明本刊没有委托任何单位、个人为本刊组稿。本刊不收审稿费、版面费。

图9-3 《管理世界》投稿须知

两个期刊投稿要求相同之处如下。

第一,均不收取版面费;

第二,均对投稿方式和查稿方式进行了详细说明;

第三,均对“一稿多投”现象予以严厉处理,并都对文章版权进行严正声明;

第四,均对作者信息有明确规定。

同时,两个期刊对其他方面的内容各有侧重。

《公共管理学报》期刊详细说明作者简介内容要求、摘要内容要求、参考文献要求。并提出文章著作权责均属于作者本人,文责自负。

《管理世界》对文章内容有比较明确的要求,并文章内容和研究方法提供了启示和引导。例如,要求稿件内容“围绕中国的现实经济和管理问题”,并倡导研究方法的多样性,同时对文献评述也有具体要求。值得注意的是,对审稿过程中,作者数据提供进行特殊说明。

每位投稿人都应该仔细解读期刊的投稿须知,建议对照着一篇或几篇已经刊登的文章与“投稿须知”进行参照解读,会对投稿要求有一个更清晰、更明确的认识。

2. 解读期刊热点话题

同一期刊不同时期的热点话题和关注方向多数情况下是不一样的,这也正是论文发表的契机。因此提高论文成功发表概率,关注期刊年度报告和解读热点话题是必不可少的。大多数期刊是会有专门的年度报告,以《教育研究》期刊为例,2019 年(第 3 期)发布了“2018 中国教育研究前沿与热点问题年度报告”,对 2018 年的热点话题进行总结。另外,编辑部在 2019 年 3 月份发布了当年重点选题征稿参考,对 2019 年重点收录主题进行明确阐述。同样,很多期刊的官方网站也会有最新的热点动态,需要作者紧密掌握期刊动态,把握学科热点关键词。

学术期刊的热点话题选择,决定了期刊在一段时间内发稿的方向和思路,当然,这并不意味着,不在学术期刊选题范围之内的论文就无法被选用,只是符合刊物选题的论文更容易引起编辑的兴趣。因此作者应密切关注专业领域内的理论前沿和社会热点，具体途径包括：第一，许多学术期刊会公布年度选题，作者可以以此作为参考；第二，许多知名网站、学者、研究团队会对年度热点问题进行归纳总结，如经济研究领域的“中国经济研究热点排名与分析”“当前中国经济热点问题研究”等；第三，密切关注各类国家级、省部级课题项目的申报指南，它们代表了宏观层面一段时期内的重要理论和现实问题的需求；第四，积极参加领域内的学术会议，可以获得大量实时信息，同时也可以了解同行的研究进展。

3. 解读期刊文章内容

解读期刊文章内容包括对全文章节布局的分析、对文献综述格式与内容的理解、对数据分析形式的梳理、对结尾形式的解析等多重内容的理解。只有全方位解读了期刊的文章内容，才能使自己的文章更符合发表标准。

（1）文章章节布局

对于文章的章节布局，不同的期刊会有不同的布局方式，其中第一部分的章节布局比较多样，不同的布局对应不同的写作方法，这是我们在投稿之前应该详细揣摩的。

有的期刊对第一部分没有明确要求，任何开头形式都可以。段落之间前后衔接合乎逻辑，引出问题，点明主题。可以没有明确标题，直接以一段话的形式引出全文，这部分内容包括研究对象、研究背景、研究意义等内容；也可以直接阐述相关概念或理论，并阐述前人的研究积累和研究现状等。

有的期刊以“引言”作为全文的第一部分，在引言中，指出与研究内容相关的时事热点、研究必要性等内容，引出研究问题。

有的期刊稍有不同，会要求投稿文章以“绪论”作为开头第一段，综合叙述研究背景、研究意义、研究综述、研究创新点等相关问题。

还有一些期刊会以“问题的提出”来引出全文。在该部分详细说明研究问题是在怎样环境和条件下提出的，或者直接阐述现实的问题和矛盾，直接阐述文章主旨。详见示例图 9-4。

没有标题仅是一段话开头

第32卷第4期　　清　华　大　学　教　育　研　究　　Vol. 32, No. 4
2011年8月　　TSINGHUA JOURNAL OF EDUCATION　　Aug. 2011

高校科研投入与产出的相关性分析: 1991- 2008

吴　杨[1]　何光荣[2]　何晋秋[1]
(1. 清华大学　公共管理学院, 北京　100084; 2. 中铁保险公司, 北京　100000)

高校是我国科研产出的重要基地, 它具有学科综合, 知识种类多样的特点, 可根据不同的要求, 通过多种方式①调配资源进行交叉学科的科研活动, 高校一直被认为是"知识中枢", 是推进国家和区域创新和经济发展的重要力量②。我国科研基础较为薄弱, 如何根据社会需求提高科研产出的数量和质量是我国高校科研工作当前面临的重要问题, 也是我国制定相关教育科技政策的重要依据, 研究高校科研投入对其产出的影响具有重要的现实意义。

国内外学者的相关研究已取得一定的进展。在诸多文献中, 针对高校科研投入与产出的研究主要集中在高校科研投入对其产出的作用和影响, 取得的结论不尽相同: 大部分的研究认为科研投入可以促进高校的科研产出③, 豪斯曼等研究表明 R& D 人员和经费投入与专利产出之间存在显著的因果数量联系④; 而有的学者发现 R& D 人员投入与高校专利产出之间没有显著的相关性⑤。目前, 很少有文献定量

一级标题为"引言"

)11年3月　　高 等 教 育 研 究　　Mar. , 20
2卷　第3期　　Journal of Higher Education　　Vol. 32　N

高校基础研究投入与产出的相关性分析: 1991- 2008

吴　杨, 苏　竣①
(清华大学 公共管理学院, 北京 100084)

一、引　言

基础研究的目标是拓展对世界的基本认识, 其产出是一般知识以及对自然界及其规律的认识。[1] 高校基础研究的投入和产出效益是衡量我国高校科技活动绩效的核心标志, 也是我国及高校制定相关科技政策的依据, 因此研究两者的关系具有重要的现实意义。目前, 针对我国高校进行基础研究投入与产出的相关性研究较少, 部分文献对我国高等教育及高校基础研究经费的发展趋势进行了预测[2-3]; 部分文献对我国高校基础研究投入结构及现状进行了对策分析[4-5]。很少有文献能够定量地研究高校基础研究投入及人均投入对其产出的影响。而且大多数的研究仅考虑科研人员数量的影响, 很少考虑高校教师人均投入基础研究时间对高校科研产出的影响。笔者主要针对高校基础研究投入和产出的相关性进行分析, 并在两者之间建立模型, 测算高校基础研究的投入、人均投入及其增长率的变化对其产出的影响, 并确定其相关程度。在此基础上, 笔者提出了有针对性的政策建议。

续表

一级标题为“绪论”	复旦教育论坛 2018年第16卷第3期 Fudan Education Forum 2018. Vol.16·No.3 .专 论. **主动性不同条件下导师指导风格对研究生创新能力差异性影响研究** ——基于九所大学的数据调查 吴 杨1,韦艳玲1,施永孝2,李明磊1 (1.北京理工大学 人文与社会科学学院,北京 100081;2.百度时代网络技术(北京)有限公司,北京 100085) 一、绪论 研究生群体是我国创新人才的重要组成部分,研究生教育是培养高层次人才的主要途径。2016年我国在校研究生人数为198.1万人,比2015年增长3.7%。[1]随着研究生在校生规模的不断扩大,研究生创新能力培
一级标题为“问题的提出”	第38卷 第1期 2019年1月 情 报 杂 志 JOURNAL OF INTELLIGENCE Vol.38 No.1 Jan. 2019 **大数据时代政府数据治理的政策分析*** 刘彬芳1 魏 玮1 安小米1,2,3 (1.中国人民大学信息资源管理学院 北京 100872;2.数据工程与知识工程教育部重点实验室 北京 100872;3.中国人民大学智慧城市研究中心 北京 100872) 摘 要 [目的/意义]国家有关大数据治理的政策较为零散,没有形成统一规划,而学术界又缺少对相关政策的整体研究分析。因而文章致力于分析我国现有政府大数据治理政策的现状,以期完善政府大数据治理的政策体系。[方法/过程]构建了包括政策工具维度和大数据治理的核心概念体系维度在内的二维政策分析框架,采集了24份国内相关政策样本,通过87个内容分析单元的政策文本量化分析,对政策样本进行了统计和分析。[结果/结论]研究发现我国有关大数据时代政府数据治理政策绝大部分集中于中观层次,宏观层次的政策内容相对较少;从政策工具视角来看,供给面、环境面和需求面的政策内容较为均衡。 关键词 数据治理 大数据 政策分析 政策工具 1 问题的提出 2015年10月,党的十八届五中全会通过了《中共中央关于制定国民经济和社会发展第十三个五年规划的建议》[1],首次提出实施国家大数据战略和网络强国战略[2]。2016年4月19日,习近平总书记在网络安全和信息化工作座谈会上进一步指出,“信息是国家治理的重要依据,要发挥其在这个进程中的重要作

图 9-4 文章第一部分的写作方式举例

资料来源:《高校科研投入与产出的相关性分析:1991—2008》(吴杨,何光荣等);《高校基础研究投入与产出的相关性分析:1991—2008》(吴杨,苏竣);《主动性不同条件下导师指导风格对研究生创新能力差异性影响研究——基于九所大学的数据调查》(吴杨,韦艳玲等);《大数据时代政府数据治理的政策分析》(刘彬芳,魏玮等)

(2)文献综述格式及内容

关于文献综述,大部分管理类期刊希望投稿文章要有专门的“文献综述”部分,且需将文献的研究现状进行深入透彻剖析提炼,高度总结。部分期刊则对是否单独列出“文献综述”,没有做要求和引导,视作者论文撰写目的和内容而定。如图 9-5 所示。

专门列出文献回顾	《管理世界》(月刊) 2019 年第 10 期 **二、文献回顾、理论分析与研究假设** **(一)资本结构动态调整的影响因素** 动态权衡理论认为,公司存在最优资本结构,也称为目标资本结构(Fischer et al.,1989;Byoun,2008)。但在现实情况中,公司的实际资本结构往往偏离目标资本结构。对于一个以公司价值最大化为目标的企业来说,不会让其资本结构长期偏离最优水平,在其动态发展过程中,企业必然会进行趋向目标资本结构的动态调整。然而,由于信息不对称和代理问题的存在,管理层并不必然遵循公司价值最大化的原则去进行资本结构动态调整(Morellec et al.,2012;林慧婷等,2016;盛明泉等,2016)。从现有文献体系来看,学术界主要从宏观环境状况和微观企业安排两大方面开展对资本结构动态调整影响因素的研究。 在宏观环境状况方面,已有研究发现,市场化进程、法律环境、媒体报道及经济政策不确定性等会对企业的资本结构调整行为产生影响(姜付秀、黄继承,2011;黄继承等,2014;林慧婷等,2015;王朝阳等,2018;Cook and Tang,2010)。但是,以上文献均存在一个共同的特点:没有将研究聚焦到某一项具体的宏观制度或者宏观政策上来。因此,本文基于资本市场的一项“准自然实验”,考察融资融券制度实施与公司资本结构动态调整之间的关系,探讨一项具体的制度是否及如何影响企业的资本结构调整行为,相比于前人的研究,本文尝试将影响企业资本结构调整行为的宏观环境因素研究向更深入和细化的方向推进。 在微观企业安排方面,黄继承等(2016)研究了经理薪酬激励与资本结构动态调整之间的关系,发现经理薪酬越高,公司向上调整资本结构的速度越快,而向下调整的速度越慢;盛明泉等(2016)则从股权激励的角
引言里进行文献综述	第37卷 第1期　科 技 进 步 与 对 策　Vol.37 No.01 2020年1月　Science & Technology Progress and Policy　Jan.2020 **矛盾思维对创新绩效的影响:员工跨界行为与关系冲突的作用** **0　引言** 在激烈的市场竞争中,持续且有效的创新能帮助企业获得有利的市场地位,是引领企业发展的重要动力[1]。企业创新活动充满各种矛盾,诸如开发式创新与利用式创新之间的矛盾以及创新过程中新颖性要求与实用性要求的矛盾等[2,3]。已有研究指出,企业管理者及员工应具备恰当的思维方式,以认识充满压力与冲突的复杂工作环境,积极应对、化解冲突与矛盾带来的压力并整合、协调各种相互矛盾的需求,进而突破创新瓶颈,获得更高的创新绩效[4,5]。 恰当的认知思维方式是员工有效发挥创造力并实现创新的个体层面因素[6]。矛盾思维作为一种应对互相矛盾的事物,从中发现新机会并感受新动能的积极思维方式,已被研究证实与员工创新绩效存在显著正向关联[4],但矛盾思维促进员工创造力和创新绩效的过程机制及动机原因仍未探明,有待深入发掘[7]。 以个体与团队动机综合理论模型为基础[8],本研究将探究矛盾思维影响员工创新绩效的路径机制。依 收稿日期:2019-06-24 基金项目:中央高校基本科研业务费项目(19XNH057) 作者简介:张柏楠(1983—),男,山东青岛人,中国人民大学劳动人事学院博士研究生,研究方向为领导力与员工绩效行为、道德选择与道德决策;徐世勇(1972—),男,河北衡水人,中国人民大学劳动人事学院教授,研究方向为领导力与员工绩效行为、员工招募与选拔;王继新(1996—),女,北京人,中国人民大学劳动人事学院硕士研究生,研究方向为国际人力资源管理。

图 9-5　文献综述部分的写作方式举例

资料来源:《融资融券制度与公司资本结构动态调整——基于“准自然实验”的经验证据》(黄俊威,龚光明);《矛盾思维对创新绩效的影响:员工跨界行为与关系冲突的作用》(张柏楠,徐世勇等)

(3)文章数据分析

数据分析是一篇文章的重中之重,如何进行数据分析,和即将投稿的期刊有密切的联系。如图 9-6 所示。

对产生数据的原因进行分析

高校基础研究投入与产出的相关性分析：1991－2008

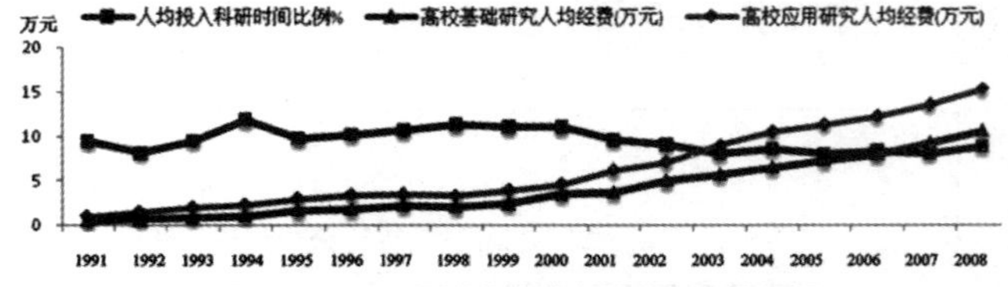

图5　1991－2008年高校基础研究人均经费及人均投入时间

以后(如图5所示)。1991年人均投入基础
作时间比例为9.46%，而在1994年该值达
高，为11.86%，2008年仅为8.81%。1991
年间，高校从事基础研究的人员数增长了近
2008年平均投入基础研究工作时间却不到
的75%。上述情况产生的原因：第一，由于
98年实施高考扩招，使得学生数量逐年增
教师的教学任务不断加重，这也能够解释教
科研投入时间比例从1998年开始逐渐减少
。第二，由于笔者研究的是各类高校总体情
层次的高校对专职教师下达任务指标偏重

不同，一部分高校偏重于科学研究，另一部分
重于教学，使得教师人数不断增加，但投入科
时间并没有相应增加。第三，我国偏重于科
校，存在教师用于科研的时间和精力不断减
况，教师受到市场利益驱动，在职期间做其他
高的兼职工作。这些情况都是高校教师人均
础研究的时间投入降低的主要原因。

5. 高校被国际SCI系统收录的论文占例最高

从科技论文的产出指标看，1991－2008
高校被SCI系统收录的科技论文占我国

只分析数据结果，不分析产生结果原因

· 106 ·　清华大学教育研究(2011年第4期)

3. 高校科研人力资源不断增长，但人均投入科研时间比例降低。高等学校R&D人员不断增长，从1991年的14.5万人增长到2008年的26.7万人，增长近1倍，但占全国R&D人员比重近几年不断下降。1991年高校占全国R&D人员比重为21.6%，2008年降为自1991年以来的最低值13.6%。1991年－2008年，高校占全国R&D人员的平均比重18.5%，而高校占国家科学家工程师比重相对更高，平均比重为23.87%，说明高校仍依然是我国科研工作的主要阵地，吸收了大量的专职科研人员，如图3所示。

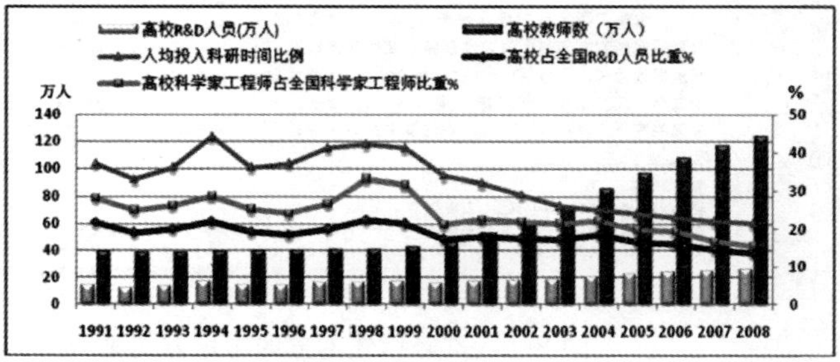

资料来源：1991年－2008年全国教育事业发展统计公报

图3 1991年－2008年高校R&D人员及教师人均投入科研时间

高校教师人均投入科研工作时间直接影响到科研成果的产出和科研质量的提升。虽然我国高校教师得到了快速增加，但是从教师人均投入科研工作的时间比例(全时研发人员当量/大学教师总数)看，1998年后高校专职教师投入科研的人均时间却不断降低，如图3所示。1991年高校专职教师人均投入科研工作时间为37%，2008年人均投入科研工作时间仅为21.5%。我国高校教师人数从1991年的39.08万人增长

图9-6　数据分析部分的写作方式举例

资料来源：《高校基础研究投入与产出的相关性分析：1991—2008》(吴杨，苏竣)；《高校科研投入与产出的相关性分析：1991—2008》(吴杨，何光荣等)

有些期刊要求在做数据分析时候，只需要对数据做出直观的解释，清晰地对数据结果进行描述即可；有的期刊则希望在阐述数据结果的同时，作者能够对产生数据的原因进行深入分析。这类论文的数据分析通常分为两部分，一是要先进行数据结果的解释，二是挖掘产生数据结果的原因。对作者而言，明确期刊相关文章对数据分析的思路是极为重要的。如果该期刊的大部分文章是数据分析和原因挖掘同时进行，应该增加文章"数据分析"部分的丰富程度；如果大部分是先做数据分析，数据背后的原因在结论里统一说，那么作者的文章也可以考虑这种模式和思路进行写作。

(4)文章结尾内容

很多期刊在论文结尾内容上有自己的偏好，有的期刊结尾大部分是"结论"，有些期刊多数文章的结尾是纯粹的数据分析；有些期刊希望作者提出政策建议或者具体的实施措施。而现在越来越多期刊注重论文结尾阐述"预测与展望"的内容，如《管理世界》《科技进步与对策》等期刊比较期待在特定领域有经验、有思想的专家学者，通过理论积累和实践总结，对文章所论述主题未来的发展状况进行预测。因此，不论是哪个领域的研究者都应注重所在学科或研究领域未来的发展趋势。具体参见第七章第五节中的图 7-13。

二、雕琢文章

按照有关学术规范和行文规则以及拟投学术期刊的相关要求，修改和完善论文内容和结构，这是论文投稿前的一个重要过程。

选择好投稿期刊，按照规定格式修改文章之后，下一步要做的就是雕琢文章。雕琢文章是指在成型论文的基础上修饰文字和标题，使其更具有吸引力，行文体现学术价值，结构自成逻辑体系。

1. 提高论文吸引力

学术期刊编辑每天都要处理大量稿件，因此学术论文应该要很快引起编辑的兴趣，如何提高论文吸引力呢？

(1)雕琢论文题目

一些作者没有给予文章题目以足够的重视,但文章题目却非常重要,是全篇论文的关键所在。论文的逻辑性和严密性首先体现在文章标题的设置上。编辑拿到稿子,会依据文章的题目以及各级标题做出初步判断①。每一位作者都应明确论文标题的概括性特征,注意采用通顺、清晰并有吸引力的题目。成功的论文题目能够吸引编辑和读者的关注,是论文的第一个亮点。

使用学术文字。在已有题目的基础上,进行文字的雕琢。如"XXX 政策分析"不妨改成"XXX 政策解读","XXX 国际比较"不妨换成"XXX 国际视野"。

使用副标题。当文章目标比较明确且针对性较强,一句话难以概括通篇内容时,不妨使用副标题,将题目进行分解,让读者看完题目就对文章有一个明确的定位。

巧妙借用当下热点拟定题目。不同时期会有不同的热点话题,热点话题的关注度是毋庸置疑的,所以准备投稿之前,如果条件合适,不妨将热点带入论文题目中,增加关注度。

(2)明晰逻辑主线

逻辑主线是贯穿于整篇文章的思路和线索,逻辑主线明晰合理,是作者雕琢文章过程需要着重考虑的。逻辑主线的雕琢过程中,每段的中心句,每段之间的过渡句、每句之间的过渡词,都需要作者站在全局视角去推敲和修改,来充分标识各个部分之间的逻辑关系,依次来完善论文的宏观逻辑架构与微观细节概念。作者应做到以下几点。

第一,简化中心主旨内容。

每个部分第一段的第一句话,都应该是这部分的中心句。这种将一大段话的中心思想凝练成一句话的过程,是比较难的一个环节,但也是作者逻辑思维训练最好的机会。作者应有意识地将大部分段落的第一句话,都凝

① [美]温迪·劳拉·贝利彻:《学术期刊论文必修课》,教育科学出版社 2014 年版。

练成这段的中心句。这样一来编辑和读者,看到每段的第一句就大概清楚这段的主旨,逻辑主线就会简单而明确。

第二,论文应有一个中心主旨。

一篇论文只能有一个中心主旨,避免出现过多理论和新概念,每个概念应有明确的解释和来源。明晰逻辑主线的过程是对论文初稿无数次修改和细微调整的过程,无论是有着深厚写作功底的作者,还是初入该领域的学生,明晰文章的逻辑主线都是一件费心费力费时的"烧脑"过程。通常情况下,论文初稿完成后大致都不成熟,此时不要急于投稿,而是将文章放置几日再重新阅读,此时作者的思路会变得更加明晰,重新审视论文中心主旨的清晰度。

第三,核对论证过程。

学术论文的撰写过程是作者就某个问题展开思考和分析的过程,很多时候,思考的过程是逆向的,而作者论证陈述的过程大多是正向的。论证过程的严谨度是一篇论文的重要考核指标,在经过反复的修改后,论文的论证过程是否被破坏了,是否符合逻辑、是否依旧具有条理,这是在雕琢论文过程中要着重检查的。社会科学领域的研究,关键在于作者能够有理有据地论证自己的观点,而且论述过程应条理清晰、逻辑严密。

2. 善待读者,使论文尽可能地具有普适性

论文的受众群体是不同的读者,因此行文和内容应具有一定的普适性,让一般读者甚至外行读者能够基本看懂作者表达的主要内容,是作者在行文中应该考虑的。投稿之前,找不同领域的合作伙伴,来帮助自己进行校稿,这个过程包括检查错别字和病句,更在于看看其他领域内的人是否能够大概读懂投稿论文,以此来判断文章阐述语句的普适性和通用性。论文是给读者启发和支撑的,过度专业化的论文很可能会形成学术孤岛,因此不同领域的读者能够读懂作者的文章,是一种善待读者的表现。另外,通常情况下,基于思维定式,自己很难发现自己文章的错误,而旁观者能从不同角度找到文章的缺憾。同时在语句的运用上,要注意简洁明了,避免华而不实的语言,明确专业词汇与学术概念,尽量使用大家熟悉的词汇,使得论文的用

语更加符合学术刊物的规范标准与要求。

建议校稿时,选择显示器较大的电脑,或者打印纸质版论文,这样会有全局视角,发现一些自己之前没有注意到的问题。另外,不要默读,将论文读出声音,会更容易发现其中的问题。

3. 文章格式校对

论文的质量固然重要,但格式的规范性同样不能忽视。格式规范的论文可以给编辑和审稿老师留下良好的第一印象,同时这也是作者态度认真、作风严谨的重要表现,还能够体现作者对刊物的尊重和重视。所谓规范性并没有统一的标准,因学术期刊的不同要求而异。因此,我们在投稿前,务必要阅读欲投期刊的“投稿要求”,并参阅此期刊近期发表的论文的相应格式。

(1)要注意规范行文具体格式

论文的格式应按照拟投学术期刊征稿要求所规定的格式进行修改,特别是要按照期刊格式要求,对标题、摘要、作者简介、论文文字、参考文献等各个部分进行修改和调整,力图达到与期刊格式要求一致。很多期刊都有自己的投稿网站,在投稿的过程中,一定要认真阅读每一步的要求。其中需要特别注意的是,作者的相关信息一定要符合期刊要求,不然后期修改起来麻烦。再者,投稿文档是 word 版本还是 PDF 版本也要注意期刊的要求。

(2)要控制论文字数

不同的学术刊物,对论文字数有着不同的要求,投稿时应阅读各期刊的征稿启事,并对该期刊上已发表论文的段落字数进行核实,按照拟投刊物的来稿规律对自身论文的字数进行适当的调整。

(3)英文翻译部分应严谨和专业

文章题目、摘要、关键词,应严格按照英文的行文规则进行翻译和完善。英文部分在文章中的篇幅不大,通常也只涉及题目、摘要、关键词。翻译时除了避免英语单词、语法等内容上的错误,也应注意英文字体等段落形式问题,更要力求在投稿之前便落实相关细节,增强学术论文格式的规范性。

第三节　增加投稿的匹配机会

一、与期刊保持联系

1. 参加期刊举办的学术会议，积极投稿

首先是关注会议，期刊官方网站会提前发布会议消息。得知举办会议消息之后，按照参会通知，合理安排时间和行程。另外，学术圈会定期举办学术会议，如《科研管理》杂志定期举办"科技评价学术研讨会"至 2019 年已经成功举办了十九届。每次会议都是学术的交锋、思想的碰撞，为科技发展与进步提供着智慧和思想。

参加期刊的学术会议是十分重要的。首先，参会论文编撰摘要集作为论坛交流资料，经评选出的优秀论文将会被期刊直接收录。其次，大会和分会场的宣讲，会展示出领域内的前沿成果，增强知识传递、共享和转化速度。很多作者在学术会议后豁然开朗，甚至一些"百思不得其解"的问题看到了"柳暗花明又一村"的希望。

总而言之，通过会议论文的发言、评议和研讨，参与者可以对特定领域内的最新研究成果、前沿问题有所了解，认识到自身研究的不足，从而提升自身学术能力，完善学术论文，提高学术研究的创新性和学术论文的内在价值。

2. 争取编辑约稿

发表文章，不仅仅依靠投稿，编辑约稿也是比较好的路径。每一位编辑都肩负着促进期刊的学术发展责任，希望可以挖掘和刊登优秀的论文。越有影响力的期刊，其对文章地要求就越高。对于编辑而言，每期发稿编辑都严格把关，毫不懈怠。

好文章总是稀缺的，且创作周期较长，而能否兑现稿约、何时兑现稿约都有很大不确定性。所以，唯一的办法就是持续地、广泛地约稿，越是好的刊物，越有维持并提升刊发水准的压力与动力。实际上一些有影响力地期刊,是会鼓励编辑约稿的,因为维持并提升刊发水准的基础只有一个,就是持续不断发好文章。学术会议、长期合作等,都是作者争取编辑约稿的机会。对于学者而言,扎实学术基础,认真做好每一个研究,产出优秀的论文,自会有编辑来约稿①。

二、投稿注意事项

学术论文发表过程中,论文的思想性、原创性、创新性等内容是极为重要的,同时掌握一定的投稿技巧,也能有效提高论文的录用概率。以下将探讨一些有助于论文发表的注意事项。

1. 追踪学术前沿

一篇学术论文能够成功发表,除了文字表述通顺、格式符合要求之外,核心的问题在于通过学术论文所表述的科研成果是否具有创新性。

首先,从动笔到投稿,整个过程中都要持续收集、整理和阅读与论文研究相关的最新文献,对研究方向的最新学术发展动态有充分的认识,从而更加明确投稿时论文所体现出的新颖视角和观点,以及独特的学术价值。其次,学术期刊所刊登的论文,很大程度上代表了某一学科专业最新的发展走向,因此在投稿前,投稿者应当不仅对相关学术现状有充分的认识,还要对本学科专业的学术前沿动向有所了解,明确本学科专业最新的关注点,以及较为新颖的讨论点、争议较多的问题等。最后,还要注重学术研究应与时代发展紧密结合,使得学术论文的价值与社会发展需求、尖端前沿学科发展方向相符合。

2. 与专家或同行交流讨论

在投稿之前,作者应不断地与专家等学术前辈进行交流讨论,获得同行专家的意见和建议。某一学科领域的专家对本学科的研究问题有着长期的关注,对相关学术前沿、热点问题有着敏锐的洞察力及理论基础。同行专家的建议不但有助于作者精准的把握当前相关专业学术前沿,厘清自己看不

① 王雨雷:《学生论文写作与发表指引》,中国人民大学出版社2017年版。

到的盲点，甚至还能从讨论中，激发论文中新的创新点和文章构念。多一个人阅读，多一种视角，多一类意见，就会对文章有更客观的审视。可以帮助作者更好地提升论文质量。

3. 一稿一投

论文投稿的时候，期刊投稿须知中通常都会注明：请勿一稿多投，编辑更是非常反对作者“一稿多投”，因为这既浪费编辑的时间，也浪费审稿人的心血。当然，有一些稿件时效性很强，作者如果一味等待审稿周期结束，可能会错过发表的最佳时机。此种情况下，建议作者在投稿后一个月左右的时间，主动联系期刊，咨询稿件审稿进度，据此确定是等待还是改投。

4. 良好的学术素养

每一位学术研究者都应遵守学术诚信与道德，培养良好的学术素养和学术操守。投稿者必须确保学术论文中作者署名、文字表述、数据图表、引用文献、参考文献等内容的真实性和正确性，杜绝抄袭剽窃、捏造篡改、引用和署名不当等学术不端行为，这是投稿前的基本要求。

第十章

投稿的心理预期和准备

论文发表过程是一次具有成长意义的心理训练过程。投稿之后作者通常要面临拒稿、退修、可刊三种情况。作者在投稿过程中不仅要认真对待每一次审稿意见,还要进行投稿心理的预期准备,在心理层面去接受、去调适、去进步。本章主要阐释学术论文投稿过程及作者在此过程中经历的心理训练。

第一节　接受审稿意见的心态

一、投稿

投稿是文章进入期刊序列的第一步。核心期刊目前主要有三种投稿方式:一是邮寄打印稿纸质版寄给杂志社;二是在线投稿,通过期刊官网或者知网合作投稿;三是邮箱投稿,将稿件文档通过电子邮件方式投稿。当然,也不排除有编辑主动约稿的可能性。建议投稿之前通过“中国知网”(htp//www cnki net)、期刊官网等正规渠道查询期刊版权页信息,也可以联系杂志社咨询正确的投稿方式,一定要到官方投稿方式。另外,期刊的格式要求、风格等注意事项一定要明确,该内容第九章已经提到,此处不再赘述。

二、审稿

国内外期刊的审稿流程不完全一样,国外期刊在投稿时,有一些表格需要填写,这些表格能够帮助作者进一步思考和提炼文章的创新点和逻辑主线。

1. 国外期刊审稿流程

每个期刊都有自己审查的格式,有些期刊的审查格式是很简单的,就是要审查人写评语,然后决定修改或录用情况。国外的期刊的审查则比较复杂,会提出一些问题要审查者回答①。美国普林斯顿大学的温迪·劳拉·贝利彻教授,阐述了三类国外期刊的审查格式。如表10-1至表10-3。

第一,直接请审查人提供对该文章的评语、修正建议,以及审查结果;第二,表格前半部分标示某些问题请审稿人具体阐述,若回答这些问题之外,尚还有其他评语,后面备有空白处投稿人再补充说明(见表10-1);第三,表格前半部有李克特量表(Likert scale)或是简单的是非题,请审查人先勾选后再写评语(见表10-2、表10-3)。其实很多期刊的题目是大同小异的,有经验的评审专家都会依据上述的问题来评估这篇文章好或不好,在写完文章后,作者可以试着问自己这些问题,来检查自己的文章是否符合期刊的需求。

国外期刊除了投稿时填写审查表格外,后期的审稿流程与国内审稿流程相似,都要经历期刊内部初审和外部专家匿名的外审等环节。

表10-1　审查格式1

此研究对科学教育的重要性	文献使用契合度
清洗严谨的研究问题	论述的强度:概念清楚、逻辑和组织
资料收集:设计、抽样、工具	结果的讨论、呈现与诠释
资料分析	图表使用适切度
结论与启示的品质	

① [美]温迪·劳拉·贝利彻:《学术期刊论文必修课》,教育科学出版社2014年版。

表 10-2 审查格式 2

本篇文章是否有新的及重要的想法足以刊登在本期刊?
本篇论文探讨的问题是不是重要的问题,而且本问题也在文中清楚呈现?
本研究与相关文献结合很紧密吗?
本论文所使用的实验(或)理论方法有很翔实的描述吗?
本论文(如果有研究资料的话)很清楚及实地呈现研究资料吗?
本论文所使用的语言表达适切吗?
本论文的摘要很精简且涵盖重要的想法吗?

表 10-3 审查格式 3

这篇文章对于电脑应用于教育上是否有所关联?
摘要是否能精简地呈现文章的主要内容?
前言是否能提供良好的研究相关背景?
研究方法是否被适切地使用与分析?
研究结果是否被适切地描述与分析?
研究者所采用的资料是否能支持结论?
对于资料的诠释是否详尽、适切?
文章内容的安排是否流畅、适切?
该文章尚有哪一部分能够更精简地呈现?

2. 国内期刊审稿流程

国内期刊进行投稿成功之后,就会进入审稿阶段(见图 10-1)。审稿程序主要包括审稿和退修两个大阶段,审稿结果主要包括可刊和退稿两种可能性,不同期刊审稿流程略有差异。以下进行简单列举。

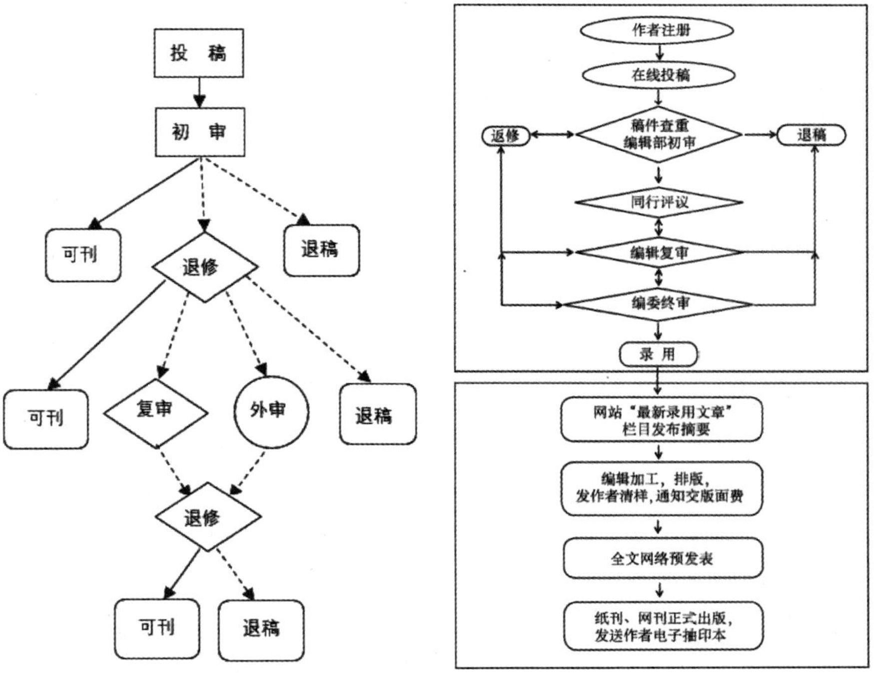

图 10-1　期刊审稿流程图

(1)初审和复审

通过官方渠道投稿的稿件，编辑部一般会进行登记处理，并安排相关栏目编辑进行初审，对论文的格式、内容是否适合杂志刊发等进行初步审核，并通过相应的方式反馈给作者，编辑初审的时间各个期刊情况不同(部分期刊的初审时间，约在 10—30 天左右)，初审的结果通常包含可刊(可以直接收录期刊进行发表)、退修①(提出修改意见、退回修改，进行再次审稿)

① 退修，指编辑部对那些从内容、结构、文字表达及编写格式等基本符合刊用要求，但有些地方仍需修改、补充的论文，在参考有关专家意见的基础上，由责任编辑把稿件中的主要问题清理出来提出明确、具体的修改意见，与作者沟通思想、交流信息、共同提高论文质量的一种方法。退修既是编辑对论文进行初步加工的过程，也是一项必须由作者亲自完成的工作。其目的是使论文更具科学性、创新性、实用性和可读性，并使其内容更符合所投刊物的办刊宗旨。要求作者在修改过程中补充遗漏的内容，改正文中不足，以最少的篇幅容纳最多的信息，为论文的顺利发表创造条件。

和退稿三种情况。复审是对作者初审修改之后再次投递的稿件进行再次审稿,不同期刊复审次数不同,同样,复审的结果通常也包括可刊、退修和退稿。

通常来说,经过初审后的论文则主要由责任编辑负责审阅、处理。责任编辑负责论文的编辑、校对和刊发。责任编辑熟悉期刊的风格、选题和规格,论文质量和风格是责任编辑对论文的初步印象。通过责任编辑审核,说明论文内容和风格符合期刊的基本要求。

(2)专家外审

通过编辑部审核(初审、复审)的稿件,要进入专家外审阶段。大部分期刊有相对固定的外审专家组,他们在相应的领域都有比较深厚的学术积累,了解相关领域最新的研究进展。初审通过的稿件会以"匿名"的方式发送给专家进行审稿,审稿专家在一定时间内给予审稿回复,编辑部综合3—5位专家的意见确定外审的结果,外审是大多数期刊审稿中的必经之路,时间较长一般为1—3个月。

外审意见可以提升期刊论文总体质量,避免作者的专业性错误,多角度规范论文的框架设计和逻辑主线。经过外审意见的修改,论文质量确实能被全方位的提高,特别是在论述文献研究的专业性、文章逻辑的科学性、研究结果的普遍性、文章行文的可读性等方面。另外,匿名评审还起到客观公正的作用,保证了学术研究地严谨性和科学性。

(3)主编终审

主编终审对论文的审核过程不是做加法,而是做减法。经过初审、复审、外审的论文,会送主编终审,进行期刊内部会议讨论。终审是论文审稿过程中的最后一个环节,终审的结果就是可刊和退稿。

(4)录用

通过以上审稿流程,期刊会以邮件形式邮寄录用通知,或者在投稿系统标明文章"已录用"的状态。在论文接收后,责任编辑会严格按照期刊格式对论文进行正式的排版和校对,经过作者的修改和确认,最后进行刊发。这期间作者还有机会对文章进行校对,比如作者信息、作者单位、语法、拼写、标点符号等。这个过程中,一般只允许小幅改动,不能再进行内容大部分修改。

(5)见刊

这步包括了清样定版、印刷出刊、邮寄刊物几个步骤,各需要半个月左右,有的甚至更长一些。

第二节　投稿中的心理锤炼

审稿结果通常包括拒稿、退修和录用三种情况,作者在文章被拒绝后如何自我安慰,写作的持之以恒到底有多重要?审稿之后,如何对待审稿意见?文章被录用之后的心态如何?投稿的心路历程中,有沮丧,有无奈,有喜悦,有兴奋,这些感受都是作者投稿后的心路历程,是锤炼,也是收获。

一、等待审稿结果

等待期刊的审稿结果是一个较为被动的过程。从投稿到收到审稿决议前,一般需要经历几个星期到几个月的时间,这和期刊的审稿流程有关。期刊收到稿件后会发送确认回执,多数期刊会告知审稿过程所需要的时间。

(一) 没有回复

如果投稿 2—3 个月依旧没有收到回复,作者可以给编辑发邮件或者电话咨询,礼貌地询问自己文章的投稿状态,或者到投稿系统里进行实时动态查询。文章投稿之后,可能会遇到很多突发情况,如编辑临时换岗、被遗漏,或者外审专家长时间没有审稿意见回复等情况,所以有些时候,审稿进度不是期刊可以控制的。作者可以通过编辑了解文章状态。如果编辑回复是还在审稿期,正在整理审稿意见的话,就耐心等待;如果编辑没有回复,那可能需要多次咨询并确认文章状态。一般来说国内期刊如果 3—5 个月没有回复,论文录用的可能性就不大,作者基本可以考虑改投其他期刊。撤稿之前,应通过电话和邮件等形式告知期刊。

(二) 等待中的我们

这个阶段,作者不要把等待期刊审稿结果看成一件重要的事,正常工作,弱化等待的重要性。在等待回复期间可以为文章改投他刊做准备,或为其他文章投稿做准备,也可以暂时休整。作者最佳写作的状态是有三篇文章齐头并进,一篇正在撰写中,一篇正在审稿中,一篇正依据某期刊审稿的意见进行修改。完成这一并行的过程说明作者完成的两篇论文,在等待审稿的过程中,可以进行一篇文章的撰写和一篇文章的审稿修改,如果投稿和审稿顺利,一年可以发表 2—3 篇文章。

二、如何面对审稿结果

审稿结果通常有三大类:拒稿、退修、可刊,如何应对不同的审稿结果,是本节主要探讨的内容。

(一)如果我们被拒稿了,请在拒绝中成长

大部分作者都有被拒稿的经历,应该做好"拒稿是常态"的心理准备。论文投稿被拒是令人沮丧的,但也是不可避免的,这是论文撰写过程中作者成长的必然经历。收到拒稿通知后,作者会有些失落,但应认真看完评语,礼貌地予以回复,不要因此难过甚而否定自己的论文,要调整心态,在拒绝中成长。有的期刊拒稿后,也会给作者一些修改意见,针对这些意见,作者应认真地看几次,每一次收获都会不同。同时认真分析被拒稿的原因,是期刊选择不合适,还是论文自身有待继续完善。如果是因为期刊选择不合适,作者重新选择最初划定的期刊目录中的下一个期刊即可。如果是论文自身的质量有待提高,则需要作者继续研读文献、请教专家和同行,以编辑评论的视角重新评价自己的文章,对论文加以修改和完善,此刻,也正是作者学习和进步的起点。

作者有多次不同期刊的投稿经历是一件好事,因为亲身经历的投稿过程,比向任何人咨询投稿事宜都更有感悟,而且不同的期刊有不同的要求、不同的观点,作者也能从审稿意见中学习以不同的角度来看待自己的论文,或者采用不同的研究方法、理论角度提升论文水准。只投自己熟悉的几个期刊,那可能会维持着较为固定的思维与方法,就个人长远的学术发展而言,容易受到局限。

（二）面对收到退修意见，请“不畏艰难”并认真对待

收到审稿意见，意味着论文有了被录用的希望，虽然只是万里长征的第一步，也是值得窃喜的。面对退修，作者应该有一个“不畏艰难”的心理准备，因为这一轮修改，是依据外审专家意见进行修改，而不是依据作者的逻辑思路进行修改。如果遇到的审稿意见是小修，那么很幸运，只需要好好回答审稿人提出的问题就好。如果评审专家给予了有明确的修改意见，无疑，也是幸运的，因为修改是有方向的，是可操作的。如果几个审稿人都给了大修的意见，那么这个论文修改过程则是较为复杂的。

1. 如何面对审稿意见

自己的逻辑思维和别人的逻辑思维通常是不同的。构念①是个人对待事物的一些观点，因此作者撰写论文时逻辑思路，和外审专家提出修改意见时逻辑思路，都会带有个人的主观偏好。这时两个不同的逻辑思路将使得作者面对修改意见时，暂时无从着手，但是作者应该怀着接受任何批评和修改的开放心态，好好斟酌。根据笔者以往面对修改意见的经验，回复审稿意见步骤如下。

（1）将不同专家审稿意见进行分类和汇总

将不同专家审稿意见进行分类和汇总，合并同类审稿意见，将一类意见进行归纳总结，理清思路，明确需要修改的内容和修改思路。

（2）推敲审稿意见并进行修改

外审意见主要包括三种类型，即必须要修改的意见、基于原文基础进行部分修改的意见、作者自行斟酌的意见。

第一类，必须要修改的意见。这些意见非常尖锐，会让文章水平有较高的提升。专家们对本领域极其熟悉，可以“一阵见血”地指出文章的“硬伤”，让作者无法回避，只能尽善尽美地进行修改。此类审稿意见，有

---

① 乔治·凯利（George Alexander Kelly，1905.04.28－1967.03.06，美国心理学家），将个人在其生活中经由对环境中人、事、物的认识、期望、评价、思维所形成的观念称为个人构念（personal construct），每个人的生活经验不同，个人构念自然也因人而异，因此个人构念就代表他的人格特征。这里对文章的构念，也就是作者对文章整体的认识和感知。

时需要我们重新更换变量，有时需要重新收集数据，这类意见通常能让作者的修改过程异常艰难，因为无论是变量的改变还是数据的重新收集，都要重新进行数据运算，不亚于重新写一篇新的论文。但此类外审意见，使得论文框架更合理、证据更明确、思路更清晰。因此我们要不遗余力地去认真修改，修改之后会发现自己的文章各方面有了大幅度的提升①。如图10-2所示。

第二类，基于原文基础进行部分修改的意见。这类意见，是我们比较容易修改的。因为这类意见中，有些内容是我们撰写时已经花费较大精力，总体不需要大修改，细节微调即可，只要解释说明为什么一些内容修改了，一些内容没有改动，一些内容只是微调即可。如图10-3所示。

第三类，自行斟酌的意见。不是每一条审稿意见都要进行修改。通常情况下，由于看待问题的视角不同，专家和作者在某些内容上的认识和逻辑思维是存在差异的。如果认为原文中的内容更能有利的说明作者的中心思想和突出主题，作者需要慎重思考自行把握，同时需要与期刊积极沟通并认真地给予详细说明，有理有据地与审稿人探讨。如图10-4所示。

(3)撰写“修改说明”，回复审稿意见

文章修改结束后，作者要以“修改说明”的形式认真回复专家审稿意见，“修改说明”是针对审稿意见进行文章修改之后的回复，主要详细阐述论文的修改思路以及修改内容。

针对三类审稿意见，以笔者曾经撰写的“修改说明”回复意见为例，分别进行举例说明，如图10-2、图10-3、图10-4所示。

① 蔡今中：《如何撰写与发表社会科学论文》，.北京大学出版社2016年版。

修改说明：必须修改的审稿意见

修改意见：文章认为研究生投入是控制变量，不够准确，这一变量应被视为调节变量。

回复：审稿人对“研究生投入”的变量分类的指导是我们讨论最多、最深入的部分，也是后续数据重新处理的主要依据。通过变量类型的讨论和修改，整个文章主线和框架更加清晰了。

第一，我们对研究生导师指导风格(X)与个人主动性（T）进行相关性分析，如表 1 所示，我们发现导师指导风格与学生主动性相关性不大。第二，我们在文章修改过程中，继续对 6 个学生进行访谈，考察导师风格对个人主动性的影响，大部分学生认为，主动性是个人学习风格，会受到导师风格影响，但影响不大。第三，根据数据分析、后续针对性访谈以及文章构架设计，我们将“个人主动性”修改为条件变量，将个人主动性设计为条件变量，并定义和假设个人主动性是个人自发性、前瞻性的行为，是长期学习方式形成的，比较稳定，很难受到外界因素影响。具体撰写详见文中“图 1 本文研究框架”；“二、研究设计中的（三）条件变量的设计”；“四、实证研究结果与讨论中的（一）指导风格与研究生创新能力的相关性分析、（二）导师指导风格与研究生创新能力分位数回归模型结果分析”以及“五、结论”。

表 1　研究生导师指导风格（*X*）与个人主动性（*T*）相关性分析

相关性	支持型指导风格 x_1	控制型指导风格 x_2	个人主动性 *C*
支持型指导风格 x_1	1		
控制型指导风格 x_2	0.728	1	
个人主动性 *T*	0.194	0.216	1
观测值 *N*	409	409	409

**. 在 .01 水平（双侧）上显著相关。

将“个人主动性”改变为“条件变量”，意味着后续所有数据将被重新处理，数据结果也将与前期结论不同。关于数据分析和结论部分，都将要重新撰写。

图 10-2　必须修改（数据重新处理）的“修改说明”举例

修改说明：部分进行修改的审稿意见

修改意见：部分参考文献的格式不规范，缺少必要的信息”、“文献综述写作笼统，缺乏条理性”

回复：审稿人关于文献综述部分提出“部分参考文献的格式不规范，缺少必要的信息”和“文献综述写作笼统，缺乏条理性”的意见十分重要，我们讨论后认真修改。

我们对文献综述部分，我们做了部分修改和调整。首先，我们在进一步深度挖掘文献文本内容的基础上，对其研究内容进行分为四类并做出解释和说明；其次依据评审意见，将概括笼统的内容进行分解和完善；最后仔细检查参考文献格式，查漏补缺，力求做到文献的规范与准确，详见文章第一部分红字内容和参考文献部分红字内容。

图 10-3 部分内容进行修改的“修改说明”举例

修改说明：自行斟酌修改的审稿意见

修改意见：研究结论需要精炼；六、七两部分合并，内容需要压缩。

回复：审稿人关于“研究结论需要精炼；六、七两部分合并，内容需要压缩”的意见，是我们仔细讨论的部分。

本文原第六部分是结论和启示，是对过去 13 年间“双一流”大学基础研究发展状态的回顾和总结，根据文章研究主要内容和测算结果，得出较为客观的结论，主要从“五年计划对我国基础研究发展的作用、不同时期基础研究投入产出情况和优化基础研究投入产出结果的关键要素”三个方面进行提炼和升华，通过平实的语言和具体清晰的描述，期望跨专业的学者也能充分了解本文的研究主旨。

本文的原第七部分是本文的展望部分，是对未来一流大学基础研究发展的期望和预测，从“发展总体目标”和“发展结果”两个方面进行展望，期望对基础研究管理者和一线基础研究科学家起到启示和思考的作用。

综上所述，结论和展望部分，从阐述内容和角度，都不一样，在本文中承担的作用也不一样，不宜将两个部分合并，因此我们还将保留原来的框架结构。同时第六部分我们没有进行压缩，我们期望最大程度的让不同领域的专家、管理者充分了解一流大学基础研究 13 年的发展水平、效率变化以及投入产出状态，因此对于结论的语句，注重提炼的同时，更要注重平实和具体。

主要说明没有针对外审意见进行修改的详细理由。不是所有的意见都必须要进行修改，只要有理有据，能突出文章主题和创新点，是否修改自行斟酌即可。

图 10-4 自行斟酌进行修改的“修改说明”举例

根据以上三个“修改说明”的例子，在修改说明中应包括三个基本内容，首先，要感谢审稿人提出修改意见，并说明作者针对意见进行认真思考和讨论。其次，针对修改意见，进行逐条回应式说明，包括是否修改、如何修改、修改了哪些部分以及没有修改的原因。最后，在修改说明中标明在文章中哪些部分进行修改以便编辑和审稿人的有针对性的查阅。

2. 文章被录用

文章录用后作者应认真回顾整个论文写作过程，从确定主题、拟写草稿、撰写终稿、选定期刊、投稿、退修到录用的全过程。哪个环节做的效果比较好，哪个环节还不够完善，依次总结经验，提炼教训。

录用有三种情况，第一是投稿初审后即可刊登，但这种情况发生几率很小，就算是大专家被约稿，也要有修改的过程。第二种是小幅修改后刊登，也就是这篇文章基本上已经被期刊接受，只要小幅修正即可刊登。通常要求作者在用字遣词上更斟酌，或是能在呈现某些概念时组织得更好，或是希望作者多加一些文献，让这篇文章更丰富一点，也可能是因为作者对非关键研究方法的描述过于简略，因此要求多交代一些背景或是补充说明即可。第三种是大幅修改后刊登。这可能是一般被接受的论文会碰到的状况，可能是该论文出现了一些较为关键的问题，但是外审专家或编辑觉得还可以完善或是补充。大幅修改是评审意见的常态，作者收到大幅修改的意见之后，仔细考量，进行构思和修改。这是个磨砺人意志的过程，也是个人能力提升的过程。

第五部分

常用实证研究方法

第十一章
问　卷　法

问卷调查法是社会调查中应用比较广泛的研究方法之一。研究者通过设计问卷，向目标群体发放、回收问卷，并对问卷信息进行数据统计，来解决所研究问题。本章主要向读者介绍问卷的类型和结构，问卷的设计以及问卷设计的实际应用等内容。

第一节　问卷的类型和结构

一、问卷的含义和问题类型

（一）问卷的含义和类型

问卷就是问题的集合。问卷里面的问题可以是任何类型的，可以是开放式的、也可以是封闭式的。理想的问卷设计应能使调查者获得所需的信息，同时被调查者又能轻松、方便地回答问题。根据内容和性质，可以把问卷中的问题分为背景性问题、事实性问题、意见性问题、解释性问题、检验性问题五种类型。

1. 背景性问题。背景性问题属于个人隐私问题，很难改变。一般包括性别、年龄、民族、文化程度、婚姻状况、行业、职业等个人信息。这类型的问题是对后续调查得到的数据进行分类比较的重要依据，因此问卷中必须包含背景性问题。

2. 事实性问题。被调查者依据现有的客观事实和客观行为来回答问题,有是与否的答案。如,是否已经结婚?是否生养过孩子?你的孩子是否已经在读书?相比于背景性问题,事实性问题可以随着被调查者的情况变化而改变。

3. 意见性问题。了解被调查者对有关问题的意见、看法、要求和打算。例如,您对近一个周内城市的空气质量状况是否满意?您对老师体罚学生的认可程度?意见性问题是问卷中使用最多的问题类型。

4. 解释性问题。用于了解被调查者的行为、意见、看法产生的原因。相对其他问题设计难度较大,调查者要对可能导致问题的所有情况进行考察,答案的选项设计难度较大。

5. 检验性问题。检验回答是否真实、准确而设计的问题。在很多入职时的性格、能力测试中会使用到,同样的问题会在试题中重复出现,由于答题时间有限,被调查者只能凭借自己的第一反应来作答。

问卷中背景性问题、事实性问题、意见性问题、解释性问题四种类型的问题出现频率较多,构成问卷的主体。背景性问题和事实性问题一般可以合并成个人信息问题;检验性问题可根据研究问题的实际需要酌情增减。

二、问卷调查法的含义和优缺点

(一)问卷调查法的含义

根据不同角度,我们对问卷调查法进行定义。从一般的概念来看,问卷调查法是指调查者通过统一设计的问卷来向被调查者了解情况、征询意见的一种资料收集方法①。

从编制形式和发放方式的角度来看,问卷调查法是研究者将所要研究的问题编制成问题表格,以邮寄、当面作答或者追踪访问方式填答,了解被

① 吴增基、吴鹏森等:《现代社会调查方法》,上海人民出版社 2014 年版。

调查者对某一现象或问题的看法和意见。

从问卷设计的逻辑角度来看,问卷调查法是研究者在设计一项调查问卷时,便开始思索如何设计并体现解释变量,并且对这些解释变量及其他变量加以测量,然后用统计分析检验这些变量的效果。

(二) 问卷调查法的优点和局限性

不同角度的定义阐述了问卷调查法的各种作用和特点,因此其优点和局限性也相对比较明显。

1. 问卷调查法的优点

(1)数据采集效率较高、费用较低。问卷调查法可以在短时间内获取大量的群体信息,这也是很多社会调查采取问卷法的重要原因。特别是现在互联网和电子邮件在日常工作生活中的广泛应用,电子问卷也得到了普及,像问卷星等软件的开发使用,大大提高了问卷调查的效率,也使得问卷发放和回收的成本更低。

(2)受别人干扰较少。现实生活中每个人的想法都是不同的,在收集资料时,面对面的交谈往往很难从陌生的被调查者那里获取有关个人隐私、尖锐意见或者收益获利等敏感信息。例如,让企业员工讨论领导鼓励加班这一做法的看法,员工和领导有着直接的利益关系,而且这类问题又涉及员工与领导之间的关系问题,如果采用面对面交谈,员工很少会表达真实的看法。但问卷法有匿名性的特点,很难被其他人干扰,有利于被调查者表达自己的真实看法。

(3)便于统计处理与分析。问卷法可以从大样本中获得与主题相关的信息,通过各种统计软件对信息进行数据分析,以达到调查目的,了解被研究对象的现状、原因、观点、态度等数据,这是其他调查方法无法实现的。

(4)便于大样本调查研究。问卷可以批量的发放,尤其通过网络进行发放和回收的问卷,调查过程不受区域限制。这样收集到的样本范围具有广泛性和普适性。

2. 问卷调查法的局限性

(1)设计问卷较难。虽然问卷是每个人都可以设计的,但是由于研究者的经验、水平、思维方式、信息量、知识结构等因素，问卷设计的合理性和问题的质量会参差不齐。问卷主体内容设计的好坏直接影响调查的成功与否。问题的设置要明确反映研究目的和调查主旨；答案的设置要尽可能涵盖整体要素，这是十分考验问卷设计者的设计水平、逻辑思维和现实观察能力。

（2）问卷调查结果广而不深。问卷回答的好坏，能否反映真实情况，调查者难以验证。这样获得的调查结果往往不是最佳答案，一般会把问卷调查法和访谈法相结合，这样既能获得大样本数据，也可以进行具体问题的深入探讨。

（3）问卷调查的实施难度较大。问卷调查数据分析结果与回收率有关。回收率一般会受问卷设计、题目难度、被调查者感兴趣程度等因素的影响。大多数情况下问卷答案的填写全凭自愿，如果研究的题目对被调查者的吸引力不够，或者问题不在被调查者的经验范围内都会影响问卷调查的有效进行。如果回收率太低，样本的代表性就难以保证。

三、常见问卷的类型

常见的问卷类型包括利克特量表、频率量表、强制排序量表、线性数值量表、语义差别量表、形容词检查表这五类。本书主要介绍利克特量表、频率量表、强制排序量表、画图量表。

（一）利克特量表

利克特量表是测量观点或态度的一种量表，是问卷调查中使用最多的一种量表。被试者的态度被分为“非常同意、同意、中立、不同意、非常不同意”五类，或者“赞成、比较赞成、无所谓、比较反对、反对”五类，这样的五种分类更加细致的展现人们态度的差别。题目是代表特定观点的陈述。表11-1就是利克特量表的一个例子。

表 11-1　利克特量表举例

请对下列看法发表意见(请在符合自身情况的选项里打√)

	非常同意	同意	中立	不同意	非常不同意
基层公务员应该获得更高的工资薪酬	□	□	□	□	□
教师可以对学生采取一些体罚措施	□	□	□	□	□
互联网企业应实行“弹性工作制度”	□	□	□	□	□
政府应该延长退休年限	□	□	□	□	□

收回问卷后,我们需要将每条陈述所代表的态度倾向进行赋值,例如,第一条看法,可以按照“非常同意=5,同意=4,中立=3,不同意=2,非常不同意=1”赋值,然后将所有关于此陈述的得分进行累计,求出均值,就可以进行判断被调查者对某一问题的总体认同度。

(二) 频率量表

频率量表与利克特量表比较相似,不同的是频率量表的等级是指明某一行为的频率,一般包括“总是、经常、有时、很少、从不”,因此量表的题目不是关于论点的陈述,而是关于时间和频率的回答。但是本书建议尽量不采用这种含糊不清的表述方式,因为每个被调查者对于“总是”和“经常”的理解,会有自己的认识。例如,学生认为“一周旷课三次”可以填写为“有时”,而对于任课教师“一周旷课三次”可以认作“经常”。因此,如果采用这类量表,应该加入细致的指导语,让被调查者对此行为频率有一个统一的概念,表 11-2 则是频率量表的一个例子。

表 11-2　频率量表举例

请在下面的量表中选择一个数值,以显示你做下列每件事情的频率

	总是	经常	有时	很少	从不
每周进行课外阅读的时间	□	□	□	□	□
每周去体育馆进行体育锻炼	□	□	□	□	□

续表

	总是	经常	有时	很少	从不
每周玩手机游戏的时间	□	□	□	□	□
每周去图书馆学习	□	□	□	□	□

（“总是”≥10 时/周；“经常”=7-10 时/周；“有时”=4-10/周；“很少”≤4 时/周；“从不”=0）

（三）强制排序量表

强制排序量表是列举某一同类事物，让被调查者排列出先后顺序。一般不能出现并列情况，目的是为了测量事物的相对顺序，如对某一类事物的喜好程度。如图 11-1 所示。

例1：从下面列出你最喜爱的水果，在最喜欢的一种旁边记下1，第二喜欢记下2，依次类推

苹果　　櫻桃　　榴莲　　桃

例2：从下面列出的电视节目类型，列出你最喜欢看的

法制节目　　纪录片　　体育节目　　新闻节目

图 11-1　强制排序量表举例

这一类型的题目因为后期统计分析存在难度，所以在实际中使用的频率较低。

（四）画图量表

这类量表在实际情况中使用的较少，用图画的方式来代替程度选项，适用于存在阅读障碍或者理解能力不足的被调查者。例如，想要调查学龄前儿童对某事的看法时，他们认识的字有限，所以可以采用画图的方式来进行测量。需要注意的是，选项的图要简单易懂，是被调查者能够分辨的；同时能正确表达调查者的想法。如图 11-2 所示。

举例：请问小朋友，明天音乐老师生病请假不能来上音乐课了，你们的心情如何呀？从下面所画图片中选出最符合你心情的一张图片。

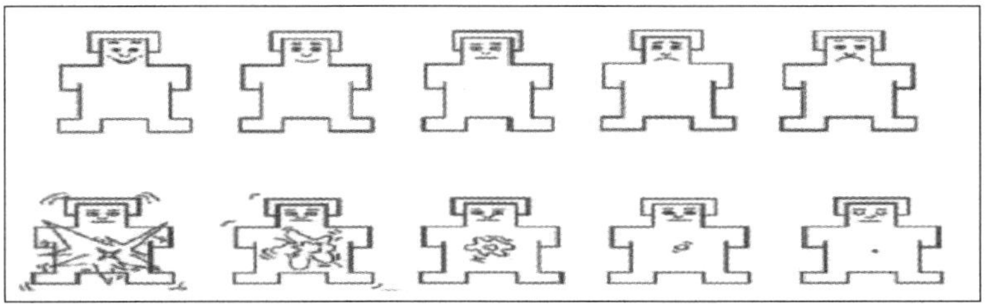

图 11-2　画图量表举例

第二节　问卷设计的内容

一、问卷的结构

问卷一般包括以下七个部分,问卷名称、封面信、被调查者基本情况、指导语、调查内容、编码、结束语。其中基本情况和调查内容是问卷的核心部分,是每一份问卷都必不可少的内容,而其他部分则根据研究需要可进行取舍。

（一）问卷名称

问卷名称即问卷题目,是对问卷的目的和内容的最简洁的反映。问卷题目设计最重要的原则就是简单明了,一个好的题目可以吸引被调查者的兴趣,让他们有兴趣继续完成问卷。一般以“关于……的调查”或“……的调查问卷”为基本格式,例如,研究生创新思维培养模式调查、导师指导方式满意度的调查、关于大学基础研究创新文化环境的调查等。

（二）封面信

封面信一般位于标题之后,是调查者给被调查者的一封短信,主要阐述本次调查目的、内容、调查对象的选取、填写要求等,并且说明此次调查会保护被调查者的隐私和观点。封面不宜过长,语言简明中肯。通过这封简短的信，可以拉近双方的距离，赢得被调查者的信任①。

下面结合两份实际调查问卷的封面信来具体说明。如图 11-3、11-4 所示。

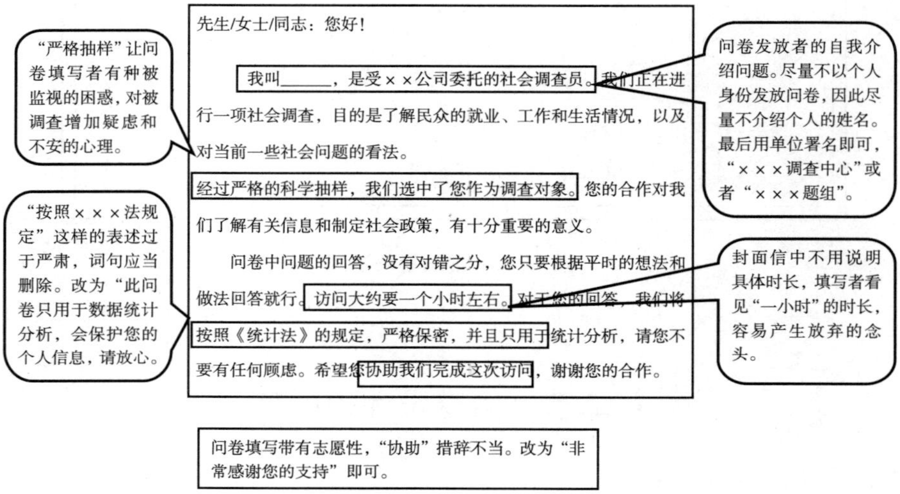

图 11-3　封面信举例(1)

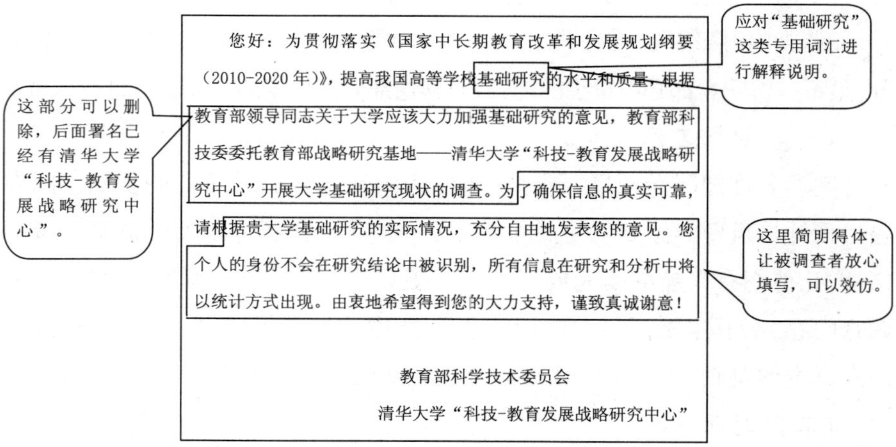

图 11-4　封面信举例(2)

① 风笑天：《现代社会调查方法》，华中科技大学出版社 2005 年版，第 108 页。

通过以上两个例子(图 11-3、图 11-4)可知,封面信应注意以下几点。

第一,介绍问卷发放者(组织)。问卷调查最好以单位或组织的名义来发放,尽量不要以个人名义,这样一来问卷具有较好的公信力和影响力。可以在开头说明"我们是某某研究课题组,为了……",也可以不进行自我介绍,最后通过封面信的落款来阐明问卷发放单位。除了写出单位、组织,还可以附上单位的地址、联系方式和联系人,这样可以消除被调查者的疑惑,也便于随时与调查者取得联系。

第二,说明调查的目的,为什么要开展这次调查。比如,"提高我国高等学校基础研究的水平和质量","为社会公众全面认识研究生教育发展状况","为政府教育管理部门决策提供可靠、准确的信息"等,一般调查目的会从对社会和实际应用这两个方面来谈。

第三,说明被调查对象的选取方法和对调查结果保密的措施。争取被调查者的合作,要明确说明被调查对象的选取方法和保密的措施。比如,"您个人的身份不会在研究结论中被识别,所有信息在研究和分析中将以统计方式出现"或者"您的问卷信息我们将严格保密"。

最后,在封面信的结尾,要对被调查者表达真诚的感谢,并署上主办单位的名称。比如,"由衷地希望得到您的大力支持,谨致真诚谢意!"

(三) 被调查者基本情况

被调查者基本情况是问卷中必须有的内容,也是后期数据统计中进行研究对象分类比较的重要依据,有关被访问对象基本信息要格外慎重。这部分信息将是后续开展数据挖掘的重要分组指标。这一部分问题的细化程度,直接关系到数据分析和结论撰写的丰富程度和问题标识度。主要包括三类信息:个人基本情况、教育背景和家庭情况。

其中个人基本信息包括性别、年龄、职业、工作年限等;教育背景包括学历、年级、学科门类、业余爱好等;家庭情况包括家庭人口、父母职业、父母文化水平、家庭收入水平等。以笔者曾设计的《大学基础研究现状调查问卷》为例,其中基本信息,如图 11-5 所示。

1 您的性别	□男　□女
3 您所在学校	□985 高校　□211 高校（非 985） □其他________
2 您的年龄	
4 您所在学科	一级学科： 二级学科：
5 您的工作部门（可多选）	□大学科研管理部门　□教师　□专职研究人员 □其他________
6 您的职称	□教授(研究员)　□副教授(副研究员) □讲师（助理研究员）　□其他________
7 工作年限	□ 0–2年　□3–5年　□6–10年　□11–20年 □20–30年　□30 年以上

应该设置出年龄区间，如“□30 岁以下；□30–40 岁；□40–50 岁；□50 岁以上”

应该改为“□哲学 □经济学 □法学 □教育学 □文学 □历史学 □理学□工学 □农学 □医学 □军事学 □管理学 □艺术学”

图 11–5　个人基本信息举例

在此个人基本信息中，“年龄”不应进行填写数字，因为问卷被调查者前面的题设习惯画钩，突然要其填写具体数字，尤其还是个人隐私数据，被调查者将比较抵触，因此应该设置出年龄区间，如“30 岁以下；30—40 岁；40—50 岁；50 岁以上”等。另外“所在学科”填写情况不佳的原因是很多被调查者并不清楚自己所研究一级学科和二级学科。甚至不同学校相似研究方向的学科名称不尽相同，很难进行后续归类分析，可以将其修改为统一标准。

（四）指导语

指导语相当于问卷调查的填写说明书，指导被调查者如何正确填写问卷，对问卷中某些专业词汇进行解释和说明等。可以单独放置在封面信后，也可以放置在某些复杂问题之后，指导如何正确填写某一类问题。设计者根据问卷的题目酌情设计指导语。具体指导语类型，见图 11–6 所示。

例 1：选择答案记号的说明：请在所选答案前的（）内打上√。

例 2：选择答案数目的说明：以下是多选题，限选 3 个以上答案。

例 3：填写答案要求的说明：凡在回答中需选择“ 其他 ”一项作为答案的，请在后面的“ 其他 ”中用简短的文字注明实际情况；选择 B 项的，请跳至第八题。

例 4：问题适用于哪些被调查者的说明：以下问题请 40—60 岁之间的受访者回答。

图 11–6　指导语举例

（五）调查内容

调查内容部分就是问卷的主体，包括问题和答案。这部分问题类型和设计原则我们将在后续章节进行详细的说明和介绍。

（六）结束语

结束语一般在问卷的结尾处，可以是对被调查者的感谢，也可以是 1—3 个开放性问题。例如，“衷心感谢您的参与和帮助”或“你对学校食堂还有什么建议吗？”“你对这份问卷还有什么补充吗？”。当然，结束语在实际应用中有时可以省略。

开放式问题适用于某一问题有多个答案或者不确定答案，希望被调查者能够根据实际情况拓宽思路，为调查者提供具体答案和措施建议等。开放性的问题一般填写率会较低，但是好的答案对调查报告中的政策建议部分将有很好的启示作用。

二、问卷设计的基本原则

（一）统计分析原则

问卷设计的目的在于获得调查数据，要进行数据的分析和模型设立，因此在设计时就要提前考虑题设方式。因此题目和回答都应该遵循便于统计分析原则。在问题设计中考虑到要对结果进行统计和比较分析，所以尽量采用结构式的题目，同时调查指标是能够累加或便于累加的。

（二）心理原则

第一，题目数量和版式要符合人的心理特征。由于问题及其答案的个数和字数不确定，很难归纳问卷中应该含有多少个题目。因此笔者设计问卷时，一般采用宋体五号字，1.5 倍行间距，题量不超过一张 A3 纸的正反面。一张 A3 纸的正反面相当于 4 张 A4 纸，这样的题量和版式布局，符合大多数人的心理极限。当然问卷设计完，设计者要亲自填写一遍，这样才能感受到被调查者填写问卷时的心态。第二，问题的排列要符合人的心理特点。将同类题目排列在一起，问题和答案有内在的逻辑性，具体还包括先易后难、先封闭后开放，敏感性问题放在后面等。

（三）可信性原则

问卷调查的结果应确保能够客观反映被调查对象的情况。概念语言要清楚、具体、准确和通俗易懂；内容应在被调查人的知识和经验范围之内，被调查者能够理解问卷的问题。

三、问题与答案有效表述

问卷的主体是问题和答案，也是进行设计问卷中难度较大的环节。这个部分将从问题的表述类型、问题表述技巧和问题的排列技巧三个方面来阐述如何有效表述问题。

（一）问题表述类型

问题的表述主要有开放式和封闭式两种类型。

1. 开放式问题

开放式问题在问题的设置和安排上，没有严格的结构形式，不提供预先设计好的答案，让被试用自己的理解和语言来自由回答问题。需要在问卷中留有空白位置，供被调查者填写。

开放式问题提问简单，也没有标准的答案，设计者不需要考虑问题答案的设定；给被调查者很大的自主权，可以表达真实想法。当然因为这类问题填写难度大，题目填写的实际有效率低；问题是开放的，因此研究者难以进行定量分析。

2. 封闭式问题

封闭式问题是在提出问题的同时，附上各种可能出现的答案供被调查者选择。问题的设置和安排具有结构化形式，提供有限的答案。它是问卷中最多的题目类型，具体的形式包括填空题、单项选择、多项选择等。

作为出现频率最高的题目类型，封闭式问题有其独特优势：回答容易，被调查者只需要从中给定的答案中，选出最符合自身情况的选项即可；调查结果容易被统计，封闭式题目以选择题的形式为主，研究者可以通过选项的编码，利用统计软件，进行数据处理和分析。

同样，这种类型题目也存在不足：选项可能限制被调查者的发挥空间；

有时候选项可能没有最符合实际情况的，被调查者没有表达真实想法。

（二）问卷中语言的表述技巧

语言是问卷设计的基本材料，要设计出高水平的问卷，必须注意问卷中的语言表述技巧。

1. 问题与答案的表述要求

（1）简明性

问题与答案都要简明扼要，切忌冗长啰唆。对大多数调查问题来说，20个或更少的字词就应该表述清楚，如果一个问题过长，会增加阅读时间，不仅让被调查者反感，在理解上也容易产生偏差。

（2）普适性

问题与答案要避免使用专业术语。如果调查中必须涉及专业术语，应当在问卷中进行必要的定义说明。大多数时候研究者对其研究的主题比较熟悉，却忽略了有些专业术语在被调查者的知识范围以外。因此问卷设计完成后，需要进行测试，就可以起到通俗易懂和普适性的检查作用。具体例子，如图 11-7 所示。

举例：您所在的高校类型，请在下面选项□画√

□“双一流”建设大学　　□“一流学科”建设大学
□一般本科院校　　□高职（高专）院校

此问题选项设置过于专业化。“双一流”建设大学和“一流学科”是 2018 年教育部新提出的我国一流大学的建设目标，对于很多在校大学生来说，“双一流”建设大学的概念和“一流学科”建设大学的名单并不十分清晰，建议直接填写学校名称。

图 11-7　问题及答案的通俗性举例

（3）具体性

问卷中不要设计抽象、笼统的问题与答案。对于笼统的概念，被调查者对其的理解程度不同。具体例子，如图 11-8 所示。

举例：您教的班级差生的比例占多少？请在下面选项□画√

□10%以下　□10%-20%　□30%-40%　□50%以上

每个人对差生的理解不同，这样问题就会让被调查者产生歧义，可将“差生”替换成“平均成绩60分以下的同学”，问题就比较清晰明确了。

图 11-8　问题及答案的具体性举例

(4)艺术性。一是问题的设计不能过于敏感，会给被调查者一种被轻视或不被尊重的感觉，对问卷产生抵触心理，可能会影响问卷的填答。具体例子，如图 11-9 所示。

举例：A.您至今未买电脑的原因是什么？请在下面选项□画√

□买不起　□没有用　□不懂　□软件少

答案中的语言过于粗糙简陋，这些敏感词语容易让某些被调查者产生抗拒心理，从而拒绝回答问题。因此问卷中的语言要有一定艺术性或人文色彩。

将例子 A 的语句换一种语言形式表达，会让被调查者感到语气舒缓和被尊重。

B.您至今未购买电脑的主要原因是什么？

□价格高　□用途较少　□性能不了解　□其他

图 11-9　问题及答案的艺术性举例

2. 问题的表述要求

(1)单一性

一个问题只问一件事，题目中不能使用“并且”，“和”等表示并列的词语，会让被调查者对问题产生歧义。具体例子，如图 11-10 所示。

举例：您近来有出现过失眠和厌食的状况吗？请在下面选项□画√

□没有　□有

这问题就存在歧义，让被调查者面对答案无从选择。因为被调查者不确定“没有”是指“两种状况都没有出现”还是“有其中一种状况没有出现”；“有”指“两种都出现”，还是“出现过一种状况”。应该将这个问题拆成问“失眠”和“厌食”两个问题单独问。

图 11-10　问题的单一性举例

（2）中立性。问题中不能使用带有感情色彩、倾向性和诱导性的语言，也要避免倾向性的暗示。具体例子，如图 11-11 所示。

> 举例：近来研究表明，吸电子烟也会有损我们的身体健康，您同意吗？请在下面选项□画√
>
> □同意　　□不同意　　□无所谓
>
> 其中“研究表明”就是具有倾向性的色彩。应该删除这句，直接问“吸电子烟也会有损我们的身体健康，您同意吗？”即可。
>
> 常见的带有倾向性色彩的术语有“某些专家认为”“大多数人认为”，在问题中使用这样的词汇就有倾向性和诱导性，似乎在暗示被调查者选择某些答案。

> 举例：您不逃课，对吗？请在下面选项□画√
>
> □是的　　□不是
>
> 这种否定句提问对被调查者的回答有诱导作用。而且直接询问被调查者这样带有负面意义的事情，他们表达真实想法的可能性是比较小的。可以把它改成“您身边同学有逃课的行为吗？”变成询问他人行为获得真实情况的可能性就会大大增加。

图 11-11　问题的中立性举例

3. 答案的表述要求

（1）准确性。答案尽量减少歧义的可能性。如避免使用“经常”“有时”“偶尔”这些词语。每个人对频率的衡量标准是不同的，应该采取具体的数据指标。具体例子，如图 11-12 所示。

举例：您每天使用手机的频率？请在下面选项□画√

□8小时/天以上　□5–8小时/天　□2–5小时/天　□2小时以下/天

举例：您在大学期间挂科的情况？

□从不挂科　□偶尔挂科（1–2次）　□有时挂科（2–3次）

□经常挂科（3–4）　□总是挂科（5次以上）

答案中可以进行具体数字说明，也可以在“偶尔，有时”等频率词汇后面加上具体的数字进行解释说明。

图 11–12　答案的准确性举例

(2)互斥性。问卷问题中的答案尽可能概括出全部情况,同时每个答案彼此之间不能有同属关系、包含关系、相似关系。每个答案要回答一种情况,彼此间是互斥的。具体例子,如图 11–13 所示。

举例：如果兼职与上课冲突了，您会怎么办？请在下面选项□画√

□视课程重要性而定　□跟老师请假　□放弃兼职　□逃课　□其他

这道题目“视课程重要性而定”选项包含了“跟老师请假”和“放弃兼职”选项，而且“视课程重要性而定”选项也是听起来最合理，最符合人之常情的选项，无论是否符合实际情况，都会有很多同学选择“视课程重要性而定”选项，这时答案就不具有区分性，选项意义不大。建议删除“视课程重要性而定”选项。

图 11–13　答案的互斥性举例

4. 问卷语言技巧的综合性案例分析

以学生设计的《工作认知观现状及影响因素》的问卷初步设计为例,我们进行问卷实际案例的分析。其中自变量 X 为家庭环境因素“家庭教育范畴(x_1)”和“家庭成员的行为(x_2)”;因变量为“工作认知观 Y”。

问卷初步设计中,自变量和因变量的题项表述中都出现了相互包含、没有单一性等问题，同时问卷题项中没有准确归纳具体答案的类别，也没有合并同类项，出现了题项表述排序混乱和题项内容重复等的情况，具体分析，如图 11-14，11-15 所示。

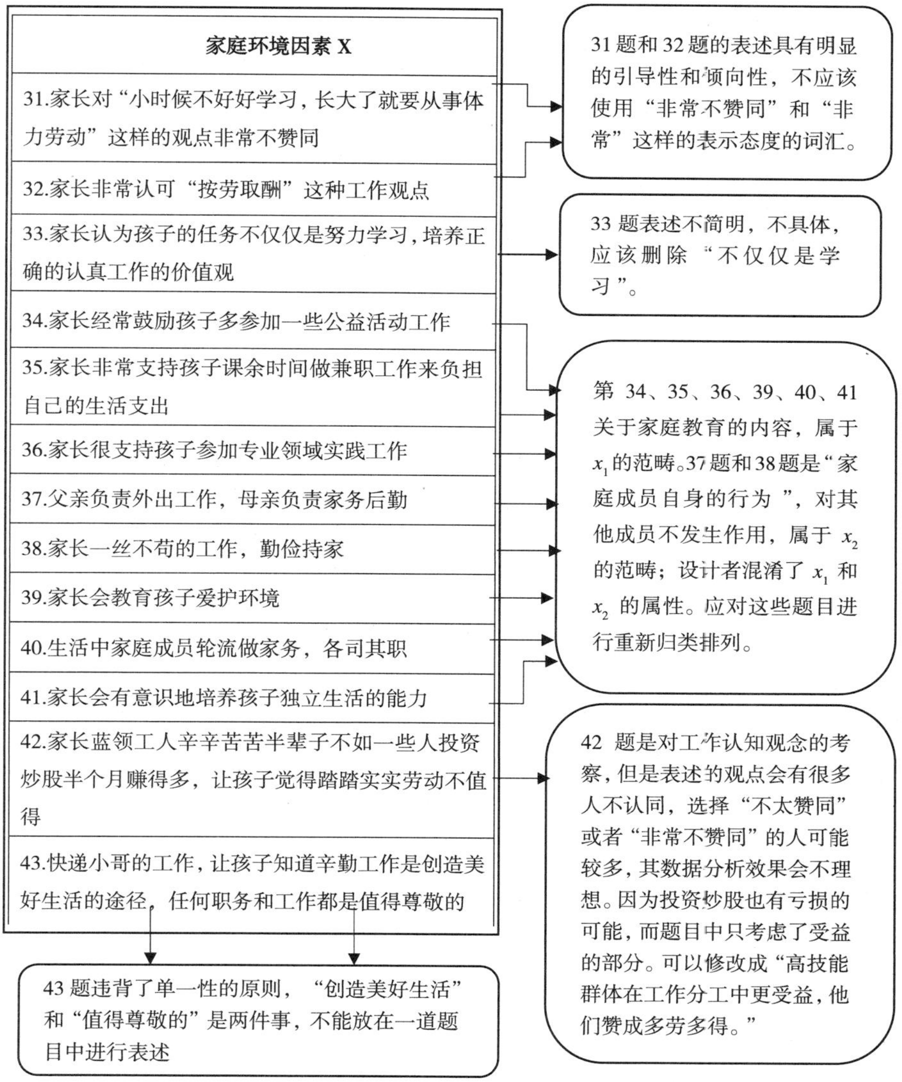

图 11-14　实际问卷设计中自变量常见错误举例

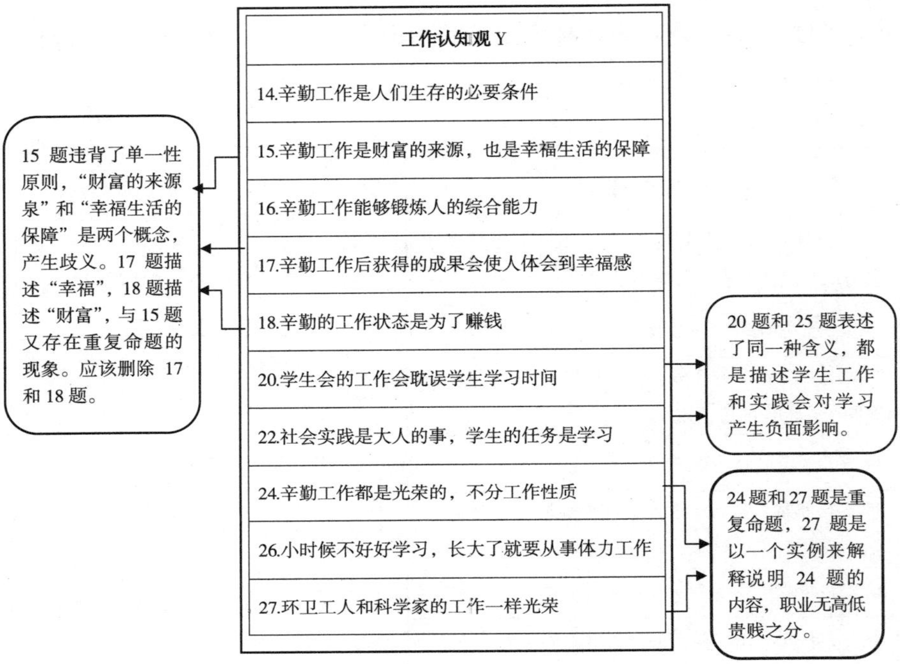

图 11-15　实际问卷设计中因变量常见错误举例

（三）问题的排列

作为一堆问题的集合，问卷中题目的排列一定要有内在的逻辑性。好的问卷，被调查者填写时会感觉逻辑通畅，不会产生思维混乱。一般来说问题的排列有以下原则①。

1. 先易后难。问卷的开头一般是最简单的问题，这样被调查者回答起来也会很轻松，才会继续填写问卷。一般会把被调查者的个人基本信息放置在开头部分，与被调查者实际情况最密切。

2. 先行为，后观点、态度、意见类问题。关于行为方面的问题一般是已经发生的事实，被调查者只需要根据自己的实际情况填写即可，回答起来较容易。观点态度意见类问题涉及人的主观方面，可能需要被调查者加以思

① 风笑天：《现代社会调查方法》，华中科技大学出版社 2005 年版。

考,这部分问题也是分析被调查者产生某些行为原因的重要信息来源。如果一开始就是态度类问题,难度较大,很容易引起被调查者心理上的抗拒。

3. 同类集中。按问题的性质或类别将问题划分。这样填写起来思维更加连贯,例如,事实性问题放置一类;观点性问题放置一类。具体例子,如图 11-16 所示。

8. 团队异质性

题项	非常赞同	比较赞同	一般	不太赞同	非常不赞同
团队成员之间的年龄差距很大	□	□	□	□	□
团队成员的学术水平差距很大	□	□	□	□	□
团队成员的性格相去甚远	□	□	□	□	□
团队成员科研兴趣的差别很大	□	□	□	□	□
团队学历背景差距很大	□	□	□	□	□

9、组织文化

题项	非常赞同	比较赞同	一般	不太赞同	非常不赞同
我们团队气氛和谐,有家的感觉	□	□	□	□	□
我们有很强的团队凝聚力	□	□	□	□	□
我们彼此信任、互相尊重	□	□	□	□	□
我们的团队很民主、自由	□	□	□	□	□

图 11-16 问题的同类集中举例

此类问卷将观点性问题放到一起,同时“团队异质性”和“组织文化”都是对团队属性问题,因此也根据问题的属性和内容进行归类。

4. 先封闭后开放。封闭性问题提供了若干答案,被调查者只需要在选项中找出最符合自身实际情况的选项即可,填写难度较小。开放性问题需要经过思考,动手写出答案,难度较大。一般会把开放性问题放在问卷的最后,这样即使被调查者放弃填写,也不会对问卷整体产生太大影响。

第三节 问卷设计过程

问卷的设计是一项系统性的工作,一般包括前期初步访谈、问卷初步设计、问卷小范围发放、定稿四个步骤。

（一）前期初步访谈

在设计一份问卷前，问卷设计者对研究主旨可能并不清楚，不了解有哪些问题值得去研究，现实中存在哪些矛盾。因此，需要开展初步访谈，找到相关领域的专家、一线的研究者，对他们进行访谈。问卷设计者一定要对研究任务布置者，进行访谈，了解研究任务的相关内容、目的、需求等。当然，这样的访谈没有固定的范围，类似于一种非结构性的访谈。问卷设计者提出一个主题，大家就各自比较关注的问题进行逐步深入的探讨。

问卷设计前的访谈是结构化与非结构化相结合的访谈，因为大家对调查的具体内容和层级还没有十分了解，所以非结构化的访谈比重较大。初步访谈就是在界定问卷的主要目标和分目标。经过多轮谈话，问卷的题目就会逐渐显现，例如，哪些问题该用什么样的提问方式，是背景性问题、事实性问题，还是解释性问题。

（二）问卷初步设计

经过前期的准备活动后，问卷设计者开始着手设计问卷。根据初步访谈获得的信息，开始问卷的初步设计。在这过程中，需要明确调查主旨，保证问卷内容和研究主旨的一致性。问卷的版式有限，因此问卷中的每一个问题和答案都要对所需的信息有所贡献，问题不要重复，也不能让受访者产生歧义。主要有三个步骤。

第一步是构建问卷设计的框架体系，明确问卷调查目标，建立“目标分级体系”，按照从总体到部分的步骤设计，目标分级是比较好的方法，能确保设计出来的问题不偏题。例如“高校管理机制”的调查，根据目标分级体系，可将“高校管理机制的调查”这个大目标分解为“人、财、物”三个子目标。再将三个子目标进一步进行目标分解，如图 11-17 所示。

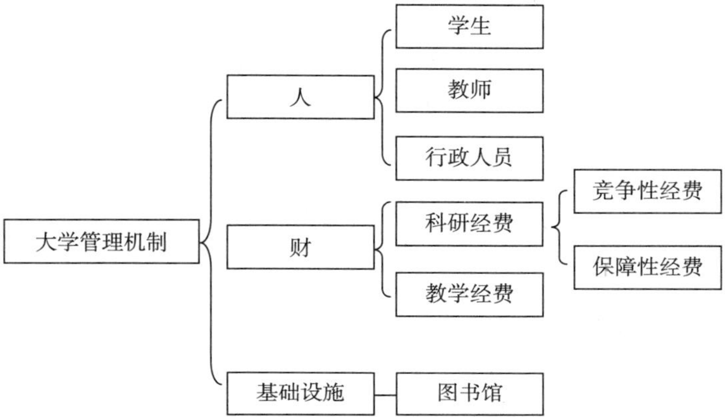

图 11-17　高校管理问卷设计目标分级举例

这样一来，在进行后续问卷设计时，问卷设计者将系统的设计问题，并更加容易将同一类问题进行归纳，也容易将备选答案进行合并，体现了逻辑框架。同时使被调查者能够有序地进行填写，符合大多数人的逻辑惯性。因此这样的目标分解，既有利于前期的问卷问题设计，也便于后期的数据分析，同时也有利于被调查者填写顺序，不会产生思维混乱。

第二步是明确问卷中的自变量 X 和因变量 Y。将设计的框架体系模块具体化，根据目标分解后的框架，明确问卷中的部分自变量 X 和因变量 Y，拟定每一部分所要设计的问题。关于被调查者行为的问题需要设置哪些，关于态度观点类的问题需要设置哪些等。提出问题后还要设定问题的表述方式。

以学生实际设计问卷《大学生兼职行为对其学业的影响》为例，我们来分解其自变量与因变量的设计过程。问卷设计者想要研究“大学生兼职行为”对其“学业”的影响程度，因此设计自变量 X 为兼职特征，因变量 Y 为学习质量。如图 11-18 所示。

“兼职强度 x_2”、“兼职收入 x_3”、“兼职时间段 x_4”这三种变量又是从学生选择兼职的角度进行划分的。

“兼职单位 x_5”与其他自变量不是同一属性。是从兼职工作单位属性进行的分类。不属于学生兼职特征属性，应该删除。

阶段一：确定自变量 X 与因变量 Y	
兼职特征 X	学习质量 Y
兼职类型 x_1 兼职强度 x_2 兼职收入 x_3 兼职时间段 x_4 兼职单位 x_5	成绩排名 y_1 挂科 y_2

因变量Y设置不明确、概念模糊。“成绩排名”容易引起歧义，成绩排名的整体规模是不确定的，例如同样是排名年级第十，如果一共有 10 名学生，和一共 100 名学生，这两种情况下第十名的水平是不同的。可以用“平均分”来替代。

成绩排名也是包括挂科的。如果想要考量学生的学业水平或学习质量，另一个衡量指标应该是与平均成绩完全不同的，比如说竞赛成绩、发表的论文。

图 11-18 问卷变量 X 与 Y 的初步设计

初步设计的问卷中，变量设计存在很多问题。首先是变量 X 设置分类混乱，依据不明显。“兼职类型 x_1”应该再具体一些，改成“兼职行业类型”，可包括服务业、高校内兼职等；“兼职强度 x_2”指一周进行几次兼职，“兼职时间段 x_4”指兼职时间点、工作强度和工作时长。“兼职强度 x_2”“兼职收入 x_3”“兼职时间段 x_4”这三种变量又是从学生选择兼职的角度进行划分的。“兼职单位 x_5”与其他自变量不是同一属性。是从兼职工作单位属性进行的分类。不属于学生兼职特征属性，应该删除。其次因变量 Y 设计中，y_1 和 y_2 存在包含关系。成绩排名 y_1 包括挂科 y_2。如果想要考量学生的学业水平或学习质量，另一个衡量指标应该是与平均成绩完全不同的，比如说竞赛成绩、发表的论文。

根据以上内容，进一步对问卷变量进行修改，如图 11-19，11-20 所示。

阶段二：确定自变量 X 与因变量 Y	
兼职特征 X	学习质量 Y
兼职行业类型 x_1 兼职强度 x_2 兼职收入 x_3 兼职时间段 x_4	竞赛 y_1 文章发表 y_2 平均分 y_3

问卷设计者对 Y 变量“学习质量”进行重新设计，用“竞赛”和“发表的文章”来衡量学业成绩，但后发现调查对象包括大一新生，参加竞赛和发表文章的同学数量很少，与“平均分”指标相差甚远，因此又进行修改。

图 11-19 问卷变量 X 与 Y 的修改过程

阶段三：确定自变量 X 与因变量 Y	
兼职特征 X	学习质量 Y
兼职类型 x_1 兼职强度 x_2 兼职收入 x_3 兼职时间段 x_4	逻辑思维框架 y_1 平均分 y_2

根据文献，设计者用“个人独立性”来衡量学习质量，但是“个人独立性”包含的内容多于“学习质量”。大学生应该进行逻辑思维能力的构建，“逻辑思维能力”从参加的比赛、发表的文章、处理事件的条理性三个方面进行衡量。

图 11-20　问卷变量 X 与 Y 的最终确定

第三步是问卷的语言精练。仔细详读问卷中的问题和答案的语言，避免出现语言表达不当的现象。在本章第二节问卷设计的内容中“问卷中语言的表述技巧”已经重点阐述，这里不再赘述。

第四步是问卷的排版和布局。当拟定完所有问题后，问卷设计者要进行问题的排序和布局。问卷的好坏不仅在于设计和语言的质量，排序也很重要。一般排序的原则有先易后难，先客观后主观，先封闭后开放等①。

（三）小范围发放，深入访谈，多次修改

问卷初步设计完成后，需要将问卷小范围发放，让被调查者提出修改意见，这是一个查漏补缺的过程。问题可包括“有哪些问题尚未涉及”“有没有语病问题”，“问题排列的逻辑是否存在问题”“问题与调查的主题相关度如何”等。得到反馈后，还要进行多次修改，才能获得比较满意的问卷。

---

①　范伟达、范冰：《社会调查研究方法》，复旦大学出版社 2010 年版。

第十二章

访谈法

访谈法是通过与受访者的口头交流，了解受访者对某些问题的看法、观点和态度，从而收集研究的第一手资料，是一种定性的研究方法①，也是社会调查的重要方法之一。本章介绍访谈法的内涵和类型、优点和局限性、访谈的实施程序等内容。

第一节　访谈法的内涵与类型

一、访谈法的内涵

访谈法作为一种研究方法，区别于日常谈话和聊天。日常的谈话和聊天是没有太多的主旨和目的，但是访谈是双方共同参与的，访谈者倾听，参与讨论，还会对某些问题进行追问；受访者充分表达意见和看法，与访谈者进行讨论。也区别于记者的采访，记者采访更加倾向于挖掘事实真相，注重调查内容的新颖性，期望产生社会效应；访谈更加关注研究主题和主旨的科学性和规律性，讨论的问题必须对研究有所贡献。

访谈提纲的设计、访谈过程的沟通以及访谈报告的撰写都是有很多技

---

① 吴增基、吴鹏森：《现代社会调查方法》，上海人民出版社 2014 年版。

巧和注意事项的,这里将逐一说明。

二、访谈法的类型

根据不同的标准,可以把访谈法划分为不同的类型。根据事先是否制定统一的调查表为标准,可划分为结构性访谈和非结构性访谈;根据访问者和受访者的接触情况为标准,可分为直接访问和间接访问;根据访谈对象数量为标准,可分为个别访谈和集体访谈。

(一) 结构性与非结构性访谈①

1. 结构性访谈

结构性访谈也称控制式访谈,访谈者根据预定目标,事先拟好访谈提纲或具体问题,受访者逐一回答提纲的问题。特点是整个访谈过程是严格控制和标准化的,访谈对象是按照统一的标准与方法选取。这种访谈形式比较固定,访谈者不能根据访谈现场随机提出问题,受访者的回答也缺乏弹性,难以对问题作深入的探讨。

2. 非结构性访谈

非结构性访谈也称为非标准化访谈或自由访谈,没有事先统一访谈提纲。访谈者和被访者在一个大致范围内自由交谈,访谈中根据交谈的内容形成具体问题,再不断地提问。特点是能充分发挥访谈者和被访者的积极性、灵活性。

但这种方法对访谈者的要求较高,要求访谈者能够控制环境,把握谈话的方向和进度,施展较高的谈话技巧。由于这种访谈提问的内容和方式比较灵活,调查面比较广泛。同时,与结构性访谈相比,非结构性访谈比较费时,使调查规模受到较大的限制。

一般访谈都会将结构性访谈和非结构性访谈相结合。访谈者事先做好准备,先采取结构性访谈,针对某些问题进行回答,再采取非结构性访谈,对问题进行随机的深度探讨。

---

① 吴增基、吴鹏森:《现代社会调查方法》,上海人民出版社 2014 年版。

（二）直接访谈与间接访谈①

1. 直接访谈

直接访谈又叫面对面访谈，即访谈者和受访者进行面对面交谈。在访谈过程中，又可采用“走出去”与“请进来”两种方式。“走出去”就是访谈者深入到受访者中进行实地访问；“请进来”就是请受访者到访谈者事先安排的场所进行交谈。两种方式各有利弊，多数情况下，访谈者会主动“走出去”进行访谈。直接访谈不仅能广泛、深入地探讨有关问题，了解受访者的思想、态度、情感和其他各种情况，而且还能亲自观察受访者的有关特征和他们在访谈过程中的许多非言语信息，从而加深对谈话内容的理解，有利于判断访谈内容的真实性。

2. 间接访谈

间接访谈即非面对面的交谈，通过一定中介物进行。主要方式是电话访谈。适用于访谈内容较少、较简单的调查研究。间接访谈法收集数据资料时间快，尤其是在社会发生重大事件时，可以通过电话访谈快速获得信息，及时发布消息；节省人力，对访谈者的要求不高；费用低；保密性强，电话访谈具有匿名性，能够使被访者在敏感问题上提供真实想法。但是适用范围有限，难以深入探讨有关问题，更不能直接观察受访者的有关特征和各种非语言信息。

（三）个别访谈与集体访谈②

1. 个别访谈

个别访谈指由访谈者对受访者逐一进行单独访谈以收集研究资料的一种调查方法。信息传递限于交谈双方，不受第三者影响。灵活性强、适用范围广、控制性较强。但费时费力、大规模调查研究受限。适用于小规模人群访谈、敏感性问题访谈及个案研究。

2. 集体访谈

集体访谈是指由访谈者召集一些调查对象，就某一主题征求意见的一

---

① 吴增基、吴鹏森：《现代社会调查方法》，上海人民出版社 2014 年版。

② 吴增基、吴鹏森：《现代社会调查方法》，上海人民出版社 2014 年版。

种调查方法。集体访谈可以集思广益、互相启发、相互探讨，能在较短时间里收集到比较广泛和全面的信息。

要使座谈会成功，就要求访问者有更熟练的访谈技巧及会议组织能力。访问者事先明确会议的主题，准备调查提纲，把调查目的和内容等通知给参会者，让被访者知道即将讨论的议题，事先有所准备。

对于集体访谈的对象、会议地点和会议时长等都要所有设计。选择的对象要具有代表性，对调查的主题有所了解。例如，对学校体育伤害事故致因的研究，就要对多名了解情况的体育老师进行集体的访谈；对导师指导方式满意度的研究，就可以对不同导师的学生进行集体访谈。参会人员的数量，根据问题涉及的范围和能够参加者的情况等多种因素加以确定。会议的地点应当比较方便，并且有一个较安静的环境；提前安排好会议时间，并告知参会人员，保证每个参会人员都能充分表达自己的意见和看法①。

会议中要做好记录，会后要做好总结和分析，对会上不便提问或不易作深入了解的问题，会后还可以进行个别访谈作补充。

在集体访谈的过程中，对于某些敏感性问题，不适于采用这种方法。例如，调查企业员工对企业加班文化的看法，这类涉及个人利益的调查，若访谈对象是同一个单位的员工，特别是访谈对象包含公司领导时，就不适合开展集体访谈，因为员工不会在领导或者同事面前表达自己的真实想法，会迎合别人或者是单位的利益。倘若选择同级别的、不同公司的、彼此间完全不认识的陌生人作为访谈对象，就可以开展集体访谈。他们之间没有任何的利益关系，不需要去迎合他人的看法。

当我们想要探究不同人群对同一问题的看法时，并且问题不是太敏感时，我们可以采用集体访谈。

笔者曾经开展过一项“关于大学基础研究相关问题的调查”，不同职称的学者，对基础研究所关注的问题是不同的；同时不同职称的学者对相同问题的观点有也不一致的地方。在集体访谈过程中，不同领域专家学者就

① 吴增基、吴鹏森：《现代社会调查方法》，上海人民出版社2014年版。

"我国基础研究经费管理问题"发表见解,不同职称的学者关注点都不同,教授更关注"保障性经费",希望有稳定的经费支持,有利于大型基础研究项目的稳定进行;副教授和讲师更关注"竞争性经费",希望竞争性经费比例增加,以增加获得竞争性经费的几率。原因是竞争性经费还不能满足副教授和讲师的科研需求,因此,他们还没有关注"稳定性经费资助"的问题。

第二节　访谈法的优点与局限

一、访谈法的优点

(一) 访谈法是对定量研究的必要补充

在问卷调查中,有时候得到的数据统计结果与客观情况存在偏差,不能完全揭露现实背后的深层原因。可以通过访谈法对数据结果产生的原因进行后期挖掘,也可以对个别访谈者进行深入调查。对问卷数据处理是有效的补充。访谈和问卷相结合的综合实证研究,可信度较高。

(二) 对访谈对象进行全面深入的观察

当被访者在表述一个观点或陈述一个事实时,言谈举止的表现往往隐藏着重大的信息。在访谈的现场,通过对言语以外的信息观察,访谈者可以了解这些访谈内容的真实性,和访谈对象的态度、动机的真实性。

(三) 灵活性强

访谈过程是观点表达、思维碰撞的过程。在听取受访者的观点后,将对访谈者产生一定的启发,一些之前没有考虑到的问题,访谈者可以灵活地进行追问和探讨。并且针对调查,一次访谈可能了解不够深入,访谈者还可以安排后续访谈。因此无论是在访谈的问题上、访谈时间安排上、访谈的次数上都可灵活安排。

二、访谈法的局限

(一) 访谈法的经费成本较高,时间较长

如果访谈的对象是在本地,访谈过程比较简单方便;但要是访谈对象在

外地，就需要考虑差旅费以及时间成本问题。因此访谈会限制访谈者对访谈对象的选择，难以进行大样本的调查，这也是访谈区别于问卷法，很难进行大样本数据获取的原因。

（二）标准化程序低，难于统计分析

很多人不愿意采用访谈法，是因为没有一个标准的流程或者是框架来指导访谈者如何撰写一份访谈报告。并且也没有固定的模型，或者统计方法对访谈的结果进行数据处理。访谈报告和结果需要依靠访谈者的深度挖掘和撰写，才能得到很好的效果。

（三）容易产生偏差

无论是访谈者还是受访者，对问题的理解都存在主观性。在访谈过程中，对客观事实可能存在主观引导的偏差。访谈者的访谈技巧和对访谈现场的把控能力，都会对访谈结果产生影响。

第三节 访谈的实施程序

访谈是一门艺术，高质量的访谈不仅取决于事先的研究设计，更取决于访谈者的素质和访谈技巧。即便访谈研究设计再科学，如果实际访谈过程控制不好，访谈技巧运用不当，得不到受访者的积极配合，就难以取得真实、完整和有效的访谈资料。

一、访谈的基本程序

一次完整的访谈一般经过十个基本步骤，包括确定研究主题，提出研究假设；确定访谈的目的和可行性；确定访谈对象；拟定访谈的内容；确定访谈的时间、地点；确定访谈的记录方式；制定访谈计划；实施访谈；整理和分析访谈结果；撰写访谈报告等过程，如图 12-1 所示。下面我们将对每个步骤进行逐步讲解并结合相关内容具体分析。

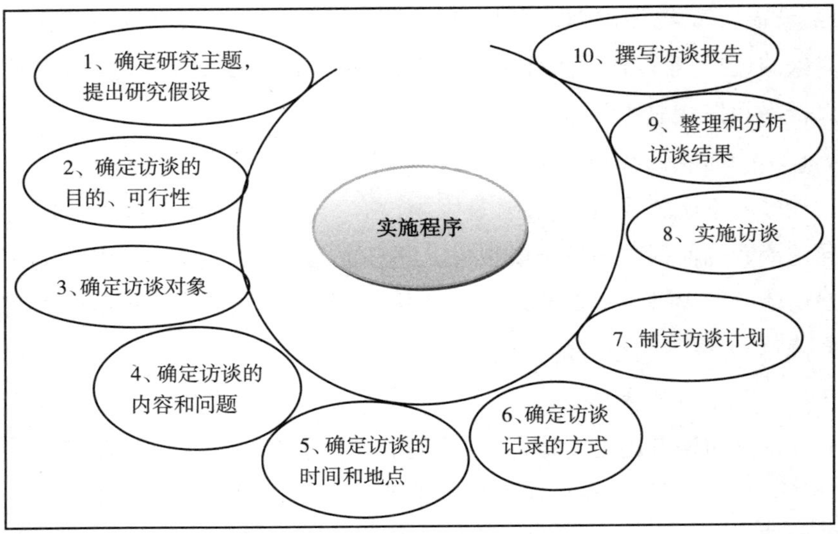

图 12-1　访谈的基本程序

（一）确定研究主题，提出研究假设

一项调查开始前，首先要确定研究的主题，提出研究假设。如果访谈者越明确研究的主题，提出的假设方案越具体，访谈者对访谈提纲和主旨就会把握的越清晰，访谈的过程就会越顺利。

访谈不是简单的对话交流，访谈者也需要有相关的知识储备，调查经验和谈话交流的技巧。在前期的准备中，访谈者应进行相关的访谈技巧学习和训练。

（二）确定访谈的目的和可行性

确定研究主题后，访谈者要设定访谈的目的，同时确保访谈的必要性和可行性。在一些以访谈为主要方法的学术论文中，大部分作者都要交代访谈目的。例如，《中国自然灾害幸存者创伤后成长的质性研究——舟曲泥石流后对幸存者的访谈分析》①一文对访谈目的就进行了着重的说明，如图

① 吴恺君、张雨青、青于兰等：《中国自然灾害幸存者创伤后成长的质性研究——舟曲泥石流后对幸存者的访谈分析》，《中国临床心理学杂志》2013 年第 21 卷第 3 期，第 474—478 页，445 页。

12-2 所示。

> 访谈目的：“……为了全面了解中国文化背景下灾后幸存者 PTG 的内容及特点，本研究采用质性研究方法，通过半结构式访谈了解中国文化背景下灾后幸存者创伤后成长的内容与特征及其与西方文化背景下个体表现的异同点。”

> 文章中说明了“了解中国文化背景下灾后幸存者 PTG 的内容及特点”是进行半结构化访谈的目的。

图 12-2　访谈目的文章段落举例(1)

资料来源:《中国自然灾害幸存者创伤后成长的质性研究——舟曲泥石流后对幸存者的访谈分析》(吴恺君、张雨青等)

再例如,《企业高层管理者胜任特征模型评价的研究》①一文中,提到我国处在社会经济转型期,一个优秀的高层管理人员对企业经营的成功与否十分重要,确定优秀高层管理人员的标准十分必要。这也是进行访谈的目的和研究的必要性,如图 12-3 所示。

> 访谈目的：“……本研究的目的在于通过行为事件访谈，来揭示中国企业高层管理者的胜任特征模型，为企业高层管理人员的选拔、培训和评价提供理论和方法的依据。”

> 文章中说明：“揭示中国企业高层管理者的胜任特征模型，为企业高层管理人员的选拔、培训和评价提供理论和方法的依据。”是论文的主旨也是访谈目的。

图 12-3　访谈目的文章段落举例(2)

资料来源:《企业高层管理者胜任特征模型评价的研究》(时勘、王继承等)

---

① 时勘、王继承、李超平:《企业高层管理者胜任特征模型评价的研究》,《心理学报》2002 年第 34 卷第 3 期,第 306—311 页。

（三）确定被访谈对象

访谈过程中需要对被访谈对象进行设计，因此本书并不提倡进行随机的访谈，对被访谈对象的信息进行整理归纳是很重要的。被访谈对象要有一定的知识储备，才能够回答研究课题，依据自己的知识和经验为访谈者提供信息。

被访谈对象是访谈主体，其性格、职业、年龄等基本信息也是访谈者后期撰写访谈报告时，进行分类比较分析的依据。例如，《中国自然灾害幸存者创伤后成长的质性研究——舟曲泥石流后对幸存者的访谈分析》一文中，对被访谈对象进行设计，基本信息包括性别、民族、婚姻状况、受教育程度等。文章将被访谈对象进行划分，依据分类是目睹尸体、目睹房屋受损、经历亲人死亡等几类人群，根据这些经历分类，可以提供翔实的感受信息和心理信息，如图 12-4 所示。

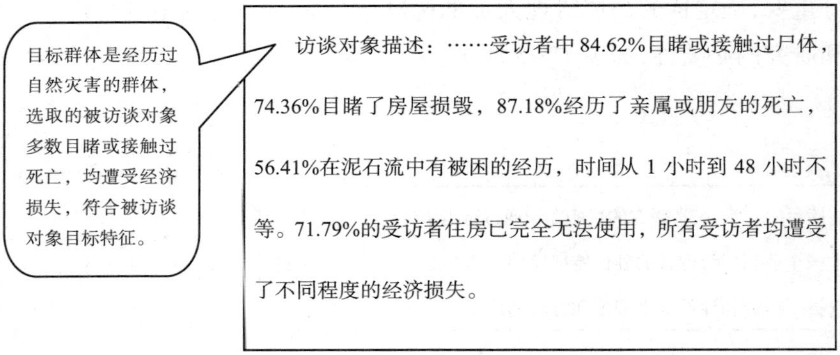

图 12-4 访谈对象文章段落举例（1）

资料来源：《中国自然灾害幸存者创伤后成长的质性研究——舟曲泥石流后对幸存者的访谈分析》（吴恺君、张雨青等）

又例如，在《学校体育伤害事故致因结构质性研究——以北京市海淀区 S 学校为例》①一文中，被访谈的对象就是中学的体育教师、校医和学生，

① 王岩、姚蕾、李红娟：《学校体育伤害事故致因结构质性研究——以北京市海淀区 S 学校为例》，《北京体育大学学报》2013 年第 36 卷第 3 期，第 99—105 页。

对三类不同人群分别进行访谈,从多个角度来对学校体育伤害事故原因进行分析总结,如图 12-5 所示。

鉴于实践的可行性,采用了方便性的样本选取原则选取了 42 名访谈对象(表 2)。学生样本由两部分群体构成,一是在运动中有过受伤经历的学生,二是患有运动性障碍疾病的学生。

表 2 访谈对象一览

访谈对象	一线体育教师	校医	学生	总计
人数	10	2	30	42

图 12-5　访谈对象文章段落举例(2)

资料来源:《学校体育伤害事故致因结构质性研究——以北京市海淀区 S 学校为例》(王岩、姚蕾等)

通过选取的不同类别的研究对象,从一线体育教师、校医、学生三类人群考察学校体育伤害事故的原因等问题。

(四) 拟定访谈的内容

拟定访谈的内容是访谈前期准备过程中比较核心的部分,拟定访谈提纲里的每一道题,是反映访谈目的和主旨的。先草拟题目,进行先行访谈。通过小范围的访谈,发现其中的问题,进行修改。经过几次访谈和修改后,访谈提纲将会越来越完善,这时可以进行大范围的正式访谈。

值得注意的是,在访谈实施中,访谈者很难用完全相同的访谈内容或者是访谈提纲去访谈每一个人。因为在访谈过程中,受访者针对访谈问题的回答是不可预估的,访谈者大都会根据受访者的答案,进行后期追问,这些后续的问题,大都不在预设的访谈提纲中。

仍然以《中国自然灾害幸存者创伤后成长的质性研究——舟曲泥石流后对幸存者的访谈分析》文章为例,其中对访谈内容进行了说明。文章作者采用半结构式访谈,事先围绕创伤后成长量表列出访谈提纲,在访谈中又根据实际情况灵活提问,保证访谈的顺利进行,如图 12-6 所示。

此研究中，被访谈的对象是经历过自然灾害的幸存者，他们的内心是敏感的，访谈过程中可能会出现受访者情绪失控的问题，就需要访谈者根据实际情况灵活提问，采用半结构式访谈较为合适。

访谈内容说明：……访谈为半结构式访谈，访谈提纲围绕创伤后成长量表（PTGI）中提出的五个维度展开：1、感激和珍惜；2、人际关系；3、新的可能性；4、个体优势；5、精神信念。访谈过程中如被试无法继续进行访谈，访谈者应按照以上五个维度根据实际情况灵活提问，引导被试以保证访谈过程的流畅性。

图 12-6　访谈内容文章段落举例(1)

资料来源:《中国自然灾害幸存者创伤后成长的质性研究——舟曲泥石流后对幸存者的访谈分析》(吴恺君,张雨青等 2013)

在《学校体育伤害事故致因结构质性研究——以北京市海淀区 S 学校为例》中,采用的也是半结构化访谈,根据学校体育伤害事故产生的原因事先拟定好访谈的问题,对学生受伤的原因进行深度的探讨,也更能了解学生、体育教师和校医对事件的看法和原因,如图 12-7 所示。

鉴于研究的需要，本研究围绕学校体育伤害事故产生的原因编制了访谈提纲。并采用个别访谈与集体访谈相结合的开放式的访谈方法，对体育教师、校医、学生进行了访谈。

访谈内容是校体育老师、校医和学生，对体育事故原因的不同看法。并且受伤原因可能会涉及学生隐私问题，针对受伤学生的访谈适合个别访谈比较合适。

图 12-7　访谈内容文章段落举例(2)

资料来源:《学校体育伤害事故致因结构质性研究——以北京市海淀区 S 学校为例》(王岩、姚蕾等)

(五) 确定访谈的时间、地点

访谈的时间和地点的安排就是访谈的细节考虑。如果说细节决定成败,那么这些细致的安排,的确会给受访者留下第一印象,决定着访谈过程中,受访者的配合程度,也决定着访谈质量。

一般情况下,访谈者应配合受访者,会询问“您在什么时间什么地点比较方便?”。但有时候受访者会让访谈者选择访谈时间,这就有一定的技巧性。

首先,访谈的时间不要选定在周末或者是下班以后,这是受访者的私人时间,一般都不愿意被占用的。其次,不要把访谈定在假期后的第一个工作日,一般这时候会处理的很多工作任务,或者进行一些工作会议。建议把访谈时间定在周二至周四的下午两点以后至五点以前。

访谈的地点可以根据调查主题而定。如果是和受访者工作相关的,访谈的地点可以选择对方单位的小型会议室或办公室,但如果办公室是多人共用的公共办公室,就不适合进行访谈了。因为这样的环境,访谈内容将会被很多人知晓,不利于谈话的深入开展,获得受访者的真实看法的难度也会增加。如果是贴近生活化的主题,可以选择在受访者的家中进行访谈,如图12-8所示。倘若这些条件都不具备,可以选择在一个安静的咖啡厅开展访谈。总之,访谈的地点一定要避免公共环境,或者是嘈杂的环境。

> 访谈地点一般选为受访者家中，访谈时间约为20—30分钟。访谈前先让受访者了解访谈目的，征得其同意，随后进行访谈并对访谈内容进行现场录音。

> 此研究是关于自然灾害幸存者创伤后成长的调查，与受访者实际生活密切，所以访谈的地点选择在受访者家中。

图 12-8　访谈地点文章段落举例

资料来源:《中国自然灾害幸存者创伤后成长的质性研究——舟曲泥石流后对幸存者的访谈分析》(吴恺君、张雨青等)

(六) 确定访谈的记录方式

访谈记录的内容一般包括三个方面,一是与受访者的谈话;二是访谈中的非语言交流,例如,眼神、神态和肢体动作;三是访谈的时间、地点和环境。记录的内容要实事求是,不能主观臆断,随意添加。在访谈过程中,访谈者不可能记录受访者所说的每句话,需要抓住要点。

访谈者记录速度有限,回忆可能也会存在一定的偏差,因此如果条件允许，可以对访谈过程进行录音或者录像。当然，录音和录像是一定要得到受访者的同意，在访谈前，访谈者可以简单询问，“请问您介意我们录音吗?”，如果对方回答介意，可以追问一句，“如果你觉得有必要，我们就可以暂停录音；方便的话，再开始录音”。如果对方还是有所顾虑，就不要勉强，尽量用笔速记即可。

（七）制订访谈计划

访谈计划一般要制定受访者的访谈顺序、访谈的形式（面对面访谈、电话访谈、邮件访谈），访谈规模（个体访谈、集体访谈）以及访谈的时间、地点、耗时等事宜。这些情况都应因访谈内容和受访者需求而定。

（八）实施访谈

实际的访谈中，还包括很多技巧，包括如何接近受访者，如何正确地倾听，如何有效提问和追问等。这些部分，我们将会在下一部分“访谈的实施策略和技巧”进行详细介绍。

（九）整理和分析访谈结果

在访谈结束后，访谈者一定要迅速地根据自己的记忆，将访谈记录进行总结和整理。如果受访者同意录音，也要在访谈结束后，尽快整理，回忆访谈过程中，受访者的表情、举止、状态等非语言性表达。访谈内容应翔实记录，不能主观臆断和随意删减。同时要记录受访者的语气和说话节奏的变化、肢体动作、面部表情等细节，必要时在相应部分进行标注，如图 12-9 所示。

> 访谈结束后，访谈者将录音转录为电子文档，总共约 20 万字文字资料。
>
> 以个案为单位将每个受访者的访谈文字资料导入 Nvivo8.0 软件，运用该软件对转录的文字资料进行编码。

图 12-9　访谈内容的整理文章段落举例

资料来源：《中国自然灾害幸存者创伤后成长的质性研究——舟曲泥石流后对幸存者的访谈分析》（吴恺君、张雨青等）

如图 12-9，上述研究中，采用了录音的记录方式，在访谈结束后，再将录音转录为电子文档，并对文字进行分析。

（十）撰写访谈报告

访谈报告是访谈调查研究的结果总结，也是访谈的成果汇总。一般包括三个方面的内容：访谈计划回顾、访谈过程描述、访谈结果分析。下面的访谈报告是教育学研究生在访谈训练中的一次课堂练习，我们将结合这份具体的、简短的访谈报告进行访谈报告的撰写说明，如图 12-10 所示。

> “文科类研究新生对导师指导方式的满意度调查”的访谈报告
>
> 一、访谈计划回顾
>
> 为调查文科类研究新生对导师指导方式的满意度，课题组根据研究目的，选取北京某高校三名一年级教育专业的研究生作为访谈对象。
>
> 二、访谈过程的描述
>
> 2019 年 9 月，我的研究小组两名访谈成员采取了半结构化访谈形式。受访者为不同导师的三位研究生，由于导师不同，讨论问题中彼此影响不大，因此采用了集体访谈。访谈的内容主要包括导师指导风格、师生沟通交流、学生对导师的预期等方面。访谈的内容均为一手资料，真实可信。
>
> 三、访谈结果分析
>
> 通过前期的访谈，我们得到以下结论：
>
> 第一，入学成绩较高的学生，主动学习积极性较高，对导师进行充分了解，并积极参加科研活动，对任务导向型的导师指导方式较为满意。
>
> 第二，导师拥有科研团队，能形成朋辈辅导的学生满意度较高。
>
> 被访对象的导师有一个由博士生、硕士生组成的近 10 人规模的研究团队，除了导师的指导，被访对象还能接受到来自博士生的指导。由于年龄跨度较小，其沟通也更加流畅，增强了被访对象对导师科研团队的归属感。因此推断，能够形成科研团队内部朋辈辅导的学生对导师指导方式的满意度较高。
>
> 第三，学生对导师指导方式的满意度高可能与开学时间短有关。
>
> 被访对象开学至接受访谈总计 1 个月，与导师接触的次数还不多，与导师交流程度也不深，和导师之间存在矛盾的可能性较低。因此推断，开学时间短可能是新生对导师指导方式满意度高的一个影响因素。

图 12-10　访谈报告举例

首先，是对访谈计划的回顾，即访谈实施的前期准备工作，包括访谈的主旨、访谈的目的等，被访谈对象的设定范围预示着访谈目标和主旨的确立。此报告的主旨是“文科类研究新生对导师指导方式的满意度”调查，因此其研究对象是“文科类研究生新生”，因此选择的访谈对象就是北京某高校教育学专业研究生一年级新生。这种访谈对象的限定比较有利于进行后续的有针对性的主旨分析。

其次，是对访谈的整体描述，包括时间、地点，访谈过程的参与人员，还要记录访谈内容。该报告中，分别对“访谈对象、访谈形式、访谈内容”进行了描述，主要针对学业、生活、情感等各个方面的指导满意度进行探讨，符合报告中第二部分访谈过程的描述要求。访谈过程中，访谈者有两位，一名主访者，负责主要的提问；另一名追问者，进行记录的同时，观察被访者的回答时的状态，并根据访谈的情况，进行适当的追问。

最后，是整个报告中最重要的部分，即对访谈结果的综合分析和高度提炼。通过对访谈内容的回顾，综合概括调查结果。该报告中，受访者入学成绩、入学前对导师的了解程度、对导师的期望、被指导方式等方面各不相同。因此，报告从入学成绩、对导师了解程度、指导方式、满意度的其他影响因素等方面进行总结。

总体而言，报告内容大体包括了访谈计划回顾、访谈过程描述、访谈结果三个方面内容，其中过程部分也将各个部分的要素进行阐述，只是在内容的归纳和结果的综合提炼部分经验不足。

二、访谈的实施策略和技巧

（一）接近受访者的技巧

受访者可能是熟悉的人，也可能素未谋面的陌生人。要想在较短的时间里与第一次见面的人建立起一种信任，并保证访谈的顺利进行，是需要一定技巧的。

1. 礼貌用语。良好的第一印象有利于访谈的顺利开展。针对不同的被访谈对象，要采用适当的访谈称谓，如“吴老师”“王教授”“孙经理”“毛院士”“周女士”等。不要直呼“你”,建议使用“您”或“贵单位”。

2. 激发受访者参与调查的兴趣。要让受访者觉得这个调查很重要,值得他花时间去谈话,他的访谈内容对研究调查工作有较高的价值。因此,访谈者要向受访者表述清楚这项调查的意义和作用。为了激发受访者的兴趣,访谈者必须向受访者说明以下信息。

(1)作自我介绍。访谈者还要携带相关证件或文件,并详细介绍自己的姓名、单位、访谈目的。

(2)说明调查的价值和作用。介绍此次访谈的意义,还要肯定受访者在此次调查中起到的积极作用。

(3)选择受访者的原因。在选定受访对象后,应该告知其被选为访谈对象的原因,如因为其职务、身份、学习经历等,并事先以电话形式或邮件等形式告知受访者,征得同意后,商定访谈的细节。

(4)访谈的主要内容。提前告知访谈内容,让受访者有一定的准备,同时需要说明访谈者将保护受访者个人信息,减少受访者的顾虑。

(二) 谈话和提问的技巧

1. 谈话的技巧

说话是一门艺术,访谈时语言的恰当使用关系到访谈质量。

(1)要努力营造一个亲切友好的谈话气氛,打破陌生的隔阂。在访谈活动之前,访谈者和被访者可能彼此并不熟悉,或者相互不认识。访谈者想要获得有用的信息,就一定要积极地展示自己的友好,让谈话在一个轻松愉悦的氛围中进行。

(2)应从题外到题内,等到谈话投机,再转入正题。正式谈话前,访谈者可以和受访者聊一聊课题以外的话题,例如,天气情况,交通情况等,能有个较为轻松的开始,等彼此有了一些简单的交谈后,再进入正式的访谈话题。

(3)如果受访者的回答不全面,就需要进行适当的追问。因为每个人的理解能力和表达能力的不同,有时候受访者并没有完全了解访谈者问题的含义,所表述的答案和访谈者实际想要了解的会有所出入。因此,这时候需要访谈者适当的追问,以了解受访者真实想法。

(4)访谈的目的是了解而不是表达。访谈者开展访谈的目的是为了获得第一手调查资料,因而要尽可能地去倾听和记录受访者的回答,包括其情绪或情感的宣泄。如果受访者情绪失控或者偏离主题太久,访谈者应根据访谈提纲及时引导。

(5)不要诱导被访谈对象。开展任何一些科学研究都要本着客观的态度,在访谈中也是如此。在对受访者进行访谈时,要让受访者畅所欲言,不能为了获得研究想要的答案,刻意诱导受访者。这样很有可能会得到与受访者实际不相符合的答案,也就失去了访谈的意义。

(6)不能对访谈对象进行价值判断。每个人的价值观都会不同,在访谈中也要有一颗包容的心,去看待任何与自己不同的看法。访谈的目的是为了获得信息,而不是去评价对错。特别是在访谈时,与受访者出现完全相左的意见时,访谈者也要保持微笑,以平和的心态去完成访谈,不能直接进行反驳,甚至是争论。

2. 提问的技巧

在访谈中,受访者可能没有回答到访谈者想要知道的信息,或者是对某一问题只是简答提及,而访谈者想要了解更多细节性的信息,就需要访谈者进行合理的引导和追问①。提问的方式有很多种。

(1)提纲法,即根据先前拟定的问题提纲进行提问。

(2)追问法,对访谈对象的陈述进行深入探讨。有三种情况需要追问,第一,受访者回答的不够具体,含糊不清;第二,访谈者对受访者的一些关键性回答没有听清,或者没有完全理解受访者的意思时;第三,访谈者在受访者回答的话题中受到了启发,即兴进行深入探讨。

(3)对比法,根据受访者对某一问题的不同看法进行追问,如受访者前后回答不一致,不符合逻辑,这时需要对比法进行提问,这需要访谈者的高度洞察力。如果是访谈小组的形式开展访谈活动,可以安排特定的人员进

① 吴增基,吴鹏森:《现代社会调查方法》,上海人民出版社 2014 年版。

行访谈追问。

不同情况下,访谈者可以采取不同的引导方式。如果是没听清楚问题,答非所问,访谈者需要把问题重述一遍,“我想您刚可能没听清我们的问题,我在重复一下……”。如果问题涉及对某些人的看法态度时,受访者有所顾忌而不愿详谈,访谈者就需要立即表明态度,会对受访者所谈的内容进行严格保密,同时暂停录音。如果涉及利益相关的敏感话题,访谈者要进迂回追问,或者可以改问第三方的行为问题。例如,“据您的了解,您身边有没有在拆迁中采取非常规手段,谋取更多利益的现象和事件?”。

在实际中,采取什么样的提问方式,要根据受访者的特征,例如,是外向型,还是性格内敛型;访谈者和受访者的关系程度,如果双方第一次见面,还不熟悉,应该耐心谨慎地提问,要是彼此很是熟悉的关系,就可以直接提问;问题的性质,若问题涉及到利益关系或者是敏感话题,就要委婉进行。

在结束访谈,进行整理后,可能会发现新的问题,访谈者可以进行第二次访谈,集中追问。当然追问也要把握好分寸,千万不能咄咄逼人,以免影响访谈的整体进程。

(四) 结束访谈的技巧

在约定访谈前,一般会告知受访者访谈要持续的时间,访谈者应尽可能按预定时间结束访谈。受访者在之后可能还有别的安排,访谈者不要有所打扰,及时结束访谈。这样也会给受访者留下一个守时的好印象,有助于建立良好的合作关系。

当然,如果访谈开展的十分顺利,双方交谈很是愉快,受访者意犹未尽,访谈者也可以根据具体情况延长访谈时间;或者访谈中,出现其他突发事件,访谈者也应该灵活地把握访谈时间,提前结束访谈,并和受访者约定好下次访谈。

结束访谈时,要再次向受访者表示访谈者真诚的谢意,感谢他们对本次访谈的支持与配合;同时说明,如果此次访谈还有未完全了解的内容,需要对受访者进行后续的访谈。

第十三章

案例研究

从历史上看，“案例”早在数百年前就在法学领域和医学领域得到了广泛的应用。律师们将以往的经典法律案件视为法律的宝典；医生们依赖于以各种各样的病例来诊断病症和设计治疗方案。20世纪以来，案例研究方法逐步兴起并在经济学和管理学领域得到了快速发展及完善。

案例研究法作为一种科学研究方法，是实证分析的一种重要方法，研究者通过对一个或者多个案例的数据收集、分析和研究，对某些现象和事物进行描述与探索，建立新的理论或对现有的理论进行检验、发展及修改。当前案例研究法被广泛应用到包括法学、医学、人类学、心理学、社会学、历史学、经济学和管理学等在内的各个学科领域，并在各个学科研究中存在不同的界定和作用。从实践中得到真理，一个或一组案例往往蕴涵着新的理论、规律、规则、方法，这便是案例分析的学术价值所在。本章将介绍案例研究的本质与特征、类型、作用及评价。

第一节　案例研究的本质与特征

（一）什么是案例

在弄清案例研究的内涵之前，需要首先知道什么是“案例”。案例是指已经或正在发生的事实或事件,它能够提供一个或一连串问题,以供研究者进行思考和探索。因此"案例"具有丰富的含义,它既可以是个体、家庭、机构、族群、社团、学校,也可以是一个计划、一项事实或一组事件。当然,并不是人类社会的一切单位或事件都可构成科学研究的案例。要形成一个真实意义上的案例,必须具备两个基本条件。

第一,案例必须是一个真实的社会现象。

案例必须具有某种行为形态或事实,是一个客观的社会现象。在科学研究中,案例通常被认为是对真实状况的一种描述,是许多相关事实的说明。它提供问题的真实情景,以待寻求解决问题的可行方案。因此,它所描述的事实或事件必须是真实发生的,不可杜撰,且应该有一个或多个中心问题,是一种客观的描述而没有任何主观的评论。

第二,案例必须具有明确的界线。

案例必须具有明确的界线,能够构成一个完整的分析单位或事件。案例必须是一个界限明确的对象而非泛指某种过程。在这个意义上,一个具有较好研究意义的案例不仅要求它是在自然环境或现实社会中真实发生的,还要求它具有一定的典型性,具备一个或多个疑难问题,可以促使人们进行更为深入的思考:"如果自己遇到同样或类似的事件将会如何应对"。

(二) 案例研究的本质

案例研究,又称案例分析。案例研究,是指对真实发生的案例进行深入调查,运用多重证据材料对案例进行研究、分析、概括和总结,进而发现新的知识和理论的实证研究方法。案例研究的本质在于创建概念、命题、理论。① 1984 年 Yin 为案例研究给出了一个经典定义:案例研究是一种经验主义的探究,它研究现实生活背景中的暂时现象,在这样一种研究情境中,现象本身与其背景之间的界限不明显,研究者只能用大量运用事例证据来展开研究。案例研究的基本内涵有以下几个方面。

---

① Yin R K.:《Case Study Research:Design and Methods》[M].3rd ed.California:Sage Publications,2003.

第一，案例研究是一种经验性的研究，它所摘述的是真实生活事件的过程或结果，它的研究对象是现实社会经济现象中的实际情况之间的相互关系。[①] 换言之，案例研究是以一个个体，一个组织（如一个家庭，一个社会，一所学校，一个部落等）或一组事件为对象，对某项特定行为或问题进行研究的一种方法。

第二，案例研究是通过广泛地收集案例材料，运用多重证据来源来彻底了解案例的发展历程或现状，以确定问题症结的过程。它尤其强调对案例事件的真相和前因后果进行深刻而周详的剖析。一个案例往往不仅需要一手调研资料（如深度访谈、问卷调查口述资料、原始文件、档案、信函、日记、回忆录、照片和文物古迹），而且需要众多的二手资料（文献综述、教科书、非独家新闻、传记）来佐证案例的有效性。[②]

第三，案例研究的目的在于探索案例事件是“怎么做”和“为什么”发生的，而不是“是什么”的问题，以期通过归纳等方法发现案例事件所隐含的一般规律和特殊性，从而提升人们对案例事件的认识。

第四，案例研究的重点是去捕捉社会现象的片段的真实细节，而无须预先严格设定或梳理清楚其中蕴藏的为数众多的变量之间的复杂关系。可见，案例研究是针对一个相对狭小领域的某一个局部性的问题进行的研究。

总而言之，当被研究对象或被研究现象本身难以从背景中抽象、分离出来时，案例研究是一种行之有效的研究方法。它可以获得其他研究方法得不到的数据、经验知识，并以此为基础来分析不同变量之间的逻辑关系，进而检验和发展已有的理论体系。换言之，由于现象与实际场景不见得总是能够清楚区分，因此案例研究在数据搜集与分析上，极具特色。

（三）案例研究的特征

案例研究是一种运用历史数据、档案材料、访谈、观察等方法收集数

---

① 白长虹：《案例研究：求实还要求真》，《南开管理评论》2019 年第 22 卷第 3 期，第 2、1 页。

② 周春柳、胡芬、刘晓冰：《管理案例资料及其收集方法研究》，《管理案例研究与评论》2017 年第 10 卷第 3 期，第 327—338 页。

据，并运用可靠技术对一个或者多个案例进行分析，从而得出具有普遍性结论的研究方法。与实验、调查问卷、统计分析等研究方法相比，案例研究作为一种经验研究，它在对真实生活事件的分析方面具有显著的个性特征。①

1. 特殊性

案例研究的对象属于现象学的研究范畴，通常是一个特殊事件、行为、方案或现象，具有一定的典型性和代表性。它往往是由多个变量组成的，这些变量之间的关系通过一些具体的事件表现出来，是可以观察到的，但研究者对这些变量无法控制。此外，在某种意义上，案例研究就是对特定情形中的人、事件或组织的研究，是一个“发现的过程”。在科学研究中，对特殊现象进行分析是极其重要的。根据库恩的观点，正是特殊现象的积累导致了新科学范式的产生。② 而统计分析方法很容易把异常的事件排除在外，从而错过了发展新认识或新理论的机会，这就需要案例研究来弥补这一缺陷。

2. 整体性

案例研究虽然把案例对象从社会生活的背景中抽离出来，但它要求最大化地还原整个案例的真实全景，以求对案例对象进行全面的理解。例如，为什么它们会发生？它们是如何发生的？结果是什么？在这个意义上，案例研究不是简单地找几个变量，用统计分析来推论因果关系。

尽管案例研究不可避免地要把一些次要的细节剥离，但它反对把复杂的社会现象简单分解为彼此独立的元素。案例研究强调对现象的解释必须从整个全局进行考察而不能仅以片段行为或事实作为普遍推论的依据。而“也只有在保证案例研究整体性这一前提下，案例研究的结论，案例本身作为一个完全的、被准确界定的个体样本所揭示出来的规律及相关研究结论，才有可能被推广应用到更广泛的、具有相似性的群体中③”。整体性特征表

---

① Yin R K.:《Case Study Research: Design and Methods》[M].3rd ed.California: Sage Publications, 2003.

② [美]托马斯·库恩：《科学革命的结构》，北京大学出版社 2003 年版。

③ 余菁：《案例研究与案例研究方法》，《经济管理》2004 年第 20 期，第 24—29 页。

明，案例研究所提供的真实场景必须是全面的，有故事背景，有来龙去脉，有发展过程和人物情节的，最好在附录中还有完整的图示和数据。人们在读完案例时，至少能够掌握所述事件的基本事实以及充分的佐证数据和资料，从而为展开进一步的研究奠定坚实的基础。

3. 系统性

案例研究具有系统性，研究者总是把研究对象看作是一个系统或者一个系统的组成部分，来努力识别其中存在的因果关系。一个好的案例首先必须是一个开放的体系，所提供的是真实的问题、矛盾和困境，存在着从各个侧面进行研究和解释的可能性。因此，通过案例分析进行的实证研究，虽然不一定能够完全证实或者伪证什么，但是可以有所发现。如果把案例分析作为一个封闭的体系，就无法对案例中的问题及矛盾运动作出恰当的描述和中肯的分析。

4. 描述性

“深描”是人类学经常使用的一个词语，是指对社会事件或其本质进行彻底且充分的文字描写。案例研究尽管不要求研究者长时间地待在“场地”收集详尽的观察证据，但它也要求作者本着“深描”的精神，全面地捕捉社会现象片段的真实细节，同时研究成果必须呈现出对现象丰富，浓厚的描述。① 案例研究必须尽可能地包含所有可能的变量，并对变量的互动进行深人的描写，因此，它所需要的数据最好具有多重来源，如文献，新闻，统计报表，档案等。

5. 诠释性

自然科学重在客观规律与因果关系的“解释”，社会科学（尤其是人文社会研究）则重在主观意义与丰富内涵的“解说”或“阐释”。案例研究的一个重要特点在于具有浓厚的诠释性，在于作者能够对现象或事件建立心理关联从而对之作出富有意义的解读，使读者对案例中的事件，尤其是对那些

---

① 卢晖临、李雪：《如何走出个案——从个案研究到扩展个案研究》，《中国社会科学》2007年第1期，第118—130页、207—208页。

不容易以数字表达的思想观念，道德标雅，宗教信仰，心理冲突等“软数据”有着更好的认识或理解。

6. 归纳性

案例具有特殊性，但是案例研究必须力求发现案例背后所隐藏的规律性。换言之，作者通过对案例进行总结和归纳，能够得出更加抽象的、精辟的甚至带有普遍性的结论。与此同时，案例研究过程中的概念推论或者假设，都必须源于真实有效的证据，植根于研究现象本身。因此，作者应充分运用所收集来的资料，从中发现事件的内在规律。如斯特尔曼所说的：“要通过案例（单一事例或有限事例）来得出归纳性的结论或预测未来时，研究者必须对这一事件所涉及的各部分的互相依赖关系及这些关系发生的方式进行深入的研究。”①

7. 启发性

案例研究的目的不仅在于给读者提供一种基于现象的理解，更重要的是要形成新的知识或理论，从而拓展读者对研究现象的认知。案例研究有助于读者对研究现象产生新的洞察力来探索先前所未察觉的关系或变量。从这个角度看，作为一种科学研究方法的案例研究，它更高的境界在于创新或发展理论。在这个意义上，案例研究不仅是对当前社会现象的描述，也成为一种创造的过程，一种发现的过程。研究的结果又是一个新的起点，从而使不同的研究之间具有更好的共鸣和累积性。

第二节　案例研究的技巧

案例研究能够给研究者提供系统的观点。通过对研究对象尽可能地完全直接地考察与思考，从而能够建立起比较深入和周全的理解。案例研究是否能够发挥最大效用，视所选案例对象质量的良莠而定。因此选择优质

① 余菁：《案例研究与案例研究方法》，《经济管理》2004 年第 20 期，第 24—29 页。

的案例是案例型社科研究成功的重要条件。其中有三方面常见的案例研究误区值得注意。

（一）教学案例的选择不当

在教育教学过程中有关于教学案例的探讨与撰写并不是案例研究。教学案例着重于实务问题的反映，案例必须具有启发性，能够引起学习者的学习动机与兴趣，且能激发思考，带动热烈的讨论，分享问题解决的方式。所以教学案例的性质与注重严谨、讲求证据的案例研究是不同的。在教学案例上，有时为了更有效地铺陈特定的观点，也可以慎重地修改案例材料，以激发更为精彩的对话，但每个研究者都得严守各项研究步骤的要求。

（二）案例研究功能的单一化

案例研究的功用不是只作为进行正式研究前的一种先导性研究或者探索工具。所以案例研究不能只着重于现象的初步描绘，而不发展命题或验证假设。事实上，案例研究不仅具有探索功能，而且兼具描述性与解释性的功能。例如，早期芝加哥大学社会学教授怀特①的古典著作《街角社会》②，探讨街角流民的社会结构，是一项典型的案例研究，该项研究不但深具探索性与描述性的功能，而且也极具类推能力：即使是在不同国家、不同地区、不同时代所做的类似研究，都一再重复该项研究的发现。由此显示案例研究可以用来建构理论与验证假设，因此案例研究并非只是一项探索性的先导性研究。

（三）案例研究与田野调查的混淆

案例研究并不只是田野调查的一种资料搜集，也不一定需要进行长期的田野观察，其搜集数据的方式视研究问题而定。有时甚至不必离开图书馆或仅使用电话访问，就可以进行高质量的案例研究；而且所搜集与分析的资料，也不见得总是质化数据，量化数据也常是搜集与分析的重点。另外，案例研究虽然也可能在研究进行了一段时间后，变动研究主题，但通常在进

---

① ［美］威廉·富特·怀特，芝加哥学派社会学家，艺术和科学研究院院士。

② ［美］怀特：《街角社会》，商务印书馆 2005 年版。

入场域之前，就具有清楚的问题意识或者有明确的理论方向，而非民族志①②，研究等质化研究一样，是在进入场域之后，才逐渐清楚要探讨什么问题或是在进入现场之后，问题才逐渐浮现，且又随时调整问题的方向。因此，不能将案例研究与民族志研究等质性研究方法混淆在一起。

第三节 案例研究设计

案例研究设计是用实证材料把需要研究的问题和最终结论连接起来的逻辑顺序。研究设计是一种进行论证的逻辑模式，也是关于文章主旨的蓝图。案例研究设计的主要问题包括案例研究类型、案例研究设计模式、案例研究的资料收集与处理以及案例研究设计的检验等。

（一）案例研究的类型

根据文章中使用案例的数量，可以分为单案例研究和多案例研究；按研究任务分为探索型、描述型、解释型。③

表 13-1 案例研究的类型④

	探索性	描述性	解释性
单一案例研究	探索性单一案例研究	描述性单一案例研究	解释性单一案例研究
多案例研究	探索性多案例研究	描述性多案例研究	解释性多案例研究

① 民族志，又称人种志，是一种写作文本，是人类学的一种研究方法，是建立在人群中田野调查基础下第一手观察和参与之上的关于习俗的撰写。或者通常说是关于文化的描述，以此来理解和解释社会并提出理论的见解。

② 卢振波、李晓东：《民族志方法在图书馆学情报学研究中的应用》，《情报资料工作》2014 年第 3 期，第 13—17 页。

③ [美]德尔伯特 · C.米勒和内尔 · J.萨尔金德：《研究设计与社会测量导引》第 6 版，风笑天译，重庆出版社 2005 年版。

④ 王金红：《案例研究法及其相关学术规范》，《同济大学学报（社会科学版）》2007 年第 3 期，第 87—95 页、124 页。

单案例研究是运用一个案例进行研究,多案例研究是应用两个以上的案例进行研究。在这两种大类的案例研究中,各自包括探索性案例研究、描述性案例研究和解释性案例研究。或者说如果将案例研究从功能上划分为探索性案例研究、描述性案例研究和解释性案例研究三种大的类型,那么它们分别包含单案例研究和多案例研究。单案例研究和多案例研究最主要的区别在于研究中使用案例的数量差别,而不存在本质上的差别。因此,研究者在什么情况下使用单案例研究还是多案例研究,主要取决于研究者获取案例素材的能力、时间、精力以及经费支持,还有就是所在团队的规模。如果这些条件相对比较欠缺,可以采用单案例研究;如果这些条件相对优越,则可以采用多案例研究。当然,从实际经验来看,也有相反的选择,如果条件相对优越,也可以采用单案例研究,即深入持久地挖掘一个案例,通过一个案例把问题研究透彻,也可以通过案例的多样性和丰富性增强研究基础。

而从研究任务的角度来看,探索性案例研究、描述性案例研究和解释性案例研究则存在明显的差别因此,我们将对这三种案例研究做进一步的分析。

1. 探索型案例研究

探索型案例研究是一种发现理论或建立理论的研究。其研究对象往往是一些新生的、未被认识或者异常无序的现象,已有的经验或认识难以对之进行详尽而准确的说明或解释,这就需要作者超越已有的理论体系,运用新的视角假设、观点和方法来解析这些现象,从而构建起新的理论。因此,探索型案例研究的目的是对一些问题形成初步认识,为后续的研究提供服务。它往往会超越已有的理论体系,运用新的视角、假设、观点和方法来解析社会经济现象,并以构建新理论为己任,其特点是缺乏系统的理论体系的支持,相关研究成果非常不完善,如《后发企业的颠覆性创新机理模型——基于小米公司的探索性案例研究》①。

① 陈思睿、杨桂菊、王彤:《后发企业的颠覆性创新机理模型——基于小米公司的探索性案例研究》,《管理案例研究与评论》2019 年第 12 卷第 4 期,第 365—382 页。

2. 描述型案例研究

描述型案例研究是一种类似于讲故事的研究，主要用于完整描述处于某一特定情景中的现象。描述型案例研究不寻求建立一种新的理论体系，也不企图检验一种理论或假设的真伪，而着重在以一种娓娓道来的方式阐释案例事件的发生，过程和后果，以及要素之间的合作与竞争、一致与差异、张力与限制等。它类似于新闻报通，所不同的是它多了一层思考的意义，它力图通过"故事"来形成或主张某一种认识、理解和观点，而不仅仅在于提供一种现象学的描述。

从具体的研究思路来看，描述性案例研究往往在已有的理论框架的基础之上，先从描述理论开始，从深度和广度上覆盖被研究的案例，组成一组对因果关系的假设和命题。它经常使用模式对比方法就是通过资料、证据的收集与发现，对研究中的假设进行对比，以论证或修订假设。换言之，模式对比是一种定性的检验假设的方法。

3. 解释性案例研究

解释性案例研究是一种检验理论的研究，主要用于运用已有的理论假设来理解和解释现实发生的各种现象，即解释事情是如何发生的，并提供因果关系方面的信息。① 解释型案例研究的目标应该是"对事件提出详尽的解释，并指出这样的解释如何才能运用于其他场景"。换言之，解释型案例研究侧重从不同的甚至是相互对立的角度来解释案例事件的发生、进程或结果，从而能够根据现实发生的情形来证实或证伪已有的理论框架或假设。因此，解释因果关系是解释型案例分析的基本任务。②

（二）案例研究设计模式

关于案例研究设计模式，其实还没有形成统一的规范。不管什么类型的案例研究，研究设计应当有一个相对规范的设计模式，应国瑞③教授针对

---

① 王金红：《案例研究法及其相关学术规范》，《同济大学学报（社会科学版）》2007 年第 3 期，第 87—95 页、124 页。

② 应国瑞：《案例学习研究：设计与方法》，张梦中译，中山大学出版社 2003 年版。

③ 应国瑞：《案例学习研究：设计与方法》，张梦中译，中山大学出版社 2003 年版。

案例研究设计提出的基本模式是：确定要研究的问题；提出理论假设；确定分析单位；形成连接数据与假设的逻辑；解释研究结果的标准。美国社会科学家德尔伯特·C·米勒和内尔·J·萨尔金德在《研究设计与社会测量导引》一书中对案例研究设计模式的看法是：对一个有限系统进行深度研究；提出有关的研究问题；收集多种形式的资料来进行深度理解；详细描述个案并分析个案所反映的主题；无论描述个案还是论述观点，都要把它们置于背景之中；解释个案的意义。[①] 比较上述两种设计模式，我们可以看出："提出问题—形成假设—描述案例—提炼主题—提出发现或结论"应该是各种类型案例研究设计必须遵循的基本模式。

图 13-1 案例研究的一般过程

第四节 案例研究评价

（一）案例研究的适用

案例研究的适用范围非常广泛，从本质上分析案例研究法就可以发现，从哲学上来讲，人们通过对相对小的样本进行深度调查，归纳、总结现象背后的意义和基本规律，案例研究法属于解释主义的范畴；从论证方法角度看，案例研究属于实地研究方法，是一种实证研究。因此，针对这一本质特点，案例研究法可以被广泛运用到各个学科领域。案例研究法的采用也需要一定的条件，这些条件主要有以下几个方面。

1. 研究问题处于理论空白阶段

研究的问题属于一种理论空白或者处于学科的一个相对幼稚阶段。已

① ［美］德尔伯特·C.米勒和内尔·J.萨尔金德著：《研究设计与社会测量导引》，风笑天译，重庆出版社 2005 年版。

有的数据和文献不能解释和回答所要研究的问题，而是需要从实践的过程中去总结、归纳出理论框架和概念模型，这时采取理论构建过程而不是理论验证过程，最佳的选择就是采用定性的研究方法。由于案例分析法就是通过深入的案例调研和系统的资料分析，从而为研究提供更为充分且较为切合实际的资料，使其能够对现实产生全方位的理解，作者就相对容易地打破现有概念框架，从而建立一个有效的理论模型。

2. 研究的问题具有时效性和动态性

动态性是指研究者对研究的情境能够深入分析，从而能够多角度、深入地接触问题；时效性则是指研究者所选取的案例一般是发生在近期。系统地从整体上把握问题的本质和全貌往往是定量研究所不能达到的效果。

3. 研究结果主要为理论框架

一般的研究目的主要有建立数学模型和理论框架模式，而数学模型偏向于定量研究，多适用于有限复杂的问题，而复杂的问题通过数学模型可以将其简化成几个关键的变量，理论框架模式主要适合变量复杂、关系复杂的研究，因为理论框架模式易于找出变量之间的联系、变量之间作用的方向、变量变换的模式和影响结果及其输出的方式。因此，在研究目的为形成理论框架的研究当中就比较适合用案例分析的研究方法。

（二）案例研究的局限性

案例研究能够给研究者提供系统的观点。通过对研究对象尽可能地完全直接地考察与思考，从而能够建立起比较深入和周全的理解。作为案例研究方法讨论的尾声，有必要澄清案例研究的局限，以便开辟一条提高案例研究质量的途径。案例研究的局限性通常包括以下几点。

1. 难以对发现进行归纳

案例研究的归纳不是统计性的而是分析性的，这必定使归纳带有一定的随意性和主观性。

2. 技术上的局限和研究者的偏见

案例研究是没有一种标准化的数据分析方法，证据的提出和数据的解释带有可选择性,研究者在意见上的分歧以及研究者的其他偏见都会影响数据分析的结果。

3. 大量的时间和人力耗费

密集的劳动力和大量的时间耗费是案例研究中一个非常现实的问题。在选择案例研究这类方法前,应做好充分的准备。

第十四章
实验研究

社会科学实验研究的方式起源于20世纪初对自然科学的成功借鉴，实验研究最初应用的领域是心理学研究。美国社会学家索罗金[①]，指出，“因为要对社会行为和社会现象的发展变化做出解释、预测和控制，只能通过实验，其他方法无法完全达到这些目的”。[②] 可见，实验法早已是当前社会科学家们分析社会问题的重要手段。目前实验研究的方式在各主要社会科学领域中的发展并不均衡，具体而言表现为实验法（特别是实验室实验）在心理学、教育学、经济学、犯罪学等学科的应用已非常成熟并形成了体系完善的分支领域，相比之下实验法虽也适用于社会学、管理学、政治学、传播学等学科，但在这些学科中的应用则较为碎片化，尚未形成体系完整的实验方法论。[③] 本章将主要介绍实验研究的本质特征、类型模式，并结合具象的实验案例来辅助说明实验设计与过程。

---

① 索罗金（1889–1968）Pitirim A.Sorokin，美国哈佛大学第一位社会学系主任，著有《社会和文化动学》《危机时代的社会哲学》等。

② Pitirim A.：《Sorokin.Social and Culture Mobility》[M].1959.Free Press.

③ 风笑天：《社会研究方法（新编21世纪社会学系列教材）》，中国人民大学出版社2018年版。

第一节 实验研究的本质分类与特征

一、实验研究的本质

实验研究是经过精心设计,且在高度控制的条件下,通过操控某些因素,来研究变量之间的因果关系的方法。实验的基本目标是确定自变量和因变量这两个变量关系之间是否具有因果关系。实验研究包含三对基本要素:自变量与因变量;前测与后测;实验组与控制组。

自变量又称实验刺激。它是实验中研究者对实验组的实施前后测之间通过控制与操纵引入的变量。因变量是研究所操纵的变量。其中自变量不等于控制变量,控制变量用于检测自变量与因变量关系的关系效度,控制变量不完全依赖于自变量而是常被用于纠正自变量①。

前测是指实验研究过程中对实验组进行实验之前进行的测量。后测是指实验研究中在对实验组基于实验刺激之后的检测。

实验组是指在实验的过程当中接受实验刺激的那一组对象,即使是在最简单的实验设计中,至少也会有一个实验组。控制组又称对照组。他在各方面与实验组的参数设置则都相同。

实验研究包含两种基本类型,即现场实验与实验室实验②。现场实验是指在自然的环境之下进行所有控制的实验。实验人员在自然环境之下操纵变量,观察自变量的变化对因变量上造成的影响,从而挖掘自变量与因变量的某一相关关系。现场实验的显著缺点是容易受到实验现场无关因素的干扰,影响实验效果,因此,做好一个实验的难度是非常大的。实验室实验是为了保证实验研究的准确性,确保能够相对准确的挖掘自变量与因变量的关系,实验室实验是实验研究的绝佳选择。实验室实验进行的过程中,研究者通

① 林作新:《研究方法》,清华大学出版社 2017 年版。

② 陈晓萍:《组织与管理研究方法》,北京大学出版社 2012 年版。

常会对相关变量给予严格的控制，通过只改变自变量，观察监测因变量的变化。

二、实验研究的特征

实验研究有三方面的主要特点，严格的因果推断逻辑，极强的人为控制性和人为操纵性，受到政治的、伦理的、道德的等方面的限制很大。

（一）严格的因果推断逻辑

实验研究有严格的因果推断逻辑。科学研究的首要目标是探索和揭示现象之间的因果联系，实验研究可以通过随机化地选择实验对象，建立实验组与控制组，并引入和操纵实验刺激，然后进行前测和后测，最终通过比较和分析不同组间的前测和后测数据，达到令人信服地揭示出变量与现象之间的因果联系的目的。这通常也是实验研究最具吸引力的地方，也是其他研究方法所不具备的典型性特征。

（二）受人为控制性较高

实验研究具备极强的人为控制性和人为操纵性特征。实验研究往往有人工化的研究背景，因此相对于其他几种研究方式来说，实验研究的方式带有很强的人工干预的痕迹。这是由于实验研究对环境控制的要求很高。甚至在一定程度上我们可以将它看作是一种“人工制造”式的研究方式。实验研究所具有的高度控制性与严格的程序性，在一定程度上都会使得实验研究的背景脱离社会生活的现实，进而影响到实验结论的推广和运用。这也是实验室研究很难推广应用的原因之一。

（三）受到政治的、伦理的、道德的等方面的限制很大

实验研究受到政治的、伦理的、道德的等方面的限制很大。从实际从事实验研究的过程和要求来看，它所受到的限制非常多。其原因在于它本身具备的控制性和操纵性特征。实验研究为了保证因果推断的严格性，需要“孤立”或“净化”实验环境，以排除其他因素的影响。需要操纵和控制某些变量，需要人为地去改变某些变量的状态，而所有这些操纵、控制和改变一旦作用在人的身上，就会遇到现实中各种政治的、伦理的、道德的限制。

正是由于上述特点，实际社会研究中运用实验研究方式的并不多。但

是,尽管我们在社会研究的实践中,可能很难运用到实验研究的方式,我们却不能不了解实验研究的逻辑思想和操作程序。尽管实验研究在社会科学领域的实用性不强,但是实验研究的方式给我们的最重要的东西是它的内在逻辑。

第二节　实验研究的逻辑原理与过程

社会科学领域中实验研究的逻辑原理借用了自然科学研究方法,尤其是物理学实验方法。社会科学实验通常会通过搜集实际经验事实、获取感性的研究素材,铸就了形成、发展、检验理论的实践基础。

一、实验研究的逻辑原理

实验实施阶段的内在逻辑原理可以概括为:选择合适的实验对象;在随机原则下组合实验对象,并对它们进行实验必需的指导,对因变量进行前测,进行实验刺激,进行实验后测;向实验对象说明实验的真实目的和原因,询问它们的实际感受。

因此,实验研究的内在逻辑有几个阶段组成(见图 14-1 所示),首先测量在没有受到 X 的影响之前 Y 的情况;其次施加实验前测结果一,刺激 X 并保持其他条件完全相同的情况下,再次对受 X 影响后的 Y 进行测量,即后测结果二;最后通过比较前后两次测量的结果是否存在差异来判定 X 和 Y 之间是否存在因果关系。如果前后两次情况发生变化,则能够初步认为 X 是导致 Y 变化的原因,即 X→Y。

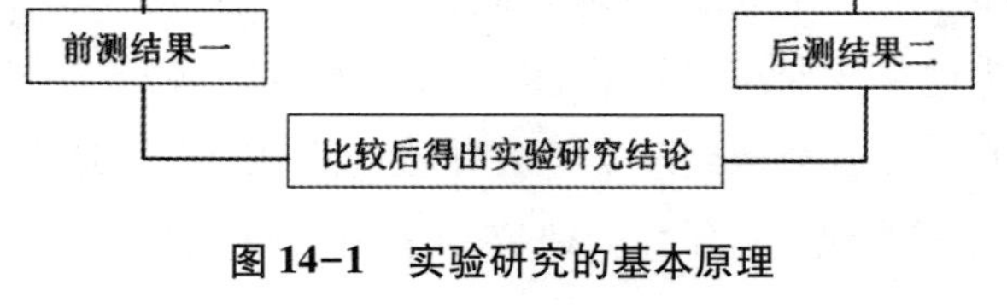

图 14-1　实验研究的基本原理

图 14-1 是理想状态下的实验逻辑。在实际的社会科学实验研究中，作者的分析逻辑往往要复杂得多。因为任何两种事物或现象之间的关系，都会受到其他事物或现象的影响，要说明这种因果关系，就必须排除其他相关事物或现象造成因变量发生变化的可能性，因此在实验中就必须设立实验组（已经实施了实验刺激的组）和控制组（还没有实施实验刺激的组）。①

二、实验研究的一般过程

实验研究的内在逻辑穿插于整个实验过程之中，实验过程是实验研究内在逻辑的外现。实验研究的一般过程首要操作一般是问题的提出。好问题的提出是好实验的基础。社会科学领域可以从个人经验和已有文献两个角度思考挖掘并提出问题。再者是实验假设，社科领域的实验假设包涵描述性假设和吸引性假设两类。其次是实验设计及实施。最后是通过处理实验数据进而得出研究结论，并撰写完成实验报告，如图 14-2 所示。

图 14-2　实验研究的一般过程

第三节　实验设计

实验设计又称试验设计。一个实验的设计，即对实验的一种安排，需要考虑实验所要解决的问题类型、对结论赋予何种程度的普遍性、希望以多大功效作检验、试验单元的齐性、每次试验的耗资耗时等方面，选取适当的因子和相应的水平，从而给出实验实施的具体程序和数据分析的框架。②

---

① 林作新：《研究方法》，清华大学出版社 2017 年版。

② 顾明远：《教育大辞典》，上海教育出版社 1998 年版。

一、实验设计的类型

实验研究设计根据是否设置控制组（对照组）划分为单组设计与对比设计两种基本设计类型；根据分组与处理方式划分为独立组设计与区组设计两种基本设计类型；根据实验中自变量的多少来划分为单因素设计与多因素设计两种基本类型。此外准实验设计还包括间歇时间序列设计、相等时间样本设计、非同质控制组前后测设计。

（一）根据控制组（对照组）划分

根据是否设置控制组（对照组）划分为单组设计与对比设计两种基本设计类型。

1. 单组设计

在所选被试编组时不设置控制组，其基本模式是前测—处理—后测，通过前后两次测量的差异检验实验处理的效果。统计结果一般使用 t 检验。单独使用这种类型的实验设计已不多见。因为在前测与后测中间有许多因素，如成熟、前测对后测的影响、测量工具的变形、情境的改变等，与实验处理的效果相混淆，从而降低实验的内在效度。

2. 对比设计

这是心理实验最基本的设计之一。它把被试分为两组，一组为实验组，施以实验处理；另一组为控制组，不加实验处理。为使两组被试尽量同质，便于比较，一般采用随机的方法分配实验组，通过测量两组的差异检验实验处理的效果。即使随机分配被试，在样本容量比较少的状况下，很难保证两组在处理前同质，因而两组测量的差异不一定全是处理的结果。为了弥补这一不足，常在处理前先对两组进行测量。如果前测的结果相近，可直接比较两组的后测，并用 t 检验法检验其差异，这时的差异即可认为完全是由处理造成的。如果两个前测不同，就要把前测作为共变量，进行独立样本单因素的共变量分析。这种设计的优点是克服了大部分影响内在效度的无关变量。但由于有前测，又增加了前测的反作用效果，使外在效果有所降低。所谓测验的反作用效果是指处理前进行的前测可能增加或减少被试对处理的敏感性。

（二）根据分组与处理方式划分

根据分组与处理方式划分为独立组设计与区组设计两种基本设计类型。

1. 完全随机化设计

完全随机化设计又称被试间设计或独立组设计。它起源于抽样理论，即，依据概率统计的原则，把被试随机分派到各组，接受各组应进行的处理。由于是随机分派，所以在理论上各组接受处理前各方面是相等的。如果在同样条件下对两个或两个以上组施以相同处理，则各组效果的平均数在统计上应没有显著差异；如果对两个或两个以上组分别施以不同的处理，所得效果平均数的差异可被断定是由于处理的不同而造成的。这种设计的实验结果一般采用独立样本的 t 检验或方差分析。常见的方差分析法常用于检验“前测与无前测的差异”“实验处理与无处理的差异”以及“前测与处理交互作用是否显著”，就能既克服前测存在的反作用，又防止实验组与控制组可能出现不同质的状况，这种设计虽然比较理想，但它的被试有 4 组，人数多、实验次数也多，因而不够经济。

2. 随机区组设计

随机区组设计又称被试内设计。它先把被试按某些特质分到不同区组，使各区组内的被试更接近同质，而区组间的被试更加不同。然后将各区组内的被试随机分派接受不同的处理，或按不同顺序接受所有的处理。这样，对于一个区组来说是接受所有处理的。这一点与完全随机化设计不同。完全随机化设计中各组只分别接受各自所应该接受的处理。它与完全随机化设计的不同还表现在把“区组”这一变量也纳入了实验设计。这样，总变量就可以分成“处理间”“区组间”及“误差”。与完全随机化设计相比，它能把由个别差异造成的变异估计出来。划分区组的依据与要考察的反应变量密切相关，即当同一区组的被试在第 1 个实验处理中得分高于其他区组时，在第 2 个处理中的得分也同样高。因此，随机区组设计的统计方法一般用相关样本的 t 检验或方差分析。另外，如果随机区组设计中的每一区组都进行所有的处理，便称为完全区组设计；如果每区组所进行的处理数小于总的处理数，则称为不完全区组设计。后者虽然每一区组不进行所有的处理,但每一处理所在的区组数须相同。大部分心理学家在实验中的处理数都不太多,基本上是用完全区组设计。

（三）根据实验中自变量划分

根据实验中自变量的多少来划分为单因素设计与多因素设计两种基本类型。

1. 单因素设计

单因素设计的自变量只有一个,其他能影响结果的因素均作为无关变量而加以控制。

2. 多因素设计

自变量为两个或两个以上的实验设计。常用的多因素设计有完全随机化、随机区组和拉丁方等。完全随机化多因素设计根据自变量及每个自变量的变化水平(处理)的多少进行随机分组。拉丁方实验设计既能以较少的实验次数完成实验目的,又能平衡实验顺序的影响。但利用它时必须符合假设各因素之间没有交互作用,且因素的个数必须与实验处理水平数相同的条件。

（四）准实验设计

当研究者事先已认识到某些无关变量会影响实验结果但实际上却又难以妥善控制时,可采用准实验设计。准实验的主要特点是没有采用随机化程序,即,被试的选择和编组、处理分配等都不是随机安排的。准实验设计包括间歇时间序列设计、相等时间样本设计、非同质控制组前测后测设计、平衡对抗设计。

1. 间歇时间序列设计

间歇时间序列设计指在实施处理前后的一段时间里对一个被试组进行多次重复观测,通过比较整个时间序列的观测结果来确定处理的效果。所得结果的分析,需要对处理前后的一系列观测值作出检验和比较,通常采用相关样本 t 检验法。

2. 相等时间样本设计

相等时间样本设计:指在两段相等的时间里测量一个被试组,其中的一段时间给予处理,另一段时间不给予处理,然后对在两段相等时间里得到的观测值进行检验和比较。

3. 非同质控制组前测后测设计

非同质控制组前测后测设计其基本模式如下:从表面上看,该模式与对比设计中的模式Ⅱ相同,但由于没有采用随机化程序,实验组和控制组是非同质的,对结果的统计处理所常用的方法是基础方差分析和协方差分析等。

4. 平衡对抗设计

平衡对抗设计指在实验处理的顺序上提供控制,以抵消处理先后顺序的影响所产生的顺序误差。在单组仅有后测的实验中,如果有两种处理 A 和 B,采用平衡对抗设计就是按 ABBA 的顺序进行处理。通常是一种自然描述,用来确定自然存在的临界变量及其相互关系。

二、实验设计的基本原则

实施一项科学实验必须满足明确变量关系、可复制性、控制性三个基本原则。其中随机性、可复制性两条原则是统计分析的基础,也是实验效度的基石。

(一) 明确变量关系

实验设计必须明确变量之间因果关系的假设。在进行一项具体的实验时,研究者必须明确两个变量之间因果关系的明确假设。研究者必须要清楚的了解所要引入的因变量是什么,以及引入的实验刺激是什么。其中,自变量必须能够很好地被"孤立"。也就是说,所要引入和观察其效果的变量必须能够与其他变量隔离开,即实验环境能够很好地"被孤立"起来。在研究中这一点往往是最难做到的,因为这在实践中想要实现独立重复实验是相当困难的。

(二) 可复制性

实验设计中,实验程序和操作必须能够重复进行。可重复性是必须具备的重要条件之一。只有可重复,才能体现程序和操作上的严格性,也才能证明实验结果具有较高的信度。

（三）控制性

实验设计及必须具有高度的控制条件和能力。对实验对象（包括实验组和控制组）的严格控制以及对实验环境的高度把握，共同决定着实验研究的结论的准确程度。可以说，控制是实验研究最本质的特征，没有控制就没有实验。因为根据实验的基本逻辑，如果研究者在实验中缺乏适当的、准确的控制，就无法确定实验所得到的结果究竟是由于研究者假设的自变量导致的，还是由于一些其他未能加以控制的因素导致的。例如，自变量必须是可以改变的，同时也是容易操纵的。最简单的改变是“有”或“无”，而对应的操纵是“给予实验刺激”和“不给予实验刺激”；更为复杂的改变和操纵则是程度上的变化，如刺激程度的“强”“中”和“弱”以及刺激时间的长短等。

第四节　实验研究评价

实验效度与实验信度①是评价实验或实验设计的重要指标②。本部分将主要介绍实验研究的效度及实验研究优缺点。

一、实验研究的效度

效度通常包括内在效度和外在效度。前者指在实验情境下自变量真实地解释因变量的变异的程度；后者指实验结论推广到整个研究总体去的正确程度，即可拓广性程度。实验研究者希望这两种效度都高，但往往是顾及一种效度，而会削弱另一种效度。如为提高内在效度，探求自变量对因变量

---

① 实验信度是指实验结论的可靠性和前后一致性程度，也就是实验的可重复程度。实验结果的可靠性可以简单归结为：如果再重复实验，其结果是否会与第一次相同。这在心理学研究中是一个关系重大的问题，它涉及实验研究的可验证性。如果我们没有理由证明所得出的实验结果是可信的，那么研究的价值将受到限制。

② 坎特威茨、罗迪格、埃尔姆斯著，郭秀艳等译：《实验心理学》，华东师范大学出版社2010年版。

的真实影响或效应,必须严格控制,使实验过程“理想化”,则实验过程与现实的自然条件下的教育越来越缺少“一致性”。内在效度低的实验,其外在效度也低。实验研究的目的是探究适用整个研究总体的规律,实验场景仅是总体的一个样本。对于样本都不真实的结论又如何能推广到总体去呢?提高内在效度是基础,但高的内在效度未必有高的外在效度。①

(一) 内部效度影响因素

混淆变量是对内部效度产生威胁的因素。混淆变量通常指的是没有得到控制的无关变量,这些没有得到控制的无关变量使实验结果产生了系统性的偏差,导致我们不能确定因变量的变化是否是由自变量的变化产生的。常见的混淆变量包括被试选择偏差、实验者偏差、成熟程度、偶然减员、统计回归、测试关联等。

1. 被试选择偏差

被试选择偏差是被试者被主观意愿或者客观条件左右,进入不同的实验组。这种主动性背后隐藏的某些因素可能会影响测试效果。对被试进行随机分配可以帮助解决这个问题。在无法避免选择偏差的情况下,有些特别的处理方法也许会有效。②

2. 实验者偏差

实验者偏差是指由于实验者本身的行为所导致的偏差。即,如果实验操作者事先知道所要检验的假设,在进行实验的过程中,就可能有意或者无意地暗示其做出某些行为,影响不同实验情况下的被试的反应。实验者不管是有意还是无意的暗示被试者希望被试者按照某一种方式反应,被试都会倾向于按照实验者的希望进行反应。被试会获得一些很微妙的线索,而这些信息会影响他们的行为。③ 另外,在对一些主观数据进行编码的时候,实验的编码者由于了解实验设计及其假设,主观上使实验数据的编码呈现

---

① 林崇德:《心理学大辞典》,上海教育出版社 2003 年版。

② 彭聃龄:《普通心理学》,北京师范大学出版社 2012 年版。

③ [美]Shelley E.Taylor,Anne L.Peplau,David O.Sears:《社会心理学》,新泽西州 Upper Saddle River 市:Prentice Hall 出版社 2002 年版。

某种预设的倾向性。上述偏差会影响实验结果。为了去除实验者偏差,一般不会让实验实际操作者了解实验设计或实验假设,同时实验设计与实验假设的提出者或是实验本身的相关研究者不可以作为实验的实际实施者和操作者。

3. 成熟程度

成熟程度是指随着年龄的增长,我们的心理和生理会逐渐成熟,进而对实验产生影响。一般只有实验周期很长时实验者才需考虑这种影响。在某些长时间的跟踪性实验或是实验性纪录片中,被试者经历了几个月甚至是几年的成长,其间被试者的心理状态和生理状态都跟随时间的变化,因而实验效度可能会因为时间关系影响较大。此时随机化的对照实验组可以较好地解决成熟程度对实验的影响。例如,罗森塔尔的“皮格马利翁效应”实验。①

4. 偶然减员

偶然减员是指实验进行过程中一些被调查者可能会因为主观或者客观原因临时退出实验,从而影响测试结果的一种情况。

---

① 你期望什么就会得到什么,就是“皮格马利翁效应”,美国著名心理学家罗森塔尔和雅格布森在小学教学上予以验证,他将随机挑选的一批学生名单交个老师,说经过测试,发现这批学生前途光明;8个月后,他们发现名单上的学生成绩都得到大幅度提升。证明人们基于对某种情境的知觉而形成的期望或预言,会使该情境产生适应这一期望或预言的效应。此实验是组内实验,单组实验前后对比。罗森塔尔和助手来到一所小学,声称要进行一个“未来发展趋势测验”,将一份“最有发展前途者”的名单交给了校长和相关教师,叮嘱他们务必要保密,以免影响实验的正确性。实际上这名单上的学生是随机挑选出来,与其他同学相比并有特别之处。8个月后,却发现名单上的学生,都有很大进步显然,罗森塔尔的“权威性谎言”发生了作用,这个谎言对教师产生了暗示,影响了教师对名单上学生的评价;而教师又将自己的这一心理活动通过情绪、语言和行为传染给了学生,使学生感受到来自教师的热爱和期望,变得更加自尊、自信和自强,从而使各方面得到了很大的进步。在这里,教师对这部分学生的期待是真诚的、发自内心的,因为他们受到了权威者的影响,坚信这部分学生就是最有发展潜力的。也正因如此,教师的一言一行都难以隐藏对这些学生的信任与期待,而这种“真诚的期待”是学生能够感受到的。教师对学生行为的期望转化成了学生的自我实现预言。“当教师期望某个孩子会表现出较大程度的智力提高时,这名学生就真的出现了较大程度的智力提高。”这项研究发现表明教师的期望效应对学生的在校表现会产生长期的潜在影响。

（二）外部效度的影响因素

外部效度威胁因素是样本不具代表性或称非典型样本。样本不具代表性是指作为被试样本，不能够代表总体的情况。实际上，很多其他因素都可以使样本不具有代表性。保证样本具有代表性是保证外部效度的基石。无论是样本的选取还是样本在实验中的表现都会影响实验的效度。例如，在“调查菜系的欢迎程度的调查中，选取50%的山东人作为被调样本，调查结果为鲁菜是最受欢迎的菜系。”这一调查中的所有山东人样本就是非典型样本。再比如，在霍桑实验①中，被试验者在实验中由于紧张等原因，被试的表现会与平时不一样，这自然也会影响结果的外部效度。如果我们不知道这种差别是否会对测试结果产生重大影响，那么应该怎么处理呢？一个取巧的方法是再安排一个对照组，对照组与实验组一样会被观察，但是不用接受测试，目的只是测试霍桑实验的效度。当然如果你的假设决定了你有两个试验组，除非有特殊理由，一般大家认为两个组都会受到霍桑效应的影响，而且影响的大小应该大致相同。如果你只关心这两个组之间的区别，而不是每个组的绝对值，这样就不需要加对照组。因为霍桑实验只会影响两组数据的绝对值，不会影响两组数据的相对值。但是，如果霍桑效应有可能会完全掩盖你希望检验的行为，即使加入对照组，你还是可能得不到你理论上预测的结果。比方说为了让被试感觉他们是在正常的环境下做某些正常的行为，你可以在被试看不到的地方观察他们。

---

① 霍桑实验是1924年美国国家科学院的全国科学委员会在西方电气公司所属的霍桑工厂进行的一项实验。霍桑工厂是一个制造电话交换机的工厂，具有较完善的娱乐设施、医疗制度和养老金制度，但工人们仍愤愤不平，生产成绩很不理想。为找出原因，进行了著名的霍桑实验。霍桑实验是管理心理学中的一个著名实验，是关于人群关系运动的实验研究。霍桑实验由四部分组成，分别是照明实验，福利实验，访谈实验和群体实验。通过这四个实验，梅奥得出了一些结论，这些结论对于管理学具有里程碑般的意义。通过霍桑实验得出，工人是社会人不是经纪人，因此不能忽视社会和心理因素对工人的影响；同时，企业中存在着非正式组织，非正式组织不仅存在而且与正式组织相互依存，对生产率有重大影响；最后，生产率主要取决于工人的工作态度以及他和周围人的关系。霍桑实验引发了产业界与学术界做出了一系列的相关措施与研究，它替管理学打开了一扇通往社会科学领域的门。

二、实验研究的优缺点

（一）实验法的优点

实验法的优点主要表现在以下几个方面。

第一，实验研究者有独立自主性，可以完全按照自己提出的假设来决定研究的变量、设计变量的水平等，而不用完全遵守现实环境的“自然状态”。但其他研究方法则要按现有数据和观测值给出假设。

第二，从时序角度看，实验法是纵贯式研究，实验在一段时间内进行，可在多个时点进行测量，得以研究变量的动态变化，而其他研究方法像问卷调查等，只有某一时刻的测量值，不能直接观测出一段时期内的变化。

第三，它能够比其他方法更令人信服地估计因果关系。从哲学的观点来看，因果关系永远不能被肯定地证实，只可能不断地逼近。实验方法比其他方法更容易做到这一点，因为实验研究者可以通过操纵自变量来观察因变量的变化，还可以通过设立控制组来判断操纵的强度。

第四，实验方法能够比其他方法更有效地控制外源变量的影响，从而分离出实验变量并估计其对因变量的影响。

第五，实验研究中可以通过调整变量和实验条件观察到常规状态下很难出现的极端值和交互作用。

第六，实验方法是可以重复的，可重复性是实验研究具备科学性的重要体现。

第七，实验法的成本通常较低，因为控制变量、样本数都比较小，持续时间较短，而现场研究、问卷等方法中的出差费、访谈费都比较大。

（二）实验法的局限性

实验研究方法的缺点主要有以下几点。

第一，研究者人为地营造实验条件，使其远离现实情境中的“自然状态”，会导致外部效度降低。实验结果受实验人员和实验对象的主观影响，产生自觉或不自觉地只注意那些与假设一致的现象，研究结论不全面或不真实，或自觉或不自觉地诱导或暗示实验对象，使实验结果产生偏向。

第二，如果研究样本本身不具有代表性，即便在分组时做到了随机化分派，也会使内部效度和外部效度降低。

第三，研究只能限于当前问题，对过去问题和将来问题的研究，实验方法不太可行。

第四，当研究变量和水平数目增多时，成本会急剧增加。

第五，管理领域的实验研究中，实验对象大多是人，人类行为差异相当大，较难控制，同时也使实验研究面临许多伦理和法律方面的限制。

第六，难以找到合适测量工具，即使找到，也容易造成使用的偏差。①

三、实验研究实例

本书选取了一篇英文文献《Physical Order Produces Healthy Choices, Generosity, and Conventionality, Whereas Disorder Produces Creativity》②。我们对这篇文章进行翻译并分析其研究内容。如图 14-3 所示。

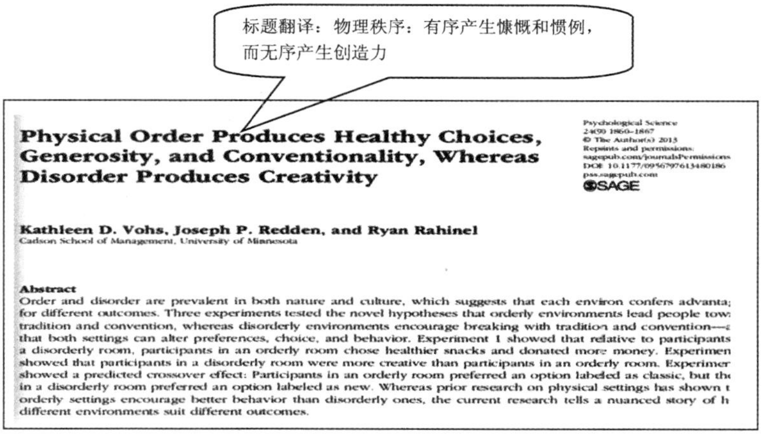

Physical Order Produces Healthy Choices, Generosity, and Conventionality, Whereas Disorder Produces Creativity

Psychological Science
24(9) 1860–1867
© The Author(s) 2013
Reprints and permissions:
sagepub.com/journalsPermissions
DOI: 10.1177/0956797613480186
pss.sagepub.com
SAGE

Kathleen D. Vohs, Joseph P. Redden, and Ryan Rahinel
Carlson School of Management, University of Minnesota

Abstract
Order and disorder are prevalent in both nature and culture, which suggests that each environ confers advanta; for different outcomes. Three experiments tested the novel hypotheses that orderly environments lead people tow: tradition and convention, whereas disorderly environments encourage breaking with tradition and convention—; that both settings can alter preferences, choice, and behavior. Experiment 1 showed that relative to participants a disorderly room, participants in an orderly room chose healthier snacks and donated more money. Experimen showed that participants in a disorderly room were more creative than participants in an orderly room. Experimer showed a predicted crossover effect: Participants in an orderly room preferred an option labeled as classic, but th in a disorderly room preferred an option labeled as new. Whereas prior research on physical settings has shown t orderly settings encourage better behavior than disorderly ones, the current research tells a nuanced story of h different environments suit different outcomes.

图 14-3　实验方法文章举例

资料来源：Physical order produces healthy choices, generosity, and conventionality, whereas disorder produces creativity(Vohs Kathleen D, Redden Joseph P, Rahinel Ryan.)

---

① 袁方：《社会研究方法教程》，北京大学出版社 1997 年版。

② Vohs Kathleen D, Redden Joseph P, Rahinel Ryan: *Physical order produces healthy choices, generosity, and conventionality, whereas disorder produces creativity*. Psychological science, 2013, 24 (9).

此文章主要研究内容包括两组实验,实验测试并验证了了作者的假设,即有序环境引导人们走向传统和惯例,而无序环境则鼓励打破传统和惯例,两种设置都可以改变偏好,选择和行为。实验1显示,相对于无序房间的参与者,有序房间的参与者选择了更健康的零食并捐赠了更多的钱。实验2表明,无序房间的参与者比有序房间的参与者更具创造性。即不同的环境如何适应不同的结果。

本书将对这两个心理学实验进行分析,并通过对这个的心理学实验的过程与步骤进行简单的介绍,为选择实验研究的读者带来启发。

（一）实验一:环境的有序鼓励健康的选择和慈善捐款

研究假设:研究者假设有序的环境会鼓励遵守社会习俗和整体保守主义无序的环境会鼓励走寻求新奇和非传统的路线。无序和有序可以激活不同的心理状态从而影响事件的结果。

实验设计

被试:34名荷兰学生,随机分配有序或者无序的状态

实验步骤:

两个同样朝向的毗邻房间,自变量是场景有序的无序。

被试被告知参与实验可获3欧元,填不相关问卷。

慈善捐款,在一张纸上写下金额,装入密封信封

汇报问卷退出时可带一个苹果(代表健康)或巧克力棒(代表不健康)

实验结果:在有序的房间完成研究的参与者捐赠的数量是无序房间完成研究的人数的两倍多;在有序的房间里的参与者选择苹果的数量高于无序房间。实验结果证实了假设:有序环境导致更理想、规范性的良好行为。相对于坐在杂乱的房间,坐在一个整洁的房间,导致更健康的食物选择和更多的慈善捐款。

（二）实验二:环境的无序刺激创造力

实验设计:

被试:48名美国学生参与了双重条件(有序与无序的环境)设计。

实验步骤:

1)利用 AUT(替代使用任务)——衡量创造力:被试想象一家公司希望为其制造的乒乓球创造新的用途,他们被要求列出最多 10 个用于乒乓球的新用途。

2)创造力得分:参与者的想法因其创造力而得分。两个对条件视而不见的程序员,按照 3 分制对每个想法进行评分(1 = 完全没有创意,3 = 非常有创意);通过讨论解决了分歧。最后,为了排除努力而不是创造力推动结果的替代解释,研究者测试了产生的想法的数量是否因条件而异,结果 $t<1$,差异不显著。

实验结果:坐在一个凌乱无序的房间里会比坐在一个整洁有序的房间里刺激更有创意的想法。同时该实验也证明了目前学界的研究空白,无序的环境将对创作创意领域的工作产生积极影响。

(三) 总体结果与本书笔者见解

环境秩序的有序和无序是一个古老的物理学概念,发展至今我们可以理解为房间的整洁、城市规划建设风格,创作环境等。不同的环境会对人们的生产或休闲活动产生不同的影响,从人格心理学,道德心理学甚至社会学的理论出发,论文作者假设环境有序将促进传统和惯例的思维方式,有序环境会促进慈善行为的产生、维护现状。论文作者还假设环境无序会促进非常规的思维模式,从而提高创造力和对新奇感的欣赏。两个实验的结果最终都支持了论文作者的预测,验证了最初的假设。

参考文献

一、中文文献

1. 安德烈·焦尔当:《学习的本质》,华东师范大学出版社 2013 年版。

2. 安妮特·西蒙斯、尹晓虹:《你的团队需要一个会讲故事的人》,《工会博览》2019 年第 24 期,第 56 页。

3. 白长虹:《案例研究:求实还要求真》,《南开管理评论》2019 年第 22 卷第 3 期,第 2、1 页。

4. 蔡昉、王美艳、曲玥:《中国工业重新配置与劳动力流动趋势》,《中国工业经济》2009 年第 8 期,第 5—16 页。

5. 蔡今中:《如何撰写与发表社会科学论文》,北京大学出版社 2016 年版。

6. 陈驰:《论人权的宪法保障》,《四川师范大学学报(社会科学版)》2000 年第 27 卷第 1 期,第 1—9 页。

7. 陈广胜:《走向善治》,浙江大学出版社 2007 年版。

8. 陈慧颖、刘在洲:《美英日高校科研质量评价比较研究及其对我国的启示》,《中国农业教育》2015 卷第 1 期,第 10—14、62 页。

9. 陈洁修、马春梅、朱军文:《澳大利亚卓越研究评价的宗旨、方法与运行机制》,《复旦教育论坛》2015 年第 13 卷第 2 期,第 94—99 页。

10. 陈思睿、杨桂菊、王彤:《后发企业的颠覆性创新机理模型——基于小米公司的探索性案例研究》,《管理案例研究与评论》2019 年第 12 卷第 4 期,第 365—382 页。

11. 陈晓萍著:《组织与管理研究方法》,北京大学出版社 2018 年版。

12. 陈旭:《战略新兴产业和支柱产业背景下的食品营养学课程教学改革对策》,《现代农业技术》2019 年第 20 期,第 252—253 页。

13. 陈燕、陈冠华著:《研究生学术论文写作方法与规范》,社会科学文献出版社 2014 年版。

14. 陈远、王菲菲:《基于 CSSCI 的国内情报学领域作者文献耦合分析》,《情报资料工作》2011 年第 5 期,第 6—12 页。

15. 陈悦、宋刚、郑刚、陈劲:《中国创新管理研究的知识结构分析》,《科研管理》2011 年第 32 卷第 2 期,第 10—19 页。

16. 程先国:《简析课题设计论证活页中的失误——以重庆市教育科学 2018 年度规划课题申报中的问题为例》,《教育科学论坛》2019 年第 25 期,第 36—38 页。

17. 崔鹤、王丹:《中国高等教育研究领域个体、机构及地域科研合作情况研究——基于 2016 年 18 家教育类中文核心期刊的合著文献分析》,《中国高教研究》2017 年第 4 期,第 48—55 页。

18. 戴治勇:《法治、信任与企业激励薪酬设计》,《管理世界》2014 年第 2 期,第 102—110 页。

19. 但巍:《英语课堂学习条件研究——视角、主题与方法》,《北京城市学院学报》2019 年第 5 期,第 36—43、60 页。

20. 德尔伯特 · C.米勒、内尔 · J.萨尔金德著,风笑天译:《研究设计与社会测量导引》,重庆出版社 2005 年版。

21. 丁士峰著:《科学研究方法》,国防大学出版社 2005 年版。

22. 丁玉飞、王曰芬、刘卫江:《基于主题模型的科技监测方法及应用研究》,《情报学报》2015 年第 34 卷第 8 期,第 854—865 页。

23. 董玄、孟庆国、周立:《混合型组织治理:政府控制权视角——基于农村信用社等涉农金融机构的多案例研究》,《公共管理学报》2018 年第 15 卷第 4 期,第 68—79、152 页。

24. 杜雄柏、王向清、杜音著:《逻辑学教程》,湖南大学出版社 2004 年版。

25. 段建军、李伟著:《新编写作思维学教程》,复旦大学出版社 2007 年版。

26. 范伟达、范冰著:《社会调查研究方法》,复旦大学出版社 2010 年版。

27. 方晓志:《美国奉行单边主义,伤了谁?》,《解放军报》,2019-08-14。

28. 风笑天著:《社会研究方法(新编 21 世纪社会学系列教材)》,中国人民大学出版社 2018 年版。

29. 风笑天著:《现代社会调查方法》,华中科技大学出版社 2005 年版。

30. 付文林:《人口流动的结构性障碍:基于公共支出竞争的经验分析》,《世界经济》2007 年第 12 期,第 32—40 页。

31. 高琳著:《分税制、地方财政自主权和经济发展绩效研究》,上海人民出版社 2016 年版。

32. 高培勇:《奔向公共化的中国财税改革——中国财税体制改革 30 年的回顾与展望》,《财贸经济》2008 年第 11 期,第 53—61、126 页。

33. 高志敏著:《成人教育心理学》,上海科技教育出版社 1997 年版。

34. 顾明远著:《教育大辞典》,上海教育出版社 1998 年版。

35. 郭凯明:《人工智能发展、产业结构转型升级与劳动收入份额变动》,《管理世界》2019 年第 35 卷第 7 期,第 60—77、202—203 页。

36. [美]国家研究理事会著,戢守志译:《美国国家科学教育标准》,科学技术文献出版社 1999 版。

37. 韩峰、柯善咨:《追踪我国制造业集聚的空间来源:基于马歇尔外部性与新经济地理的综合视角》,《管理世界》2012 年第 10 期,第 55—70 页。

38. 韩峰、李玉双:《产业集聚、公共服务供给与城市规模扩张》,《经济研究》2019 年第 54 卷第 11 期,第 149—164 页。

39. 韩明文著:《图表说服力——Excel 与 PowerPoint 的图表终极活用术》,清华大学出版社 2011 年版。

40. 威廉·福特·怀特著:《街角社会》,商务印书馆 2005 年版。

41. 黄俊威、龚光明:《融资融券制度与公司资本结构动态调整——基于"准自然实验"的经验证据》,《管理世界》2019 年第 35 卷第 10 期,第 64—81 页。

42. 贾婵娟、杨琪、刘春玲:《教师融合教育多维态度量表的中文版修订》,《中国心理卫生杂志》2020 年第 34 卷第 1 期,第 74—79 页。

43. 贾洪伟、耿芳著:《学术论文写作》,中国传媒大学出版社 2015 年版。

44. 金菊良、陈鹏飞、陈梦璐、郦建强、徐翔宇、唱彤:《基于知识图谱的水资源承载力研究的文献计量分析》,《水资源保护》2019 年第 35 卷第 6 期,第 14—24、57 页。

45. Jere Brophy 著,张弛、将元群译:《激励学生学习》,商务图书馆在 2016 年版。

46. 卡耐基著,王剑译:《最强沟通术:如何掌控你的话语权》,安徽人民出版社 2012 年版。

47. 坎特威茨、罗迪格、埃尔姆斯著，郭秀艳译《实验心理学》，机械工业出版社 2010 年版。

48. 寇宗来、刘学悦：《中国城市和产业创新力报 2017》，复旦大学产业发展研究中心 2017 年版。

49. 李大宇、米加宁、徐磊：《公共政策仿真方法：原理、应用与前景》，《公共管理学报》2011 年第 8 卷第 4 期，第 8—20、122—123 页。

50. 李洪玉、何一粟著：《学习动力》，湖北教育出版社 2011 年版。

51. 李杰、陈超美著：《Citespace：科技文本挖掘及可视化》，首都经济贸易大学出版社 2017 年版。

52. 李丽芳、纳张元著：《现代写作教程》，云南大学出版社 2005 年版。

53. 李芒著：《技术与学习——论信息化学习方式》，科学出版社 2007 年版。

54. 李芒著：《信息化学习方式》，北京师范大学出版社 2005 年版。

55. 李明著：《学法指归》，九州出版社 2011 年版。

56. 李培俊著：《学习学概论》，国防工业出版社 2006 年版。

57. 李烝：《深入推进改革加快现代财政制度建设》，《中国财政》2017 年第 4 期，第 6—7 页。

58. 梁金平著：《激发学习潜能》，北京工业大学出版社 2011 年版。

59. 林崇德著：《心理学大辞典》，上海教育出版社 2003 年版。

60. 林乐、谢德仁：《分析师荐股更新利用管理层语调吗？——基于业绩说明会的文本分析》，《管理世界》2017 年第 11 期，第 125—145、188 页。

61. 林作新著：《研究方法》，清华大学出版社 2017 年版。

62. 刘邦辉著：《学习的力量》，北京理工大学出版社 2012 年版。

63. 刘彬芳、魏玮、安小米：《大数据时代政府数据治理的政策分析》，《情报杂志》2019 年第 38 卷第 1 期，第 142—147、141 页。

64. 刘电芝著：《田良臣高效率学习策略指南》，科学出版社 2011 年版。

65. 刘胜骥著：《研究设计》，湖北人民出版社 2015 年版。

66. 柳卸林、赵捷：《改善中国基础研究环境的七个建议——我国基础研究的环境研究之二》，《中国科技论坛》2002 年第 2 期，第 25—28 页。

67. 柳卸林、赵捷：《我国基础研究环境恶化的 10 个方面——我国基础研究的环境研究之一》，《中国科技论坛》2001 年第 6 期，第 16—19、41 页。

68. 楼继伟:《40 年重大财税改革的同顾》,《财政研究》2019 年第 2 期,第 3—29 页。

69. 卢洪友著:《税收概论》,中国财政经济出版社 1995 年版。

70. 卢晖临、李雪:《如何走出个案——从个案研究到扩展个案研究》,《中国社会科学》2007 年第 1 期,第 118—130、207—208 页。

71. 卢振波、李晓东:《民族志方法在图书馆学情报学研究中的应用》,《情报资料工作》2014 年第 3 期,第 13—17 页。

72. 陆双鹤、张又文、隋晓爽、钟杰:《青少年自杀倾向量表测评大学生样本的效度和信度》,《中国心理卫生杂志》2020 年第 34 卷第 1 期,第 66—73 页。

73. 罗晓林著:《外国税收理论与制度》,中山大学出版社 1998 年版。

74. 吕冰洋、毛捷、马光荣:《分税与转移支付结构:专项转移支付为什么越来越多?》,《管理世界》2018 年第 34 卷第 4 期,第 25—39、187 页。

75. 马惠霞著:《大学生学业情绪研》,北京师范大学出版社 2011 年版。

76. 毛基业、李高勇:《案例研究的"术"与"道"的反思——中国企业管理案例与质性研究论坛(2013)综述》,《管理世界》2014 年第 2 期,第 111—117 页。

77. [日]木下是雄著,奚望监译、日艳智库翻译组译:《报告的写作技术》,海洋出版社 2014 年版。

78. 聂辉华、江艇、杨汝岱:《中国工业企业数据库的使用现状和潜在问题》,《世界经济》2012 年第 35 卷第 5 期,第 142—158 页。

79. 宁光杰、段乐乐:《流动人口的创业选择与收入——户籍的作用及改革启示》,《经济学(季刊)》2017 年第 16 卷第 2 期,第 771—792 页。

80. 彭聃龄著:《普通心理学》,北京师范大学出版社 2012 年版。

81. 祁春节著:《研究方法与论文设计》,科学出版社 2015 年版。

82. 乔炳臣著:《学习原理与方法》,哈尔滨工业大学出版社 2004 年版。

83. 乔建中、李星云:《情绪充予和情绪调节在学习过程中的动机作用及其机制》,《南京师大学报(社会科学版)》1995 年第 3 期,第 80—83 页。

84. 邱均平著:《文献计量学》,科学技术文献出版社 1988 年版。

85. 森丘保典、赵倩颖:《日本田径联合会备战奥运制定培养运动员指南——以中长期角度培养运动员的重要性》,《中国体育科技》2019 年第 55 卷第 9 期,第 84—88、107 页。

86. 沈怡文著:《学习方法》,湖北教育出版社 2011 年版。

87. 师博、沈坤荣:《政府干预、经济集聚与能源效率》,《管理世界》2013 年第 10 期,第 6—18、187 页。

88. 时勘、王继承、李超平:《企业高层管理者胜任特征模型评价的研究》,《心理学报》2002 年第 34 卷第 3 期,第 306—311 页。

89. 苏竣、何晋秋、黄萃著:《投资国家未来—大学基础研究的理论与实证研究》,中国人民大学出版社 2012 年版。

90. 孙玫璐著:《我们如何学习》,教育科学出版社 2010 年版。

91. 托马斯·库恩著:《科学革命的结构》,北京大学出版社 2003 年版。

92. 王定祥著:《研究方法与论文设计》,高等教育出版社 2013 年版。

93. 王化成、曹丰、叶康涛:《监督还是掏空:大股东持股比例与股价崩盘风险》,《管理世界》2015 年第 2 期,第 45—57、124 页。

94. 王金红:《案例研究法及其相关学术规范》,《同济大学学报(社会科学版)》2007 卷第 3 期,第 87—95 页。

95. 王蜀磊著:《毕业论文写作》,立信会计出版社 2014 年版。

96. 王小鲁:《中国城市化路径与城市规模的经济学分析》,《经济研究》2010 年第 45 卷第 10 期,第 20—32 页。

97. 王岩、姚蕾、李红娟:《学校体育伤害事故致因结构质性研究——以北京市海淀区 S 学校为例》,《北京体育大学学报》2013 年第 36 卷第 3 期,第 99—105 页。

98. 王有智著:《学习心理》,中国社会科学出版社 2010 年版。

99. 王雨雷著:《学生论文写作与发表指引》,中国人民大学出版社 2017 年版。

100. 王竹立、赵师红:《碎片化学习如何化弊为利?》,《中国信息技术教育》2016 年第 12 期,第 4—10 页。

101. 王竹立著 :《碎片与重构:互联网思维重塑大教育》,电子工业出版社 2015 版。

102. 温迪·劳拉·贝尔彻著,孙众温、治顺等译:《学术期刊论文写作必修课》,教育科学出版社 2015 年版。

103. 温寒江著:《学习与思维—学习中思维的全面协调可持续发展》,教育科学出版社 2010 年版。

104. 翁媛媛、高汝熹:《科技创新环境的评价指标体系研究——基于上海市创新环境的因子分析》,《中国科技论坛》2009 年第 2 期,第 31—35 页。

105. 吴恺君、张雨青、青于兰、陈正根、刘寅:《中国自然灾害幸存者创伤后成长的质性研究——舟曲泥石流后对幸存者的访谈分析》,《中国临床心理学杂志》2013 年第 21 卷第 3 期,第 474—478、445 页。

106. 吴杨、蔡青:《中国基础研究创新效率的区域差异性评估》,《北京师范大学学报(社会科学版)》2018 年第 3 期,第 57—68 页。

107. 吴杨、何光荣、何晋秋:《高校科研投入与产出的相关性分析:1991—2008》,《清华大学教育研究》2011 年第 32 卷第 4 期,第 104—112。

108. 吴杨、李晓强、夏迪:《沟通管理在科研团队知识创新过程中的反馈机制研究》,《科技进步与对策》2012 年第 29 卷第 1 期,第 7—10 页。

109. 吴杨、苏竣:《高校基础研究投入与产出的相关性分析:1991—2008》,《高等教育研究》2011 年第 32 卷第 3 期,第 39—45 页。

110. 吴杨、苏竣:《科研团队知识创新系统的复杂特性及其协同机制作用机理研究》,《科学学与科学技术管理》2012 年第 33 卷第 1 期,第 156—165 页。

111. 吴杨、韦艳玲、施永孝、李明磊:《主动性不同条件下导师指导风格对研究生创新能力差异性影响研究——基于九所大学的数据调查》,《复旦教育论坛》2018 年第 16 卷第 3 期,第 74—79 页。

112. 吴杨、张海峰、何海燕:《大学基础研究创新文化环境问题的实证分析——基于对 40 多位专家学者的访谈和 60 所高校的问卷调查》,《教育研究》2013 年第 34 卷第 8 期,第 30—36 页。

113. 吴杨、张海峰、王有国:《大学基础研究人力资源瓶颈问题的影响因素——基于 Ordered Logit 模型分析》,《公共管理学报》2012 年第 9 卷第 4 期,第 74—80、126 页。

114. 吴杨:《团队知识创新过程及其管理研究》,哈尔滨工业大学博士论文,2009 年。

115. 吴杨:《"双一流"大学科研创新评价体系建设的国际视野——基于英国、澳大利亚、日本、韩国的经验与启示》,《科技进步与对策》2018 年第 35 卷第 15 期,第 126—131 页。

116. 吴杨:《大数据政策文本与现实的偏差及完善路径研究》,《公共管理学报》2020 年第 1 期,第 31—46 页。

117. 吴杨、乔楠、施永孝:《大学科研创新评价的国际经验与启示——基于英国、澳大利亚、日本、韩国科研评价体系特点的考察》,《科学管理研究》2018 年第 36 卷第 1 期,第 96—99 页。

118. 吴杨、丁雪梅:《美、英、日、俄四国研究生教育管理体制的比较研究》,《黑龙江高教研究》2006年第9期,第169—171页。

119. 吴意云、朱希伟:《中国为何过早进入再分散:产业政策与经济地理》,《世界经济》2015年第38卷第2期,第140—166页。

120. 吴增基、吴鹏森等著:《现代社会调查方法》,上海人民出版社2014年版。

121. Wz工作室著:《Excel函数/图表应用技巧与综合案例操作》,中国铁道出版社2008年版。

122. 安妮特·西蒙斯著,尹晓虹译:《你的团队需要一个会讲故事的人》,江苏凤凰文艺出版社2016年版。

123. 夏怡然、陆铭:《跨越世纪的城市人力资本足迹——历史遗产、政策冲击和劳动力流动》,《经济研究》2019年第54卷第1期,第132—149页。

124. 夏怡然、陆铭:《城市间的"孟母三迁"——公共服务影响劳动力流向的经验研究》,《管理世界》2015年第10期,第78—90页。

125. 邢亮、乔万敏:《文化视阈下的高校创新人才培养》,《教育研究》2012年第33卷第1期,第9—13页。

126. 徐晓东著:《定量分析方法》,中华科技大学出版社2008年版。

127. 杨建军著:《科学研究方法概论》,国防工业出版社2006年版。

128. 姚建明著:《开启你自己的学习模式》,清华大学出版社2015年版。

129. 尹靖华、韩峰:《市场潜力、厚劳动力市场与城市就业》,《财贸经济》2019年第40卷第4期,第146—160页。

130. 应国瑞著,张梦中译:《案例学习研究:设计与方法》,中山大学出版社2003年版。

131. 余菁:《案例研究与案例研究方法》,《经济管理》2004年第20期,第24—29页。

132. 余敏著:《出版集团研究》,中国书籍出版社2000版。

133. 袁方著:《社会研究方法教程》,北京大学出版社1997年版。

134. 约瑟夫·麦科马克著,何莹译:《精简:言简意赅的表达艺术》,中国人民大学出版社2017年版。

135. 张柏楠、徐世勇、王继新:《矛盾思维对创新绩效的影响:员工跨界行为与关系冲突的作用》科技进步与对策,第37卷第1期,第1—9页。

136. 张宁宁:《大数据时代高校广告人才培养模式研究》,《黑龙江工业学院学报(综合版)》2019年第19卷第10期,第12—16页。

137. 张奇著:《学习理论》湖北教育出版社 2011 年版。

138. 张伟刚著:《科研方法导论》,科学出版社 2014 年版。

139. 沃特科沃斯基著,张玉莲译:《增强成年人的学习动机》,中国农业出版社 2013 年版。

140. 赵瑞华:《运用因果思维优化议论文写作》,《应用写作》2018 年第 12 期,第 37—39 页。

141. 中国社会科学院语言研究所词典编辑室著:《现代汉语词典》,商务印书馆 2016 年版。

142. 周春柳、胡芬、刘晓冰:《管理案例资料及其收集方法研究》,《管理案例研究与论》2017 年第 10 卷第 3 期,第 327—338 页。

143. 周京艳、张惠娜、黄裕荣、李梦辉、刘如:《政策工具视角下我国大数据政策的文本量化分析》,《情报探索》2016 年第 12 期,第 7—10、16 页。

144. 周明洁:《大学生道德失范现象及其对策研究》,《戏剧之家》2019 年第 24 期,第 165—166 页。

145. 周巧红著:《新编财政学概论》,清华大学出版社 2007 年版。

146. 周新年著:《科学研究方法与学术论文写作》,科学出版社 2012 年版。

147. 周艳玲、冯婕著:《逻辑学与思维训练》,化学工业出版社 2006 年版。

148. 朱军文、丁思嘉:《我国高校基础研究发展探析》,《中国高校科技》2011 年第 12 期,第 15—17、58 页。

149. 朱万双、奚晶著:《Excel 公式、函数与图表》,机械工业出版社 2008 年版。

150. 朱智贤著:《心理学大词典》,北京师范大学出版社 1989 年版。

二、英文文献

151. Clifford Geertz: "Works and Lives: The Anthropologist as Author", *Stanford University Press*, 1988.

152. D.deBBeaver, R.Rosen: "Studies in scientific collaboration", *Scientometrics*, Vol.1, No.1, 1978, pp.65-84.

153. Greene, Anne E: "Writing science in plain English", *Printed in the United States of America*, 2013.

154. Heatwole H: "Editorial: A Plea for Scholarly Writing", *Integrative and Comparative*

Biology, Vol.48, No.2, 2008, pp.159-163.

155. Debra K. Meyer, Julianne C. Turner: "Discovering Emotion in Classroom Motivation Research", *Educational Psychologist*, Vol.37, No.2, 2002, pp.107-114.

156. Piggot T.M: "The cataloguer' s way throng AACR2: from document receipt to document retrieval", *London: TheLibraryAssociation*, 1990.

157. Pitirim A.Sorokin: "Social and Culture Mobility", *Free Press*, 1959.

158. Porush D.: "A Short Guide to Writing about Science", *Longman*, 1995.

159. R.M.Kanter: "The Change Masters: Innovations for Productivity in the American Corporation", *New York: Simon& Schuster*, 1983;

160. Shelley E. Taylor, Anne L. Peplau, David O: "Sears , social psychology", *Upper Saddle River*, *Prentice Hall*, 2002.

161. Vohs Kathleen D, Redden Joseph P, Rahinel Ryan: "Physical order produces healthy choices, generosity, and conventionality, whereas disorder produces creativity", *Psychological science*, Vol.24, No.9, 2013, pp.1860-7.

162. Walter L.Wallace: "The Logic of Science in Sociology", *Aldine Transaction*, 1971.

163. Yigong Shi, Yi Rao: "China's Research Culture", *Science*, Vol.329, No.5996, 2010, pp: 1128.

164. Yin R K: "Case Study Research: Design and Methods", *California: Sage Publications*, 2003.

后　记　一

落笔至此,关于学术写作的话题似乎已经不再需要繁杂地添加什么想法和素材了。我意犹未尽,更多的是因为阐述了各种方法和程序框架后,曾经有过的感想和体验,曾经经历的反思和顿悟等隐性知识,好像并不能完全由文字的形式表达和展现出来。学术写作的艰难固然如鱼饮水冷暖自知,更重要的是,学术探索本身是永无止境的过程,文字的斟酌和表达的构想,也有无尽可能的组合,没有最好,只有更好,因此,学术写作注定是一个留有遗憾的过程,当下我写这书是这样,所有学术论文的写作恐怕也是这样,社会科学的写作尤其不敢奢望臻于完善。究其原因,无非三点:

第一,社会科学的探索正处于发展和转型阶段,新的研究范式正在不断更换,学术领域的思想原理、问题视野、研究规范和工具方法,改变着评价学术活动的价值标准。尤其是当下,大数据的方法、人类学的方法、实验社会科学方法,给社会科学领域带来全新的景观。

1.通过大数据和智能计算,一方面可以使我们获取更精准更全面的社会及个体形态的数据,我们能够感知和把握以前无从想象客观数据和关联信息,从个体的意念、行为到社会关联和制度规则,以及各种微观或宏观的演变路径及其细节,都在技术上可感知、可计算、可整合的框架内,社会科学已经全然不同于几年前的状态。

2.社会中人的特征与行为分析,也不再大而化之地概括综述,人类学深入细节,深入场景,还原自然状态的研究方法,使我们能够更精准刻画和研究不同个体行为、习惯的多样性，只有充分的多样性的研究积累，我们才能理解人类社会的复杂性。

3.在研究人类行为和社会生活的动机层面，对大脑神经网络的实验研究，也开辟了独树一帜的新方向。基于智能体(agent)的仿真实验也在展现更广阔的社会生活的可能空间，社会科学不再仅仅是一般概念和有限调研数据的操作，我们今天完全刻画其未来形态为时尚早，但是颠覆性变化肯定可以预期。因此，每一个作者的学术写作都有时效性问题，都会留下"如果怎样，那么怎样"的各种遗憾。

第二，就写作本身而言，我们构思论文的逻辑结构以及思想推理和遣词造句的过程，难免也是特定心境，特定认知状态的产物。尤其就写作而言，遣词造句的个性化和场景化的色彩更浓一些。转换场景，当我们过后重读重申自己的论文时，很可能会触发新的思路，至少发现更贴切更合适的表达方式，更流畅的语言灵感，这些都是情理之中遗憾。写作过程需要这种合理预期，纠结于完备，常常就会眼高手低，甚至无从落笔，在逻辑和文笔上练达不是一日的功夫，它是永无止境的过程和结果，能够感受到遗憾，恰恰是认知能力和写作能力进步的表现，臻于完善的进步过程，当有遗憾与欣喜交织的心理预期。

第三，所有的写作与发表过程，也是一个开放的思想交流过程。最终作者要面对专家评审，面对读者，交流与切磋，尤其是针砭要害的批评，将使我们发现很多全新的思路，发现自己原有思想上或写作技术环节中的缺陷。开放交流，正是开拓视野，调整思路，磨砺方法，修炼功夫的大好机会。因此，写作行为不仅仅是个人行为，它最终也是要开放，互动，共享的过程，新思想共生发展的过程。

综上所述，从具体技术性角度讲写作过程可以告一段落，但是，其中思想探索和表达凝练的过程则不可能有最后的终点。回到前言讨论过的问题，写作之外的功夫，需要终身学习，需要呕心沥血地品味遗憾和欣喜，这其中既有需要点点滴滴的积累，也有豁然开朗的跃变，耐心、执着、悟性、理性，一个都不能少。

后 记 二

《社科类学术论文写作指南》是我多年学术论文写作经验的畅谈，也是讲授《学术论文写作与沟通》这门课的总结与体会。

对于刚刚步入人文社科专业领域的研究生或青年学者，亟须学术写作和研究方法上的指导和启发，可惜目前针对“人文社科类学术写作”方面的参考书目不多。近年来我一直在讲授“学术写作”“研究方法”等相关的课程，无论在课上还是课下，都能感受到研究生求知若渴的心情。无论是跨学科的学生还是本专业的学生，对于学术论文写作和研究方法都是渴望但又陌生的。所以激发了我写这样一本书的动力。

从读研究生到工作，近 20 年的科研之路，学术论文写作中失败的教训，成功的喜悦，都内化为我的隐性知识和显性知识。这些知识让我在课堂上思路清晰，自我调侃，旁征博引；这些知识让我在指导研究生中，明白逻辑思维为主，科研训练为辅，学术写作为重。此时，这些知识让我集中精力撰写一本集理论和实践于一体的，实用性较强的“学术论文写作指南”。让跨学科的学者们或研究生们了解人文社科类学术论文写作前的准备、学术写作的过程、投稿的技巧等。

感谢我的工作单位北京理工大学人文与社会科学学院。博士后出站，我来到向往已久的北京理工大学任教，优秀的前辈和学者让我开阔眼界、受益匪浅，一届届学生的青春和热情让我的工作充满活力、如沐春风。

感谢我亲爱的学生们，你们的参与让这本书丰富多彩；是你们的陪伴让我的写作历程充满欢笑。

秉持着对学术的敬畏和严谨的治学态度,这本教材终于完成。它记录了我们在学术写作道路的探索与艰辛,也将见证了我们学习和成长的收获。学无止境,我们在学术写作方面的研究还欠成熟,与其他同类作品比较起来可能还略显青涩,请读者朋友批评指正,一起在学术写作中进步,为科研工作事业贡献自己绵薄的力量。谨以此书向所有的科研工作者和为学术奋斗的孩子们致敬!

吴 杨

2020 年 1 月